社会保险法典型案例研究

向春华　毕永春　陈福祝　著

中国劳动社会保障出版社

图书在版编目(CIP)数据

社会保险法典型案例研究/向春华,毕永春,陈福祝著. -- 北京:中国劳动社会保障出版社,2020

ISBN 978-7-5167-4645-5

Ⅰ.①社… Ⅱ.①向…②毕…③陈… Ⅲ.①社会保险-案例 Ⅳ.①F840.61

中国版本图书馆 CIP 数据核字(2020)第 128093 号

中国劳动社会保障出版社出版发行

(北京市惠新东街1号 邮政编码:100029)

*

北京市艺辉印刷有限公司印刷装订 新华书店经销
787 毫米×1092 毫米 16 开本 19.25 印张 284 千字
2020 年 8 月第 1 版 2022 年 3 月第 2 次印刷
定价:62.00 元

读者服务部电话:(010)64929211/84209101/64921644
营销中心电话:(010)64962347
出版社网址:http://www.class.com.cn

版权专有 侵权必究
如有印装差错,请与本社联系调换:(010)81211666
我社将与版权执法机关配合,大力打击盗印、销售和使用盗版图书活动,敬请广大读者协助举报,经查实将给予举报者奖励。
举报电话:(010)64954652

内 容 提 要

　　本书针对社会保险实践争议问题，遴选最高人民法院等 30 余件判例，结合社会保障法等原理，深入探究案件裁判背后的法律依据、推理逻辑、法理基础，梳理裁判得失。内容涉及社会保险缴费、养老金享受条件、特殊工种退休条件与程序、退休时间的确定、灵活就业人员退休年龄的认定、养老金发放起始时间、医疗保险参保范围、个人账户的补注、基金先行支付与第三人之诉的关系、突发疾病视同工伤的构成要件及举证责任分配、"脑死亡"问题、单方交通事故的工伤认定等。本书可作为社会保险行政人员、经办人员，企业劳资人员，相关法律从业人员的社会保险实务参考、法律适用指南和学术研究的基础资料，还可适用于工伤预防、风险防控等工作。

前　言

始料未及的新冠肺炎疫情席卷全球，对人们经济社会生活造成了重大影响。生命之消逝、健康之损害，伤痛了整个社会。这也是社会风险的集中显露，凸显了养老、医疗、工伤、失业以及社会救助等社会保障制度的根本性功能。

在各项社会保障制度积极应对疫情、为人民生活提供基本保障、稳定社会秩序的同时，我们也需要进一步思考社会保障法律体系的架构及其合理性，以便未来其能发挥更大的价值。为了使社会保险制度中的被保险人获得及时救治，使被保险人及其受益人快速获得充足的经济补偿，实现以被保险人为中心的制度定位，有关主管部门及时颁布了新的制度规范，以弥补现行制度保障不足的问题。这一方面体现了积极填补制度不足的主动性，也从另一方面反映了我国社会保障制度建设任重道远，一套具备持续性、保障充足、具有内在规范自治的社会保障法律体系的构建依然在路上。

无论是从实践应用还是理论框架来看，以《中华人民共和国宪法》为基本原则，以《中华人民共和国社会保险法》为基本制度架构，以《工伤保险条例》《失业保险条例》《社会保险费征缴暂行条例》等行政法规为中枢，以大量规范性文件为主要实施依据的制度体系难以满足我国庞大的参保人群以及由此产生的对于社会保障法律规范的需求。在此现实背景下，社会保障的判例对于我国社会保障法律体系的构建、司法实践、行政与经办的适用，无疑具有不可或缺的作用。

社会保障法的生长。我国已经基本构建了以养老、医疗、工伤、失业、生育等社会保险、社会救助、社会优抚为主要内容的社会保障法律体系，如何更加健全与完善，是未来需要重点考虑的问题。作为成文法国家，我国社会保障法最终也需要通过立法机构的立法活动而确定。但是，法律制度来源于生活，必须基于社会实践特别是司法实践而确定。背离社会现实的立法必然是"空中楼阁",即便"看起来很美",现实中也可能无法适用。法律并非立法者的"空想"或"设计",而是基于现实需求及因应该需求生长的结果。司法判例提供了最为鲜活的司法观点亦即司法适用的意见,其在相当程度上可以体现社会的一般认知,在此基础上进一步分析当事各方以及司法观点的合理性及法理基础,斟酌未来我国社会保障制度发展的方向、趋势、需求与供给,最终形成定型化的规则体系。在海量的司法判例中,需要筛选出正当而良善之例,并依此为基础提炼和总结出具体的制度规则。法律的生长需要"阳光和甘露",即研究与论证。本书的主要目的之一就是筛选良善之判例,揭示判例背后的逻辑与理论,评判"成败得失",以促进未来立法。

无救济即无权利。社会保障权是公民的一项基本权利,实现"人人享有基本社会保障"也是我国的基本战略。在我国,公民应当享有的社会保障权利已然非常广泛。但是,由于法律规则体系的原则化、粗糙性,从应然到实然,仍然有非常大的差异。以养老金权利为例,虽然《中华人民共和国社会保险法》以及大量的规范性文件对此已有规定,但由于通常需以"退休申请→退休核准→养老金金额核定→养老金给付与领取"为基本程序,该程序以"退休申请"为前提,申请主体的确定自然成为被保险人能否享受养老金的基础事实。行政主体通常认为,该申请主体只能是被保险人所在用人单位,因而排斥被保险人个人的退休申请权。而用人单位并无严格的为劳动者办理退休的法定义务(只能归于保护性或附随性义务范畴),当用人单位拒绝为劳动者申办退休手续时,劳动者无法寻求司法救济(该争议不属于劳动争议范畴),从而导致劳动者的养老金权利受损。司法判例本身亦是法的一种表现形式,除了拘束本案当事人之外,对其他主体的行为亦有指引、评价的功能,具备一定的拘束力。即便没有明确的法律规范,被保险人以及其他主体依然可以参考既有判例维护自己的权益,行政主体亦需参考既有判例进行行为选择,以避免可能遭受的法律风险。在我国司法实践中,同案不同判的问题较为突出,如何借鉴司法判例提供更为准确的行为指引,保护权利与避免风险,则需要对错综复杂的判例进行取舍,"去伪存真",保护应当保护的权利,防范权利的滥用。此为本书的第二重目的。

法律经验的获得。相较于其他法律部门，在社会保障法的适用中，对于法律的理解仍有太多的不恰当乃至违背常识之处。社会保障法是社会保障制度与法学的交叉。在社会保障制度的形成与发展中，政治、经济、文化、传统、社会结构均发挥了重要作用，法律虽参与其中，但在相当程度上并非起决定性作用。然而，对于个案、具体的被保险人以及其他行为主体来说，法律则具有关键性意义，只有正确地理解和适用规则，才能更合理地实施行为、规避风险、保护和实现权利。"法律是经验而非逻辑"，必须系统而全面地分析社会保障法律原则、制度体系以及事件案例，才有可能获得更为精确的法律适用与法律解释。此为本书的第三重目的。

在本书内容的法律适用方面，鉴于主要是针对具体案件展开的，故具体案件的裁判及其直接评析，均以当时应适用的法律、法规及规范性文件为依据。个别法律、法规在案件发生之后有过修订或修正，不影响之前的法律适用。对于具体规则的理解和分析，需要秉持历史主义的视角。

3年前作者所著《典型工伤保险案例解析》一书的出版，得到了实践的认可，这给了作者出版本书的信心与勇气。无论如何，读者就是上帝，读者的厚爱给了作者努力前行的动力。我们致力于和社会公众一起推进我国社会保障事业的发展，推进我国社会保障制度体系的构建与完善。

全书由向春华统稿，其中，"下班途中单方交通事故伤害应由申请人承担举证不利的后果"一文由陈福祝撰写，其余均由向春华撰写，毕永春和陈福祝对诸多内容提出了修改和建设性意见。书中所有不足之处皆由向春华承担。

本书为北京天驰君泰律师事务所委托课题"社会保险争议处理研究"的最终成果，是中国劳动关系学院校级一般项目"社会保险费税务征收模式下的法律困境与立法完善研究"（19YYJS006）的阶段性成果。谨致谢意。

鉴于时间紧张以及研究的不足，全书内容仍难免有瑕疵之处。敬请读者见谅，也恳请读者不吝批评指正。

向春华

2020年6月于望京斗室

目录 CONTENTS

第一章 参保缴费 ………………………………………………………（ 1 ）

  用人单位社会保险缴费基数的确定 ……………………………（ 1 ）
  社会保险应缴费期限与缴费基数、方式的确定 ………………（ 9 ）
  社会保险费补缴稽核期限 ………………………………………（ 16 ）
  税务局补缴模式下历史缴费基数的确定 ………………………（ 23 ）
  税务征收社会保险费模式下查处违法缴费行为的职权划分 …（ 30 ）
  未足额征收社会保险费的法律后果 ……………………………（ 37 ）

第二章 基本养老保险 …………………………………………………（ 46 ）

  退休申办与养老金领取的关系 …………………………………（ 46 ）
  特殊工种退休的条件和程序 ……………………………………（ 52 ）
  养老保险视同缴费年限的确定与举证责任 ……………………（ 60 ）
  退休审批、养老金核定的起诉期限 ……………………………（ 66 ）
  办理退休过程中出生时间的确定 ………………………………（ 73 ）
  女性灵活就业人员退休年龄的认定 ……………………………（ 80 ）
  女性内退人员退休年龄的确定 …………………………………（ 86 ）
  养老金发放的起始时间 …………………………………………（ 93 ）
  信赖保护与养老金"多调"后的处置 …………………………（100）
  基本养老金调整的适用依据 ……………………………………（107）

第三章 基本医疗（生育）保险 ………………………………………（114）

  补缴医疗保险费后个人账户的补注 ……………………………（114）

退休人员医疗保障的解决 …………………………………………（124）

原始票据遗失后基本医疗保险权利的保护 ……………………（133）

损害赔偿诉讼中先行给付医疗费用的扣除 ……………………（139）

医疗保险基金先行支付中"无法确定第三人"之确定 ………（145）

保费补缴与生育保险待遇领取权的关系 ………………………（156）

第四章　工伤保险 ……………………………………………（163）

非突发疾病发生死亡后果不应视同工伤 ………………………（163）

脑死亡能否作为突发疾病工伤的死亡标准 ……………………（171）

在家中（宿舍）突发疾病死亡不属于工伤（附：在家"工作"猝死
　视同工伤）……………………………………………………（182）

工作时"突发疾病"回家（宿舍）之后死亡能否视同工伤 ………（203）

下班途中单方交通事故伤害应由申请人承担举证不利的后果 …（220）

五级、六级伤残人员不应补足养老金与伤残津贴差额 ………（225）

断保后工伤保险责任主体的确定 ………………………………（230）

使用他人身份证参保的工伤保险责任主体的确定 ……………（238）

伤残等级变化后伤残津贴的确定 ………………………………（244）

挂靠关系中就业和医疗补助金给付的正当性 …………………（249）

未申报且未补报参保名单不能纳入工伤保险基金支付范围 …（254）

用人单位应承担工伤保险缴费差额待遇 ………………………（261）

工伤保险缴费不实时待遇争议的救济程序 ……………………（269）

第五章　失业保险及其他 ……………………………………（278）

失业保险金给付行为的性质与给付条件 ………………………（278）

独生子女父母特别扶助金的可诉性与救济路径 ………………（284）

社会保障待遇享受人员基本信息应公开 ………………………（291）

第一章
参 保 缴 费

用人单位社会保险缴费基数的确定

🌐 裁判要旨

地方政策规定：职工缴费工资按职工工资总额核定，企业全部职工的缴费工资之和即为企业缴费工资总额；用人单位缴费总基数为本单位属于参保缴费范围的人员缴费基数之和。这些规定将《中华人民共和国社会保险法》第十二条规定中的"本单位职工工资总额"解释为"本单位职工缴费工资总额"符合法律规定。因此，社保局按照职工本人基本养老保险费应缴费基数和企业实际为职工缴纳基本养老保险费的基数核算企业是否足额为职工缴纳基本养老保险费的做法并无不当。

🕐 案情

重庆市某社保局于2014年3月4日向某运输公司发出社会保险稽核通知，决定对运输公司执行基本养老保险政策的有关情况进行专项核查。社保局根据运输公司提供的相关资料，查明在2011年11月至2014年2月期间，运输公司在为其原职工冉某缴纳基本养老保险费的过程中，存在少报缴费工资的情形。在

2011年11月至12月期间，冉某起薪当月工资为1 721元，运输公司按1 200元/月的工资基数为冉某缴纳基本养老保险费，每月少报缴费工资521元；在2012年1月至12月期间，冉某上年度月平均工资为1 212元，运输公司按1 767元/月的工资基数为冉某缴纳基本养老保险费，每月多报缴费工资432元；在2013年1月至12月期间，冉某上年度月平均工资为3 248元，运输公司按2 003元/月的工资基数为冉某缴纳基本养老保险费，每月少报缴费工资1 245元；2014年1月至2月期间，冉某上年度月平均工资为4 089元，运输公司按2 270元/月的工资基数为冉某缴纳基本养老保险费，每月少报缴费工资1 819元。

社保局针对运输公司存在不如实申报缴费工资的问题，作出社会保险稽核决定通知书（本案以下简称稽核决定通知书），限令运输公司在5个工作日内到所属社会保险经办机构申报补缴社会保险费。运输公司收到稽核决定通知书后，认为稽核决定通知书与《中华人民共和国社会保险法》的规定不符。遂向社保局所隶属人社局申请行政复议，人社局于2014年8月29日作出行政复议决定，对社保局作出的具体行政行为予以维持。运输公司不服，乃诉至法院，请求判决撤销稽核决定通知书。

审判

一审法院认为，根据《社会保险稽核办法》（2003年，劳动和社会保障部令第16号）第三条的规定，社保局在其行政区域内具有对社会保险费缴纳情况进行稽核的法定职权和义务。社保局受理该案后，提前3日将稽核的内容、需要的资料等事项书面通知了运输公司，作了调查笔录，并将稽核决定通知书予以送达，程序上并无不当。

根据《中华人民共和国社会保险法》第十二条规定，用人单位应当按照国家规定的本单位职工工资总额的比例缴纳基本养老保险费，记入基本养老保险统筹基金。结合《重庆市人民政府关于统一社会保险缴费基数和社会保险登记缴费申报程序的通知》（渝府发〔2005〕111号）规定，用人单位缴费总基数为本单位属于参保缴费范围的人员缴费基数（以下简称职工缴费基数）之和。职工缴费基数按照本人上年度月平均工资核定；新设立单位的职工和用人单位新增的职工按

第一章
参保缴费

照本人起薪当月的工资核定。本人上年度月平均工资或起薪当月的工资低于上年度全市职工月平均工资60%的，按照上年度全市职工月平均工资的60%核定；超过上年度全市职工月平均工资300%的，按照上年度全市职工月平均工资的300%核定。因此，用人单位的缴费总基数与职工的工资收入相关。本案中，社保局根据运输公司提供的资料核查到，运输公司未根据冉某的工资收入情况申报缴费基数，存在不如实申报缴费工资的问题。针对此问题，社保局作出的处理符合《中华人民共和国社会保险法》第六十三条的规定。运输公司诉称社保局作出的稽核决定通知书与《中华人民共和国社会保险法》的规定不符的理由不成立，不予支持。判决驳回运输公司的诉讼请求。

运输公司不服一审判决，提起上诉称：其已经根据《中华人民共和国社会保险法》第十二条的规定，按照本单位职工工资总额的比例足额缴纳了基本养老保险费等社会保险费。社保局以职工个人工资总额为基准核定运输公司申报缴纳社会保险费的基数与《中华人民共和国社会保险法》第十二条的规定不符，属于认定事实不清，适用法律错误，请求二审法院撤销一审判决，依法改判。

二审法院认为，各方当事人对社保局作出稽核决定通知书的行政职权、行政程序的合法性及认定事实均无异议，对此予以确认。

本案的争议焦点是，社保局依据职工个人当月起薪工资或上年度月平均工资，确定运输公司应为职工缴纳基本养老保险费的缴费基数，以此判断运输公司是否依法足额为职工缴纳基本养老保险费的行为与《中华人民共和国社会保险法》第十二条规定是否相符的问题。

《中华人民共和国社会保险法》第十二条规定，用人单位应当按照国家规定的本单位职工工资总额的比例缴纳基本养老保险费；《重庆市企业职工基本养老保险实施办法》（渝府发〔2000〕48号）第三条规定，职工缴费工资按职工工资总额核定（工资总额以国家统计局公布的《关于工资总额组成的规定》计算），企业全部职工的缴费工资之和即为企业缴费工资总额。《重庆市人民政府关于统一社会保险缴费基数和社会保险登记缴费申报程序的通知》第一条第（一）项规定，用人单位缴纳基本养老保险费、失业保险费、基本医疗保险费、工伤保险费、生育保险费，以本单位缴费总基数乘以各险种缴费比例计缴。用人单位缴费总基数为本单位属于参保缴费范围的人员缴费基数之和。第（二）项规定，本人上年度月平均工资或起薪当月的工资低于上年度全市职工月平均工资60%的，按照上年度全市职工月平均工资的60%核定；超过上年度全市职工月平均工资300%的，按照上年度全市职工月平均工资的300%核定。《重庆市劳动局关于印发〈重庆市企业职工基本养老保险实施办法若干政策问题的处理意见〉的通知》（渝劳办发〔2000〕261号）第三条规定，企业全部职工的缴费工资之和，即为企业缴费工资总额。从上述规定看，重庆市有关规定将《中华人民共和国社会保险法》第十二条规定中的"本单位职工工资总额"解释为"本单位职工缴费工资总额"是符合法律规定的。因此，社保局按照职工本人基本养老保险费应缴费基数和企业实际为该职工缴纳基本养老保险费的基数，核算企业是否足额为该职工缴纳基本养老保险费的做法并无不当。

综上，运输公司的上诉理由不能成立。一审法院认定事实清楚，适用法律正确，审理程序合法，其判决应予维持。判决驳回上诉，维持原判。 ［一审：（2014）綦法行初字第00100号；二审：（2015）渝五中法行终字第00052号］

评析

一、行政规章与规范性文件作为社会保险行政行为依据的合法性与合理性

无论是从依法行政或法律保留[①]的行政法原则来看，还是基于《中华人民共和国立法法》规定，一般认为行政规章具有可参照性。《中华人民共和国行政诉讼法》第六十三条第三款规定，人民法院审理行政案件，参照规章。而规范性文件则难以成为传统行政行为的法律依据，但是，这一传统原则难以完全适用于社会保险给付范畴。

就理论而言，依法行政原则特别是传统的法律保留原则更多适用于干预行政。因为涉及对人民权益的剥夺，因此限制甚为严格，位阶较低的法规通常不能

---

① 这两种表述的含义并不完全相同。依法行政的"法"包括宪法、法律、法规、规章。

作为行政行为依据,而社会保险给付作为行政给付是给予人民利益,故无须严厉限制。基于我国行政体制,无论是中央还是地方的规范性文件,对于社会保险给付原则上均可作为行政行为依据。

就我国现实而言,规范性文件更有其适用的必要和合理性。在理论上一般认为,社会保险是由国家通过立法建立的社会保障制度。① 从我国社会保险实施的过程来看,依靠规范性文件推进和实施社会保险事业,既是历史,亦是现实。我国社会保险改革肇始于20世纪80年代初期,1994年制定的《中华人民共和国劳动法》虽然涉及社会保险,但只是寥寥数语,在之后长达20多年的时间里,无论是制度的建立、实施,还是待遇的确定、给付,均主要以规范性文件为依据。2010年《中华人民共和国社会保险法》颁布,加上1999年制定的《失业保险条例》和2003年制定、2010年修订的《工伤保险条例》,由基本法和行政法规确定的社会保险法律规则仍相当粗疏,社会保险的运行实际上仍必须依靠规范性文件。在目前的社会生活中,大量的社会保险规则并非由中央部门制定,亦非由地方人大及其常委会制定,而是由地方政府及相关部门(主要是人社局)制定,甚至是由县级人社部门制定。这一状况是在中央或高层级立法权限因为种种原因未实现,从而导致公民的社会保险诉求无法满足的情形下不得已而产生的。这些规范性文件虽然不是严格意义上的法律,但却在社会生活中发挥了巨大的效力。我国社会保险的改革与发展,基本是由政策文件推动而非立法推进的,立法是社会保障的保障而非根据,这适用于社会保险,政策在一定阶段是必须予以考虑的。②

在对社会保险给付行政行为进行司法审查时,必须充分考虑规范性文件作为行政行为的依据,而不能罔顾社会现实,置社会保险行政行为属性的根本差别于不顾,仅仅或主要以《中华人民共和国社会保险法》作为审查依据,这不仅违背理论基础、背离社会现实,亦将阻碍我国社会保险制度的可持续发展,最终必将损害绝大多数被保险人的权益。

---

① 参见:黎建飞.社会保障法[M].北京:中国人民大学出版社,2008:33.;章明亮,钟刚.社会保障法[M].北京:中国政法大学出版社,2007:44.;孙光德,董克用.社会保障概论[M].北京:中国人民大学出版社,2008:5.邓大松.社会保险[M].北京:中国劳动社会保障出版社,2009:11.
② 向春华.社会保险法原理[M].北京:中国检察出版社,2011:17-18.

当然，无论是规章还是规范性文件，在评判作为社会保险行政行为法律依据的合法性时，需要审查是否与上位法相冲突。只要不违背上位法的明确规范，符合社会保障制度的发展规律和现实要求，原则上应当确认为有效。行政审判实践对此也予以认可。《最高人民法院关于审理行政案件适用法律规范问题的座谈会纪要》规定，行政审判实践中，经常涉及有关部门为指导法律执行或者实施行政措施而作出的具体应用解释和制定的其他规范性文件，人民法院经审查认为被诉行政行为依据的具体应用解释和其他规范性文件合法、有效并合理、适当的，在认定被诉行政行为合法性时应承认其效力。[1]

二、地方关于用人单位社会保险缴费基数规范的合法性与适用性

在肯定地方规范性文件可以作为具体行政行为的依据后，需要进一步判定本案所涉及的关于"用人单位缴费总基数为本单位属于参保缴费范围的人员缴费基数之和"这一地方政策是否具有合法性与合理性，只有在肯定性回答的基础上才能以此作为社会保险经办机构核定缴费基数的依据。

《中华人民共和国社会保险法》第十二条规定，用人单位应当按照国家规定的本单位职工工资总额的比例缴纳基本养老保险费，记入基本养老保险统筹基金；职工应当按照国家规定的本人工资的比例缴纳基本养老保险费，记入个人账户。虽然从字面含义来看，"本单位职工工资总额"与"本人工资"的表述不一，但由于：第一，《中华人民共和国社会保险法》未对术语进行解释，不能从该法中得出各自的准确含义，而这两种表述均非日常用语，不能从常识来解释。第二，《中华人民共和国社会保险法》使用"国家规定"限制了这两个表述，但对于何谓"国家规定"，该法未作任何规定。因为，对于"国家规定"的内容，当且仅当在其他政策规定中寻找。这一状况表明，这两个表述的具体含义不能从该法中得出，不能通过文义解释获得，而应当通过体系化解释从整个社会保险法体系中求解。

对于上述"国家规定"，由于在中央层面未作统一规定，在实践中是由各地

---

[1] （2015）泰中行终字第 00037 号；再审：（2016）苏行申 610 号。

自行规定的。在没有全国统一规定的状况下，地方政府或其所属行政部门依据本地实际情况依照法定程序制定的关于用人单位缴费基数的规范性文件，是实施和推进社会保险制度的基础性条件，是履行政府职能的必然要求，也是人民意志的体现，是本行政区域内的"国家规定"，在不违反《中华人民共和国社会保险法》和其他上位法规定以及没有显著不合理的前提下，应当承认其合法性，并在本行政区域内予以适用。

需要注意的是，本案中涉及的规范性文件是在《中华人民共和国社会保险法》颁布前实施的，这对其合法性是否存在影响？考虑到在《中华人民共和国社会保险法》颁布前，我国基本养老保险制度正式实施已经近20年，关于用人单位缴费基数的规范性文件早已存在并实施，当《中华人民共和国社会保险法》采用"按照国家规定"这一指示性立法条文时，显然已经考虑了既存事实和法律适用状况，亦表明该法授权国家有权机关制定或认可具体政策的态度。因此，《中华人民共和国社会保险法》的颁布和实施对上述规范性文件的合法性并没有影响。

三、以"本单位职工缴费工资总额"作为"本单位职工工资总额"的合理性

实践中，对"本单位职工缴费工资总额"主要有两种确定方法，一种如本案所示，为"全部职工缴费工资之和"，称之为"单基数"，即用人单位和个人按照一个基数缴费——实际都是以个人缴费工资为缴费基数；另一种则将用人单位的"本单位职工工资总额"确定为该单位实际发生的全部职工工资的总和，称之为"双基数"，即用人单位的缴费基数与个人的缴费基数是完全不同的两个基数。在"双基数"中，由于个人缴费工资存在上限和下限的限制，因此个人的缴费工资并不等于个人的应发工资，以实际发生的全部职工工资的总和作为缴费基数和个人缴费工资之和因而也不相同。

在用人单位实际工资较低，多以下限作为个人缴费基数时，如果实行"单基数"，即以个人缴费工资之和作为用人单位的缴费基数，会导致用人单位多缴费；如果实行"双基数"，用人单位以实际工资作为缴费基数，则用人单位缴费较少，

对用人单位有利。但是在用人单位实际工资较高,特别是超过上限时,由于实际工资高于个人缴费工资,因此对用人单位的影响则相反,即以个人缴费工资之和作为用人单位缴费基数,对用人单位有利;而以实际工资为用人单位缴费基数,则对用人单位不利。

两者的区别还在于,"单基数"完全与个人缴费工资关联,因此有职工缴费才有单位缴费,无职工缴费则无单位缴费。而"双基数"由于仅与单位实际发生的工资关联,而与职工是否缴费或者该工资是否计算为个人缴费基数无关,因此对被列入"工资"但不列为个人缴费基数的部分"工资",如支付给退休返聘等劳务用工人员的费用,用人单位可能需要为此缴纳社会保险费。

由于两种单位缴费基数各有特点,对于一个地区的单位既非全部有利、也非全部不利,只要在本行政区域内实行统一的缴费基数,在目前的制度体系下应认为都具有合理性,在本行政区域内应予适用。这也是全国未作统一规定而由地方便宜行事、允许地方探索的体现。

未来立法如果要作统一规定,作者认为,"单基数"更为恰当。这一方案除了可以轻易将不应被列入单位缴费基数的"工资"剔除外,也能更好地体现用人单位与职工的关系。在"双基数"下,单位缴费进入统筹基金,但是由统筹基金支付的基本养老金并非按照用人单位实际缴纳的统筹部分的社会保险费计算,而是也按照职工实际缴费——即"单基数"计算,单位的缴费数额与基本养老金数额无直接关联。一方面,根据我国职工基本养老保险制度的设计,缴费是和待遇直接关联的,亦即实行缴费义务与享受待遇权利相适应的原则,"双基数"否定了这一关联性,因此不符合这一原则。另一方面,用人单位履行缴费义务,虽然也是对国家和社会的义务,但首先是对职工的义务,是基于雇佣关系而产生的对雇员的保护和照顾义务,这是用人单位承担缴费责任的道德基础。要体现对雇员的保护和照顾,仅仅使雇主缴费与雇员养老待遇的有无相关联尚且不够,还应当使雇主缴费与雇员养老金的多寡相关联。因此"双基数"的道德基础也不如"单基数"更为充分。

社会保险应缴费期限与缴费基数、方式的确定

裁判要旨

劳动关系存续期与社会保险缴费总月份相一致。市社保中心以本人上月工资收入为个人缴费工资基数是对提高职工基本养老保险待遇更有利的计算方法，不违反《中华人民共和国社会保险法》《职工基本养老保险个人账户管理暂行办法》等规定，申请人认为其个人基本养老保险账户缴费基数存在少报、少缴的问题不能成立，市社保中心的有关答复并无不当。

案情

秦某原系华光公司职工，于2012年12月20日与华光公司解除劳动合同，终止了社会保险关系。秦某2012年11月工资为3 476元，12月工资为3 010元，华光公司以秦某11月工资3 476元为缴费基数为其缴纳了2012年12月社会保险费。市社保中心系统数据显示，自1992年1月至2012年12月秦某的缴费月份为252个月。

2014年2月13日，秦某向市社保中心提出申请，认为其个人养老保险月缴费明细上所载2012年12月缴费基数是其2012年11月的工资，原工作单位华光公司未在2013年1月为其申报缴纳2012年12月的社会保险费，要求市社保中心责令用人单位按有关文件规定在2013年1月为其申报缴纳社会保险费。市社保中心于2014年2月18日作出信访回复，对秦某所提问题进行了答复。该信访回复上加盖有信访专用章。后因秦某要求市社保中心出具可以复议或诉讼的答复，市社保中心遂于2014年4月3日作出答复如下："①关于缴费月份与劳动关系。根据《无锡市劳动局关于扩大城镇企业职工基本养老保险覆盖面若干问题的意见》（锡劳险〔2000〕5号）关于'我市城镇国有企业、县（区）属以上集体企业和外商投资企业，应自我市实行退休费用社会统筹起（市区为1985年1月1

日),参加城镇企业职工养老保险并缴纳基本养老保险费'的规定,单位为你从1992年1月起申报缴纳社会保险费,至你2012年12月20日合同终止,社会保险申报缴费至2012年12月,共申报缴纳社会保险费252个月。因此,单位已足月为你申报缴纳社会保险费,符合社会保险缴费月份与劳动关系相一致的原则。②关于工资申报方式。根据《无锡市社会保险事业局关于社会保险费改由地税部门征收后社会保险有关业务操作的意见》(锡社险〔2000〕50号)文件精神,从2000年8月1日起,社会保险费按'上月工资,当月申报,次月征收,记当月账户'办法操作。即缴费单位在每月1日至10日,按原申报办法,以上月全部职工工资总额为应申报的缴费工资总额,按月到社保局办理次月应缴纳的社会保险费申报手续。因此,单位于2012年12月按照上月工资申报缴纳当月社会保险费,符合文件规定。③关于社会保险费补缴。对于你本人提出的要求补缴社会保险费的诉求,由于补缴社会保险费应是单位存在'应缴未缴'的侵权行为,并在得到行政确认的情形下才能补缴。因此对'应缴未缴'侵权行为的确认,系相应行政机关的行政行为,社保中心作为经办机构,无权对单位是否存在上述侵权行为进行认定。因此,对你提出的补缴诉求,依据《劳动保障监察条例》,可向有管辖权的劳动保障行政部门提出司法救济。"在该答复中,市社保中心一并告知了秦某有权申请行政复议或提起行政诉讼。秦某收到答复后,向市政府申请行政复议,市政府于2014年6月25日作出"(2014)锡行复第53号"行政复议决定书,维持市社保中心于2014年4月3日作出的答复。秦某不服,提起行政诉讼,确认诉讼请求为:①撤销市社保中心2014年4月3日作出的答复。②确认其2012年12月16日申报养老保险费的工资为3 010元,应依法确认补申报。③确认用人单位有违法行为,要求纠正、更正并立即终止,各机关、办事机构应依法处理及查办,市社保中心要依法履行职责。④市社保中心等机构制定的缴费、申报方法要符合法律、法规等。

审判

一审法院认为,市社保中心根据《中华人民共和国社会保险法》等相关规定提供社会保险服务,负责社会保险登记、个人权益记录、社会保险待遇支付,负责参保单位社会保险申报缴费基数、人数的核定等工作。本案中，秦某于2014年2月13日向市社保中心书面投诉反映华光公司未就其2012年12月实际工资进行申报和缴纳社会保险费的问题，实质是对市社保中心核定的社会保险费缴费基数和缴费年月存在争议。市社保中心所作出的答复对其权利义务产生实际影响，具有可诉性。根据查明的事实，秦某的社会保险费缴纳共计252个月，2012年12月的社会保险费亦包括在内，华光公司已足月为秦某申报缴纳了社会保险费，且社会保险费缴费月份与劳动关系相一致。根据地方规定，该市的社会保险费缴纳实行"上月工资，当月申报，次月征收，记当月账户"的方式，华光公司按照秦某上月工资申报缴纳2012年12月当月社会保险费，符合规定。市社保中心的答复并无不当。秦某提出华光公司少申报缴纳了其2012年12月的社会保险费，要求撤销答复予以补申报缴纳并对用人单位进行查处等主张，与事实不符，理由不能成立，不予支持。秦某提出的其他诉讼请求，不属于本案审查范围。判决驳回秦某的诉讼请求。

秦某不服一审判决，提出上诉，要求确认其2012年12月当月工资3 010元有效、合法、真实，应依法确认并补申报基本养老保险费基数为3 010元；自1992年1月当月工资至2012年12月当月工资3 010元止，劳动报酬收入共计是495 901元整，应申报本人的基本养老保险费总基数是495 901元整，其2012年全年总收入共计是70 028元，应申报2012年全年基本养老保险费基数为70 028元整。

二审法院确认的案件事实与一审无异。

二审法院认为，市社保中心提供的核定社会保险费的依据是《无锡市社会保险事业局关于社会保险费改由地税部门征收后社会保险有关业务操作的意见》，该意见明确了社会保险费按"上月工资，当月申报，次月征收，记当月账户"的方法操作，即个人账户上记载的每月缴纳的社会保险费均为当月的应缴纳社会保险费。《社会保险费征缴暂行条例》第三条第四款规定，社会保险费的费基、费率依照有关法律、行政法规和国务院的规定执行。劳动部根据《国务院关于建立统一的企业职工基本养老保险制度的决定》（国发〔1997〕26号）制定的《职工基本养老保险个人账户管理暂行办法》（劳办发〔1997〕116号）规定，职工本人一般以上一年度本人月平均工资为个人缴费工资基数（有条件的地区也可以本人上月工资收入为个人缴费工资基数）。市社保中心执行的以上月个人工资作为当月的缴费工资基数的核定方式符合上位法的规定。市社保中心在答复中对缴费基数和缴费方式以及秦某实际缴费情况等的告知并无不当。一审判决认定事实清楚、适用法律正确、程序合法，应予维持。秦某的上诉理由不能成立，对其上诉请求不予支持。判决驳回上诉，维持原判。

秦某仍然不服，申请再审。

再审法院认为，市社保中心对秦某提出的有关用人单位基本养老保险缴费基数申报工作负有具体核定职责。关于市社保中心对秦某就个人基本养老保险账户缴费基数核定所作答复是否合法的问题，《江苏省社会保险费征缴条例》第十条第一款规定，缴费单位应当根据本单位职工工资总额、职工工资收入和费率按月向社会保险经办机构申报应当缴纳的社会保险费数额，经社会保险经办机构核定后，在规定的期限内按月缴纳社会保险费，并依法履行代扣代缴社会保险费的义务。本案中，秦某自1992年1月起参加社会保险，社会保险费缴纳至2012年12月，缴费月份共计252个月，劳动关系存续期与社会保险缴费总月份相一致。本案主要争议在于秦某2012年12月20日与用人单位解除劳动关系当月所产生的工资收入应如何计算社会保险缴费基数。秦某认为，其本人实际劳动报酬包含2012年12月当月工资3 010元；而市社保中心则根据地方规定，对该市范围内的社会保险费缴纳实行"上月工资，当月申报，次月征收，记当月账户"的操作方式。按照该计算方法，秦某2012年12月的个人社会保险账户应申报的缴费基数为上月工资总额。而秦某2012年11月工资收入为3 476元，故2012年12月以3 476元计入社会保险缴费基数符合文件规定。市社保中心在具体执行劳动部制定的《职工基本养老保险个人账户管理暂行办法》第六条规定，职工本人一般以上一年度本人月平均工资为个人缴费工资基数（有条件的地区也可以本人上月工资收入为个人缴费工资基数）。据此，无锡市制定文件时采用了对提高职工基本养老保险待遇更有利的计算方法，既不违反上述规定，其具体数额亦不低于《中华人民共和国社会保险法》第十二条第一款规定的缴费比例。秦某认为其个人养老保险账户缴费基数存在少报、少缴的问题，所反映的事实不能成立，市社保中心的有关答复并无不当。裁定驳回秦某的再审申请。[一审：(2014)崇行初字第57号；二审：(2014)锡行终字第00139号；再审：(2015)苏行申字第00572号]

评析

一、社会保险关系与劳动关系的关联及其一致性

《中华人民共和国劳动法》第三条规定，劳动者享有享受社会保险和福利的权利。《中华人民共和国社会保险法》第四条规定，中华人民共和国境内的用人单位和个人依法缴纳社会保险费，有权查询缴费记录、个人权益记录，要求社会保险经办机构提供社会保险咨询等相关服务。个人依法享受社会保险待遇，有权监督本单位为其缴费情况。第十条规定，职工应当参加基本养老保险，由用人单位和职工共同缴纳基本养老保险费。《中华人民共和国社会保险法》未对"职工"进行定义。职工通常系指与用人单位存在稳定劳动关系的劳动者。具体而言，作为用人单位的职工参加社会保险，必须具备三个基本要求：①与用人单位存在劳动关系。与用人单位不存在劳动关系的人员，可以个人名义参保，但不能以用人单位职工名义参保。②与用人单位之间的劳动关系必须是稳定的，不属于非全日制用工。对于非全日制用工，用人单位可以为劳动者缴费，但不是法定义务。③不存在不应参保的特殊情形。基于社会保险关系的唯一性，如果劳动者已经参加了职工社会保险（不包括城乡居民社会保险），则不能以职工身份再参加社会保险（工伤保险除外）。

严格来说，"劳动关系存续期与社会保险缴费总月份应相一致"的表述是不准确的。如上述，在特定情形下，虽然劳动关系存在，但不一定需要缴费甚至是不能缴费。因为在本案中不存在特定情形，所以对于秦某来说，"劳动关系存续期与社会保险缴费总月份应相一致"。应注意的是，不能把本案的结论简单适用于其他案件，需要针对具体案情进行分析。

在"劳动关系存续期与社会保险缴费总月份应相一致"时，两者是否一致，应以社会保险经办机构提供的缴费记录为准。在本案中，秦某应缴费252个月，

社会保险经办机构提供的记录显示其缴费252个月,秦某缴费期限不存在问题。秦某置社会保险经办机构的记录和答复于不顾,坚持认为其缴费只有251个月,其主张不能成立。

二、社会保险缴费基数和缴费方式的确定

秦某主张的根本错误在于,其认为自己的2012年12月当月工资3 010元没有被列入缴费基数,那么似乎其2012年12月就没有缴费,因而其252个应缴费月份中就少了1个月。由于社会保险经办机构已经明确用人单位为秦某缴纳了2012年12月的社会保险费,且与缴费总期限相吻合,因此秦某认为其缴费期限少了1个月的主张自然不能成立。

秦某的错误还在于,其关于2012年12月的缴费基数应是自己当月实际工资的主张违背了法律规定。《中华人民共和国社会保险法》第十二条规定,用人单位应当按照国家规定的本单位职工工资总额的比例缴纳基本养老保险费,记入基本养老保险统筹基金。职工应当按照国家规定的本人工资的比例缴纳基本养老保险费,记入个人账户。但是,《中华人民共和国社会保险法》没有对作为缴费基数的"本单位职工工资总额"和"本人工资"进行解释和定义。劳动部颁布的《职工基本养老保险个人账户管理暂行办法》仍然具有法律效力。职工个人的缴费基数有两种:上一年度本人月平均工资和本人上月工资收入。具体采纳哪一种,由地方确定。因此,无论地方采取哪一种缴费基数确定方法,都是符合法律规定的。在本案中,社会保险经办机构以"本人上月工资收入"作为当月缴费基数符合地方规定,是合法的。但是在同一时期内,社会保险费征收机构不能对部分参保对象实行一种基数计算方法而对情形相同的参保对象实行另一种基数计算方法。

在本案中,社会保险经办机构主张缴费方式实行"上月工资,当月申报,次月征收,记当月账户",这一方式来源于当地2000年的政策规定,存在含糊之处。在本案中,秦某12月缴费,采用11月工资即"上月工资",12月申报缴费即"当月申报",但并非次月即第二年1月征收,而是当月即12月征收。在普遍实行银行自动扣划缴费的背景下,保费征缴已经普遍在当月实现,"次月征收"

多与事实不符,不宜对此强调。从社会保险关系的转移接续、社会保险待遇享受等因素来看,也应当实行当月征收而非次月征收。

《社会保险费申报缴纳管理规定》(2013 年,人力资源和社会保障部令第 20 号)第四条规定,用人单位应当按月在规定期限内到当地社会保险经办机构办理缴费申报。在一个缴费年度内,用人单位初次申报后,其余月份可以只申报前款规定事项的变动情况;无变动的,可以不申报。

三、社会保险缴费违法行为的确认与处罚

本案中,市社保中心表示,对"应缴未缴"侵权行为的确认,系相应行政机关的行政行为,市社保中心作为经办机构,无权对用人单位是否存在该侵权行为进行认定。因此秦某的补缴诉求,应依据《劳动保障监察条例》,向有管辖权的劳动保障行政部门提出司法救济。这一观点不尽妥当。

首先,应缴未缴社会保险费,侵犯了劳动者的社会保险权利,从理论意义上来说,称之为侵权行为未尝不可。但是从现行立法规定和司法适用来看,并无此类侵权行为类型,其救济亦非通过侵权责任实现。此种行为违反《中华人民共和国劳动法》《中华人民共和国劳动合同法》《中华人民共和国社会保险法》等法律规定,直接称之为违法行为即可,无须归入侵权行为。

其次,对于应缴未缴社会保险费的行为,就传统而言,社会保险经办机构具有查处职能。《社会保险稽核办法》(2003 年,劳动和社会保障部令第 16 号)规定,县级以上社会保险经办机构负责社会保险稽核工作。社会保险经办机构及社会保险稽核人员开展稽核工作,行使下列职权:要求被稽核单位提供用人情况、工资收入情况、财务报表、统计报表、缴费数据和相关账册、会计凭证等与缴纳社会保险费有关的情况和资料;可以记录、录音、录像、照相和复制与缴纳社会保险费有关的资料,对被稽核对象的参保情况和缴纳社会保险费等方面的情况进行调查、询问;要求被稽核对象提供与稽核事项有关的资料。

最后,在《中华人民共和国社会保险法》实施之后,在实行地税部门征收社会保险费的地区,社会保险经办机构是否仍具有对社会保险缴费违法行为的查处职能,需要进一步探讨和研究。《中华人民共和国社会保险法》第六十三条规定,

用人单位未按时足额缴纳社会保险费的，由社会保险费征收机构责令其限期缴纳或者补足。用人单位逾期仍未缴纳或者补足社会保险费的，社会保险费征收机构可以向银行和其他金融机构查询其存款账户；并可以申请县级以上有关行政部门作出划拨社会保险费的决定，书面通知其开户银行或者其他金融机构划拨社会保险费。用人单位账户余额少于应当缴纳的社会保险费的，社会保险费征收机构可以要求该用人单位提供担保，签订延期缴费协议。用人单位未足额缴纳社会保险费且未提供担保的，社会保险费征收机构可以申请人民法院扣押、查封、拍卖其价值相当于应当缴纳社会保险费的财产，以拍卖所得抵缴社会保险费。根据这些规定，在实施执法行为时，其主体为"社会保险费征收机构"；"县级以上有关行政部门"含义虽不明确，但如果是地税部门征收，就不可能是地税部门以外的行政部门。如果在实行地税部门征收社会保险费的地区完全摒弃社会保险经办机构的查处职能，可能会对整个社会保险经办流程和参保人权益产生不利影响。

社会保险费补缴稽核期限

◉ 裁判要旨

> 相关法律、法规对于社会保险费的补缴、催缴等社会保险稽核行为并未设定查处期限，社会保险费的稽核整改与劳动保障违法查处行为亦属于不同的行政行为，不适用《劳动保障监察条例》所规定的2年查处时效。

◉ 案情

陈某系显华公司的职工，自2006年1月至2007年1月、2007年7月至2015年4月在该公司工作，双方存在劳动关系。2006年1月至2006年11月、2007年7月至2009年3月，显华公司未依法为陈某缴纳社会保险费。2015年4月2日，陈某向区社保中心投诉，反映显华公司欠缴此期间社会保险费。区社保中心收到投诉后，依法受理并对显华公司进行稽核，要求显华公司提供招工表、劳动合同、工资会计凭证及发放表等资料。2015年11月24日，区社保中心对显华公司人事主管就陈某缴纳社会保险费的相关问题进行询问，并制作了询问笔录。2015年12月10日和2015年12月21日，显华公司分别向区社保中心提出申辩意见。2015年12月24日，区社保中心作出关于补缴社会保险费的答复，并于2015年12月28日将该答复送达显华公司。2015年12月15日，区社保中心作出了稽核整改通知书，认定显华公司未按规定为陈某办理参加社会保险、少缴社会保险费的事实，并依据《中华人民共和国劳动法》第七十三条、第一百条，《中华人民共和国社会保险法》第五十八条、第八十六条和《社会保险费申报缴纳管理规定》（2013年，人力资源和社会保障部令第20号）第八条的规定，要求显华公司按照相应的缴费时间、缴费基数为陈某补缴社会保险费。2015年12月28日，区社保中心将稽核整改通知书及其附件补缴社会保险费明细一览表送达显华公司。显华公司对稽核整改通知书不服，于2016年2月25日向区人社局申请行政复议。区人社局受理审查后，于2016年4月19日作出行政复议决定书，维持了原行政行为，并告知显华公司不服复议决定提起诉讼的权利和期限。区人社局于2016年4月25日将行政复议决定书送达显华公司。显华公司不服，于2016年7月19日向法院提起行政诉讼。

审判

一审法院认为，《社会保险费征缴暂行条例》第二十条规定，社会保险经办机构受劳动保障行政部门的委托，可以进行与社会保险征缴有关的检查、调查工作。《社会保险稽核办法》（2003年，劳动和社会保障部令第16号）第二条规定，本办法所称稽核是指社会保险经办机构依法对社会保险费缴纳情况和社会保险待遇领取情况进行的核查；第三条第一款规定，县级以上社会保险经办机构负责社会保险稽核工作。根据上述法律法规规定，区社保中心作为本区社会保险经办机构，对显华公司的社会保险费缴纳情况进行稽核，是依法行使行政管理职权的行为。

《中华人民共和国社会保险法》第八十六条规定,用人单位未按时足额缴纳社会保险费的,由社会保险费征收机构责令限期缴纳或者补足,并自欠缴之日起,按日加收万分之五的滞纳金;逾期仍不缴纳的,由有关行政部门处欠缴数额一倍以上三倍以下的罚款。《社会保险费申报缴纳管理规定》第八条规定,用人单位应当自用工之日起30日内为其职工申请办理社会保险登记并申报缴纳社会保险费。未办理社会保险登记的,由社会保险经办机构核定其应当缴纳的社会保险费。用人单位未按照规定申报应缴纳的社会保险费数额的,社会保险经办机构暂按该单位上月缴费数额的110%确定应缴数额;没有上月缴费数额的,社会保险经办机构暂按该单位的经营状况、职工人数、当地上年度职工平均工资等有关情况确定应缴数额。用人单位补办申报手续后,由社会保险经办机构按照规定结案。本案中,陈某是显华公司的职工,显华公司作为用人单位依法应当为陈某缴纳社会保险费。区社保中心受理陈某的投诉后,经调查核实,作出涉案稽核整改通知书及补缴社会保险费明细一览表,责令显华公司为陈某补缴相应时段的社会保险费,符合上述规定,并无不当。

显华公司主张区社保中心认定其未按时为职工办理参加社会保险的违法事实已过2年时效,依据《劳动保障监察条例》和《深圳经济特区社会养老保险条例》的相关规定,行政机关不应再予以追究的意见,因本案并非劳动保障监察投诉处理行为,而是社会保险稽核行为,《深圳经济特区社会养老保险条例》作为社会养老保险地方性法规,仅适用于深圳经济特区区域内,因此显华公司的主张不成立,不予采纳。显华公司未缴纳社会保险费的行为一直持续至今,区社保中心依照2011年7月1日施行的《中华人民共和国社会保险法》及2013年11月1日施行的《社会保险费申报缴纳管理规定》相关规定,对显华公司作出为陈某补缴相应期间各项社会保险费的稽核整改处理,并无不当。显华公司关于区社保中心适用法律错误的意见,理由不成立,不予采纳。

区人社局作为区社保中心的上级主管部门,有权对显华公司提交的行政复议申请作出处理。显华公司认为区人社局无权受理该行政复议的主张,不予采纳。区人社局受理显华公司的复议申请后,经审查作出行政复议决定,维持了原行政行为,并告知显华公司相应权利且依法送达,程序合法。判决驳回显华公司的诉讼请求。

显华公司不服一审判决，提起上诉。主要理由是，《实施〈中华人民共和国社会保险法〉若干规定》（本案以下简称《若干规定》）第二十九条规定，对于2011年7月1日前发生的用人单位未按时足额缴纳社会保险费的行为，按照国家和地方人民政府的有关规定执行。其未为陈某按时足额缴纳2011年以前的社会保险费的行为不应适用《中华人民共和国社会保险法》（2011年7月1日实施）及《社会保险费申报缴纳管理规定》（2013年11月1日实施）的规定，一审适用上述法律规定明显违反了法不溯及既往的原则。一审法院认定本案并非劳动保障监察投诉处理行为，不适用《劳动保障监察条例》，违反了《若干规定》第二十七条的规定。

二审法院经审理认为，根据《广州市社会保险条例》（1995年9月1日施行）第十条规定，社会保险基金包括了养老保险、医疗保险、工伤保险、失业保险、生育保险基金；《社会保险费征缴暂行条例》（1999年1月22日施行）第四条第一款规定，缴费单位、缴费个人应当按时足额缴纳社会保险费；《社会保险稽核办法》（2003年4月1日施行）第八条第四款规定，对于不按规定缴纳社会保险费的行为，任何单位和个人有权举报，社会保险经办机构应当及时受理举报并进行稽核。据此，在《中华人民共和国社会保险法》施行前，相关法律已经明确用人单位需为劳动者按时足额缴纳养老、医疗、失业、工伤、生育五个险种的社会保险费，对于用人单位未按规定缴纳社会保险费的行为，社会保险经办机构有权进行稽核。直至提起本案诉讼时止，显华公司仍未依法为陈某缴纳上述劳动关系存续期间的社会保险费，区社保中心在受理陈某投诉后，依法调查并形成稽核调查笔录，结合其他相应证据作出被诉的稽核整改通知书，要求显华公司按相应缴费时间、缴费基数为陈某补缴涉案期间上述五个险种的社会保险费符合法律规定，程序合法。

关于一审适用法律是否错误的问题。《劳动保障监察条例》第十一条规定，劳动保障行政部门对用人单位参加各项社会保险和缴纳社会保险费的情况实施劳动保障监察。第二十条规定，违反劳动保障法律、法规或者规章的行为在2年内未被劳动保障行政部门发现，也未被举报、投诉的，劳动保障行政部门不再查处。前款规定的期限，自违反劳动保障法律、法规或者规章的行为发生之日起计算；违反劳动保障法律、法规或者规章的行为有连续或者继续状态的，自行为终了之日起计算。《若干规定》第二十七条第二款规定，职工认为用人单位有未按时足额为其缴纳社会保险费等侵害其社会保险权益行为的，也可以要求社会保险行政部门或者社会保险费征收机构依法处理。社会保险行政部门或者社会保险费征收机构应当按照社会保险法和《劳动保障监察条例》等有关规定处理。在实践中，多数做法认为劳动保障部门对违反劳动保障法律、法规或者规章的行为适用2年查处期限，但相关法律、法规对社会保险费的补缴、催缴并未设定期限，社会保险费的稽核整改与劳动保障违法查处行为属于不同行政行为，一审判决认定本案属社会保险稽核行为，不适用《劳动保障监察条例》所规定的2年查处时效的意见，并无不当。上诉意见不能成立，不予支持。复议程序亦合法，予以支持。判决驳回上诉，维持原判。

显华公司不服二审判决，向广东省高级人民法院申请再审。再审法院认为，根据《广州市社会保险条例》《社会保险费征缴暂行条例》《社会保险稽核办法》，在2011年《中华人民共和国社会保险法》施行前，相关法律、法规和规章均已明确用人单位需要为劳动者按时足额缴纳社会保险费。对于用人单位不按规定缴纳社会保险费的行为，社会保险经办机构有权进行稽核。本案中，区社保中心经法定程序作出被诉的稽核整改通知书，要求显华公司按相应缴费时间、缴费基数为陈某补缴涉案期间的社会保险费，符合法律规定，并无不当。相关法律、法规对于社会保险费的补缴、催缴等社会保险稽核行为并未设定查处期限，社会保险费的稽核整改与劳动保障违法查处行为亦属于不同的行政行为，不适用《劳动保障监察条例》所规定的2年查处时效。裁定驳回再审申请。［一审：（2016）粤7101行初1309号；二审：（2017）粤71行终641号；再审：（2017）粤行申852-886号］

评析

一、劳动保障监察行为与社会保险稽核行为属于不同行政行为，适用不同的法律依据

本案表面上是应否适用《劳动保障监察条例》的问题，实质上则是社会保险经办机构实施的对用人单位社会保险费缴纳情况进行稽核，以及对未依法缴纳社会保险费的用人单位责令补缴、催缴的行政行为，与劳动保障监察机构实施的对用人单位各项社会保险和缴纳社会保险费的情况进行的检查、监督、纠正和查处等行为是否属于同一行政行为的问题。如果属于同一行政行为，适用的法律依据自然也应当相同；如果不属于同一行政行为，适用的法律依据则可能不同。

在我国，行政法学上的行政行为，特指行政主体基于行政职权，为实施国家行政目标而作出的，以作为或者不作为形式表现的，能直接或间接引起法律效果并受行政法规制的法律行为。[1] 行政主体不同，行政行为必然不同。根据依法行政等基本法律原则，不同行政主体的行政行为通常适用不同的法律依据，当然这根本上依赖于法律法规自身的规定。《劳动保障监察条例》第二条规定，对企业和个体工商户进行劳动保障监察，适用该条例。该条例同时规定，由"劳动保障行政部门"实施劳动保障监察。而社会保险经办机构不属于劳动保障行政部门，因此不能适用《劳动保障监察条例》。

《中华人民共和国社会保险法》第八十六条规定，用人单位未按时足额缴纳社会保险费的，由社会保险费征收机构责令限期缴纳或者补足，并自欠缴之日起，按日加收万分之五的滞纳金；逾期仍不缴纳的，由有关行政部门处欠缴数额一倍以上三倍以下的罚款。这里表述的"社会保险费征收机构"，在社会保险经办机构征收社会保险费的背景下，就是指社会保险经办机构，其适用的法律依据和劳动保障监察不同。

---

[1] 胡建淼. 行政法学（第四版）[M]. 北京：法律出版社，2015：124.

二、社会保险缴费稽核行为没有期限限制

根据社会保险稽核方面的法律、法规，对未依法缴纳社会保险费违法行为实施的社会保险稽核行政行为，目前并无追责期限的限制。不管是《中华人民共和国劳动法》《社会保险费征缴暂行条例》《社会保险稽核办法》，还是《中华人民共和国社会保险法》《社会保险费申报缴纳管理规定》等，均未规定未依法缴纳社会保险费违法行为的"免责期"。这意味着至少在《中华人民共和国劳动法》实施且当地实施社会保险统筹之后，用人单位均应当依法缴纳社会保险费，否则相关机构均应当进行查处并依法纠正未缴、少缴社会保险费的行为。这要求用人单位必须依法缴费，否则将受到追缴。

从理论上来说，对用人单位任何时候的未缴费行为都必须追缴，不仅存在证据等执行上的困难，也会导致社会关系的不稳定，理论依据并不充足，但这需要通过修订立法才能改变。在立法修订之前，即就当下的法律适用而言，对用人单位社会保险费违法行为实施责令补缴等稽核查处则无期限限制。

三、《中华人民共和国社会保险法》实施以前未依法缴纳社会保险费的行为可否追溯

《中华人民共和国社会保险法》对于用人单位在社会保险缴费方面的违法责任作了全面的规范，这涉及对之前社会保险缴费违法行为的追溯问题。对此，本案裁判文书中给出了非常准确的分析。由于在《中华人民共和国劳动法》实施且当地实施社会保险统筹之后，依法缴纳社会保险费即是用人单位的强制性法定义务，用人单位未缴、少缴社会保险费即应当受到追责，因此根据《若干规定》的规定，对此种违法行为实施稽核是合法的，并非是《中华人民共和国社会保险法》的溯及既往。本案中由于违法行为一直未予纠正，社会保险经办机构适用《中华人民共和国社会保险法》作为执法依据，针对未缴纳的社会保险费要求补缴，这既是《中华人民共和国社会保险法》的规定，也是过去法律、法规的规定。但应当注意的是，如果将《中华人民共和国社会保险法》新设立的法律责任如滞纳金适用于过去的违法行为，则构成溯及既往，是不恰当的。

第一章 参保缴费

税务局补缴模式下历史缴费基数的确定

裁判要旨

补缴基本养老保险费应当以补缴时段对应期间职工本人工资为申报缴费工资基数。地税局作出的责令限期改正通知书，根据社保局按2017年社会保险年度企业职工基本养老保险缴费工资的下限（2 489元/月）及职工基本医疗保险缴费工资下限（3 073元/月）计算的陈某1999年9月至2008年6月期间欠缴的基本养老保险费、基本医疗保险费确定追缴数额，证据不足，适用法律、法规错误。

案情

陈某1999年9月至2014年7月为马达公司员工。1999年9月至2008年6月期间，马达公司仅为陈某参加了工伤保险，自2008年7月起，才开始为陈某参加养老、医疗、生育、失业等保险。2016年3月24日，陈某提起行政诉讼，要求始兴地税局限期履行责令并强制征收马达公司为其补缴1999年9月至2008年6月用工期间的基本养老保险费和基本医疗保险费的法定职责。一审法院经审理作出"（2016）粤0203行初31号"行政判决，驳回了陈某的诉讼请求。陈某不服，提出上诉。二审法院经审理，于2017年5月9日作出"（2017）粤02行终47号"行政判决，撤销一审判决，限始兴地税局在判决生效之日起60日内作出行政行为。

2017年9月8日，始兴地税局向社保始兴分局出具《关于请求协助核定陈××1999年9月至2008年6月社会保险费的函》，内容为："陈××诉我局在职责范围内依法对马达公司未缴纳1999年9月至2008年6月社会保险费的违法行为作出行政处理，依职权追缴1999年9月至2008年6月应为申请人缴纳的养老和医疗保险费一案，根据'（2017）粤02行终47号'行政判决、《社会保险费征缴暂行条例》及《关于社会保险费地税全责征收后若干问题的通知》（韶地税发〔2009〕13号）的相关规定，请贵局核定陈某在马达公司（1999年9月至2008年6月）应缴纳的养老及医疗保险费并传送给我局，以便我局追缴。"此后，社保始兴分局作出陈某个人特批补缴通知书，按2017年社会保险年度（2017年7月1日至2018年6月30日）该市企业职工基本养老保险缴费工资的下限（2 489元/月）及职工基本医疗保险缴费工资下限（3 073元/月），计算陈某1999年9月至2008年6月期间欠缴基本养老保险费总额为101 336.02元，其中单位缴费50 875.46元，个人缴费18 269.26元，利息32 191.3元；2002年7月至2008年6月期间欠缴基本医疗保险费总额为20 231.44元，其中单位缴费10 893.84元，个人缴费3 351.84元，利息5 985.76元。2017年9月13日，始兴地税局下属城区税务分局作出责令限期改正通知书，内容为"马达公司：截至2017年9月13日，你单位因未按时足额缴纳社会保险费，欠缴社会保险费总额121 567.46元（详情见个人特批补缴通知书）。现根据《中华人民共和国社会保险法》第六十三条、第八十六条规定，责令你单位于2017年9月24日前补缴社会保险费83 390.4元以及利息38 177.06元。逾期未缴纳、又无正当理由的，我们将依法通知你单位的开户银行或其他金融机构直接划拨欠缴的社会保险费。如对本通知不服，可自收到通知之日起，60日内依法向韶关市始兴县地方税务局申请行政复议；或者收到本通知之日起，6个月内依法向人民法院起诉"。马达公司对此责令限期改正通知书不服，提起行政诉讼。

2017年10月18日，陈某将其1999年9月至2008年6月的基本养老保险费及2002年7月至2008年6月的基本医疗保险费的个人部分金额共21 621.1元通过银行汇款存入马达公司账户。

审判

一审法院认为，始兴地税局下属城区税务分局作出的责令限期改正通知书不合法。第一，根据《社会保险费征缴暂行条例》《广东省社会保险费征缴办法》《关于印发广东省社会保险费地税全责征收实施办法（暂行）的通知》（粤劳社函〔2008〕1789号）、《关于转发〈广东省社会保险费地税全责征收实施办法

第一章
参保缴费

（暂行）〉的通知》（韶劳社〔2008〕221号）等规定，陈某要求追缴用人单位欠缴的基本养老保险费和基本医疗保险费，属始兴地税局的法定职责。第二，《广东省社会养老保险条例》第十条第一款规定，"被保险人按本人上年度月平均工资的一定比例缴纳养老保险费，缴费比例由省人民政府根据职工工资收入水平和个人账户积累的情况决定。单位按所属被保险人上年度月平均工资总额的一定比例缴纳养老保险费，具体比例由社会保险部门会同财政部门测定，经上级社会保险部门审核后报同级人民政府批准执行"。《广东省社会保险费征缴办法》第六条规定，"缴费个人按本人当月申报个人所得税的工资、薪金计算缴纳社会保险费，缴费单位按所缴费个人当月申报个人所得税工资、薪金的总额计算缴纳社会保险费"。《关于妥善解决当前劳资纠纷重点问题的通知》（粤人社发〔2013〕189号）规定，"补缴基数和比例：用人单位为职工补缴养老保险费，应当以补缴时段对应期间职工本人工资申报缴费工资基数，按对应时段当地缴费比例和基数的规定计算应缴纳的养老保险费"。本案中，始兴地税局根据社保始兴分局按2017年社会保险年度该市企业职工基本养老保险缴费工资的下限（2 489元/月）及职工基本医疗保险缴费工资下限（3 073元/月）计算陈某欠缴的基本养老保险费、基本医疗保险费确定追缴数额，作出责令限期改正通知书的行政行为，主要证据不足。判决撤销始兴地税局作出的责令限期改正通知书，限始兴地税局在该判决发生法律效力之日起60日内作出行政行为。

始兴地税局不服一审判决，提起上诉称，一审判决适用法律错误，责令限期改正通知书计算基数正确。根据《广东省社会养老保险条例》等以及韶关市人民政府办公室《关于转发省政府关于贯彻国务院完善企业职工养老报销制度决定的通知》（韶府办〔2006〕228号）"关于补缴应参保未参保时的养老保险费和破产、关闭、停产和转制企业清欠养老保险费的指数计算问题：凡在2006年7月1日以后，补缴或清欠2006年6月30日前所欠养老保险费的，补缴或清欠时计征基数按我市上年度在岗职工平均缴费工资60%~300%，其缴费指数等于计征基数除以补缴或清欠时我市上年度在岗职工月平均工资"规定，缴纳（含补缴）社会保险费，按本人上年度月平均工资的一定比例缴纳基本养老保险费。由于马达公司及陈某均未提供陈某的本人工资信息，社保始兴分局按所在市上年度职工月平均工资60%计征陈某的社会保险费，并按《广东省社会养老保险实施细则》第三十二条规定计算利息正确。《关于妥善解决当前劳资纠纷重点问题的通知》仅是当时处理劳动纠纷重点问题的特别规定，且与《广东省社会养老保险条例》及广东省人民政府《关于贯彻国务院完善企业职工基本养老保险制度决定的通知》（粤府〔2006〕96号）的规定不一致，应以后者规定为准。

二审法院认为，始兴地税局下属城区税务分局作出的责令限期改正通知书不合法。依照《广东省社会养老保险条例》第十条、《广东省社会保险费征缴办法》第六条、《关于妥善解决当前劳资纠纷重点问题的通知》规定，补缴养老保险费应当以补缴时段对应期间职工本人工资申报缴费工资基数。始兴地税局作出的责令限期改正通知书，根据社保始兴分局按2017年社会保险年度企业职工基本养老保险缴费工资的下限（2 489元/月）及职工基本医疗保险缴费工资下限（3 073元/月）计算的陈某1999年9月至2008年6月期间欠缴的基本养老保险费、基本医疗保险费确定追缴数额，证据不足，适用法律、法规错误。一审法院予以撤销并无不当，予以维持。判决驳回上诉，维持原判。[一审：（2017）粤0203行初410号；二审：（2018）粤02行终80号]

2019年3月19日，马达公司按照陈某对应时段工资为其补缴基本养老和基本医疗保险费。陈某认为基本养老保险缴费基数低，未补缴1999年9月至2002年6月间的基本医疗保险费，未补缴失业保险费，再次起诉始兴县税务局。韶关市武江区人民法院作出（2019）粤0203行初352号行政判决对始兴县税务局所作行政行为予以维持。陈某上诉。韶关市中级人民法院作出（2020）粤02行终25号行政判决驳回其上诉。

评析

一、社会保险费补缴基数如何确定

《中华人民共和国社会保险法》第十二条规定，用人单位应当按照国家规定的本单位职工工资总额的比例缴纳基本养老保险费，记入基本养老保险统筹基金。第二十三条规定，职工应当参加职工基本医疗保险，由用人单位和职工按照国家规定共同缴纳基本医疗保险费。但该法未规定具体的缴费基数。《社会保险费征缴暂行条例》第十条第一款规定，缴费单位必须按月向社会保险经办机构申报应缴纳的社会保险费数额，经社会保险经办机构核定后，在规定的期限内缴纳社会保险费。该条款也没有明确缴费基数。《国务院关于深化企业职工养老保险制度改革的通知》（国发〔1995〕6号）规定，职工本人上一年度月平均工资为个人缴费工资基数，企业按职工工资总额的一定比例缴纳基本养老保险费。《广东省社会养老保险条例》和《广东省社会保险费征缴办法》的规定与之基本相同。但是，这些规定仅是针对正常缴费，而未涉及补缴的缴费基数的确定。

《中华人民共和国社会保险法》第八十六条规定，用人单位未按时足额缴纳社会保险费的，由社会保险费征收机构责令限期缴纳或者补足，并自欠缴之日起，按日加收万分之五的滞纳金；逾期仍不缴纳的，由有关行政部门处欠缴数额一倍以上三倍以下的罚款。该条款也没有明确补缴的基数，而且该法从2011年7月1日起实施，对于2011年6月30日以前的未依法缴费行为的纠正能否适用，存在疑义。《社会保险费征缴暂行条例》第十条第二款规定，缴费单位不按规定申报应缴纳的社会保险费数额的，由社会保险经办机构暂按该单位上月缴费数额的110%确定应缴数额；没有上月缴费数额的，由社会保险经办机构暂按该单位的经营状况、职工人数等有关情况确定应缴数额。缴费单位补办申报手续并按核定数额缴纳社会保险费后，由社会保险经办机构按照规定结算。就本案而言，由于不存在上月缴费数额，社会保险经办机构也难以按照用人单位的经营状况、职工人数等核定其十多年前的社会保险费数额，此条款也难以执行。

本案中，具体规定了补缴基数的是粤人社发〔2013〕189号和韶府办〔2006〕228号文件。前者规定以历史上应当缴费的基数作为补缴缴费基数，后者规定以补缴时的法定缴费基数下限作为补缴基数。社保局和税务局认为应当采用后者，一、二审法院则认为应当采用前者。

从实践来看，两种补缴方式都是存在的。

比较而言，前者方式更具有合理性，但是该方式存在三方面不利之处。一是由于时间久远，难以确定被保险人在历史上的真实的工资收入。二是直接以历史年度的社会平均工资的一定比例作为补缴基数，如果以下限作为补缴基数，则会损害社会保险基金，间接损害其他被保险人权益；如果以较高比例作为补缴基数，则会导致个人和用人单位的不满，因为缺乏法律依据同样面临被撤销的法律风险。三是如何解决对用人单位的惩罚问题，存在一定的难处。此种补缴，是以用人单位违法并对用人单位的违法行为进行纠正为基础的，如果不考虑用人单位的责任承担特别是惩罚性责任，是不合理的。

后者方式计算简便，以缴费基数的下限作为补缴基数具备合理性，以补缴时的缴费基数下限作为历年补缴基数，实际是在无法确定历史真实基数的情形下基于对用人单位的惩罚而确定的，并非不可。

针对补缴基数，宜从立法上补充完善，才能彻底解决此项争议。在现有法律框架体系下，宜尊重统筹地区社会保险行政部门或社会保险经办机构的行政决定。首先，就全国来说，并没有一定采用前者补缴方式的规则，因此没有采用前者补缴方式并不存在违法问题。其次，由于前者补缴方式存在上述难题，使得后者补缴方式存在合理性。最后，如果法院否定后者补缴方式，而社会保险经办机构或者税务机关又无法按照前者方式作出明确的补缴金额要求，法院能够化解纠纷吗？换句话说，法院能否明确具体的补缴金额？就本案来说，如果法院主张按照前者方式补缴，但是又无法按照前者方式明确具体的补缴金额，则无法评判补缴基数的合法性与合理性，无法作出正当的裁判。

但是需要注意的是，无论采用前者方式还是后者方式，在同一统筹地区应当实行同一种方式，而且最好以规范性文件的形式作出规定。

二、补缴基数核定：税务局与社保局职能划分

本案社会保险费补缴基数实际是由社保局作出的，但被告是税务局，这一状况在社会保险费由税务机关征收以后将会长期存在，其间的法律纠纷需要引起重视。就本案而言，主要涉及社会保险费补缴基数核定的职能划分。

核定补缴基数是实施补缴的前提，而对于补缴基数核定的职能划分，尚缺乏明确的法律规定。在本案中，税务机关向社会保险经办机构出具公函，请求协助核定补缴基数，并依据社会保险经办机构核定的补缴基数作出补缴决定。在该过程中，补缴基数核定权限的划分依然不明确。由社会保险经办机构实际核定补缴

基数，表明核定权限似乎属于社会保险经办机构；但由税务机关而非社会保险经办机构向用人单位和个人作出包括基数在内的补缴决定，补缴基数的核定权限则似乎又在税务机关。结合司法机关是对税务机关确定的补缴基数进行司法审查并撤销其决定，在本案中宜确定该权限实际是由税务机关行使，社会保险经办机构的实际核定行为仅仅是对税务机关的帮助行为，既不对税务机关产生实际的拘束力——税务机关并非只能据此确定相对人的补缴基数，也不对相对人——用人单位和个人产生拘束力。

如果确定补缴基数核定的法定权限在税务机关，在实践中会存在实施的难题。一是，社会保险费的补缴政策是社会保险行政部门或社会保险经办机构制定的，由税务机关执行核定职能，会使制度的实施偏离制度。二是，税务机关在执行中还需要请示政策制定部门，而两者之间不具有隶属关系，政策制定部门可能没有动力对税务机关进行解释；即便政策制定部门作了解释，由于执行的不利后果由税务机关承担，因此税务机关执行或不执行该解释均存在法律风险。

为了进一步理顺税务机关和社会保险经办机构之间的关系，应在顶层制度架构中对社会保险费补缴基数的核定权限以及协助关系作出明确的法律规定。

三、补缴的滞纳金

在本案社会保险经办机构实际核定、税务机关实际确定的补缴方案中，没有征收滞纳金，而仅征收了利息。这当然与其采用了较高的补缴基数存在关联。仅就补缴的滞纳金而言，仍有探讨的必要。广东省地税局、广东省人社厅《关于广东省企业职工社会保险费欠费滞纳金处理意见的公告》第一条规定，对用人单位申报补缴所属期为2011年7月1日之前（不含7月1日）的社会保险费欠费，可先征收本金，对2011年7月1日后产生的滞纳金暂缓加收。根据这一规定，滞纳金可以暂时不征收或缓征。究竟什么时候征，是否永久不征，是不确定的。这种不确定性有违法律的基本原理。更进一步的问题则是，不征收滞纳金是否合法？

《中华人民共和国社会保险法》第八十六条规定，用人单位未按时足额缴纳社会保险费的，由社会保险费征收机构责令限期缴纳或者补足，并自欠缴之日起，按日加收万分之五的滞纳金；逾期仍不缴纳的，由有关行政部门处欠缴数额一倍以上三倍以下的罚款。该规定并未赋予社会保险费征收机构自由裁量权，在法律尚未修改之前，不执行本条规定属于违法行为。

广东省地税局、广东省人社厅《关于广东省企业职工社会保险费欠费滞纳金处理意见的公告》第四条还规定，滞纳金的数额不超过社会保险费欠费数额。这实际上限制了《中华人民共和国社会保险法》上述规定的处罚标准，属于立法限缩。基于《中华人民共和国立法法》和法律解释、法律适用理论，该规定可能存在问题。

税务征收社会保险费模式下查处违法缴费行为的职权划分

裁判要旨

根据《中华人民共和国社会保险法》《劳动保障监察条例》的有关规定，对用人单位未按时足额缴纳社会保险费的投诉予以受理并依法处理，以及对经责令逾期仍不缴纳的处欠缴数额一倍以上三倍以下的罚款，是社会保险行政部门的法定职责。但是，对用人单位未按时足额缴纳社会保险费的，责令限期缴纳或者补足，以及加收滞纳金，则是社会保险费征收机构而非社会保险行政部门的法定职责。

用人单位因"劳动者在其他单位处于缴费状态，社会保障号码是唯一且不能重复的，导致社保缴费系统无法操作补缴"而未能补缴的，是否属于"逾期仍不缴纳的"情形，应否进行行政处罚。

第一章
参保缴费

案情

2010年10月7日至2013年2月3日，解某在某电工器材公司工作期间，用人单位一直未为其缴纳社会保险费。2014年11月18日，解某到所属地人社局投诉用人单位未给其本人缴纳社会保险费，并提交了相关书面材料。人社局审查其材料后于当日立案。11月26日，人社局向电工器材公司送达了调查询问通知书，电工器材公司于12月10日到人社局接受调查。经人社局调查核实后，12月24日，人社局向电工器材公司送达了劳动保障监察责令改正指令书，责令电工器材公司自收到改正指令书之日起15日内为解某缴纳2010年10月至2013年1月的养老、工伤、失业、医疗、生育保险费（依法应由劳动者个人缴纳的部分由其个人缴纳）。2015年1月8日，电工器材公司与谢某共同到社会保险经办机构办理社会保险费缴纳事宜。因解某在某人力资源服务有限公司处于缴费状态，社保缴费系统无法操作补缴，需由解某从上述单位办理社会保险减员手续，再由电工器材公司办理补缴手续。因解某一直未办理减员手续，导致电工器材公司未能为其补缴社会保险费。2015年9月17日，解某向人社局邮寄行政处罚申请书，要求对电工器材公司按日加收滞纳金并处以罚款，依法对其强制执行。9月18日，人社局收到该申请书，于9月24日约谈解某，告知其对电工器材公司不存在行政处罚的情形。解某不服，遂诉至法院。

审判

一审法院认为，《劳动保障监察条例》第三条规定，县级以上地方各级人民政府劳动保障行政部门主管本行政区域内的劳动保障监察工作。《中华人民共和国社会保险法》第七条规定，国务院社会保险行政部门负责全国的社会保险管理工作，国务院其他有关部门在各自的职责范围内负责有关的社会保险工作。县级以上地方人民政府社会保险行政部门负责本行政区域的社会保险管理工作，县级以上地方人民政府其他有关部门在各自的职责范围内负责有关的社会保险工作。被告人社局作为劳动保障行政部门，具有就原告解某对第三人电工器材公司的投诉进行受理并依法处理的法定职责。《山东省劳动和社会保障监察条例》（2000

年 10 月 26 日山东省第九届人大常委会第十七次会议通过）第三十条第一款规定，用人单位未按照国家规定缴纳社会保险费的，由劳动和社会保障行政部门责令限期缴纳；逾期不缴纳的，除补缴欠缴的社会保险费外，从欠缴之日起按日加收千分之二的滞纳金。解某主张依据上述条款的规定由人社局对电工器材公司按日加收滞纳金。但是，该条款已于 2012 年 1 月 13 日被山东省人大常委会《关于修改〈山东省环境噪声污染防治条例〉等二十五件地方性法规的决定》修改为"用人单位未按照国家规定缴纳社会保险费的，由社会保险费征收机构责令限期缴纳，并依法予以处理"。《中华人民共和国社会保险法》第八十六条规定，用人单位未按时足额缴纳社会保险费的，由社会保险费征收机构责令限期缴纳或者补足，并自欠缴之日起，按日加收万分之五的滞纳金；逾期仍不缴纳的，由有关行政部门处欠缴数额一倍以上三倍以下的罚款。故解某主张对用人单位"按日加收滞纳金"并不属于人社局的法定职责，而是社会保险费征收机构的法定职责，故对解某的此项诉讼请求不予支持。《中华人民共和国社会保险法》第六十三条规定，用人单位未按时足额缴纳社会保险费的，由社会保险费征收机构责令其限期缴纳或者补足。用人单位逾期仍未缴纳或者补足社会保险费的，社会保险费征收机构可以向银行和其他金融机构查询其存款账户；并可以申请县级以上有关行政部门作出划拨社会保险费的决定，书面通知其开户银行或者其他金融机构划拨社会保险费。用人单位账户余额少于应当缴纳的社会保险费的，社会保险费征收机构可以要求该用人单位提供担保，签订延期缴费协议。用人单位未足额缴纳社会保险费且未提供担保的，社会保险费征收机构可以申请人民法院扣押、查封、拍卖其价值相当于应当缴纳社会保险费的财产，以拍卖所得抵缴社会保险费。本案中，人社局受理了解某的投诉，在查证电工器材公司未给解某缴纳社会保险费的情况属实后，向电工器材公司下发了劳动保障监察责令改正指令书。电工器材公司亦欲积极地履行该指令书的要求，但解某在其他单位处于缴费状态，社会保障号码是唯一且不能重复的，导致社保缴费系统无法操作补缴。因不归责于电工器材公司的原因导致其未能在法定期限内为解某补缴社会保险费，解某据此主张人社局应对电工器材公司进行行政处罚并强制执行，不符合法律规定的情形。且人社局在收到解某的申请书后，对解某进行了约谈，告知其电工器材公司不符合

第一章
参保缴费

进行行政处罚的情形；需要由解某本人协调人力资源服务有限公司作减员操作，再由电工器材公司补缴社会保险费。因此，解某诉人社局不履行法定职责理由不成立。对解某的诉讼请求，不予支持。判决驳回了解某的诉讼请求。

解某不服一审判决，上诉称，一审判决认定事实不清，适用法律错误。第一，人社局设立的社会保险经办机构由人社局的多个科室共同组成，并不具备独立的行政主体资格，人社局作为其设立机关，应当作为本案一审被告，对一审第三人电工器材公司"按日加收滞纳金并处欠缴数额一倍以上三倍以下的罚款"属于人社局的法定职责。第二，"不归责于电工器材公司的原因"不是电工器材公司未能在法定期限内为解某补缴社会保险费而免责的法定事由。根据《中华人民共和国社会保险法》第六十三条和第八十六条规定，"逾期仍不缴纳"就应当受到行政处罚及相应的行政强制措施，并无例外情况或免责事由。第三，电工器材公司未能在法定期限内为解某补缴社会保险费应当归责于电工器材公司。造成现状的直接原因，就是电工器材公司未依法按时为解某缴纳社会保险费，电工器材公司有过错在先，而解某在社会保险费缴纳及补缴过程中并无任何过错，"逾期仍未缴纳"应当归责于电工器材公司。

二审法院认为，根据《劳动保障监察条例》第三条和《中华人民共和国社会保险法》第七条规定，人社局作为社会保险行政部门，具有就解某对电工器材公司的投诉进行受理并依法处理的法定职责，一审判决对此认定正确。

根据《中华人民共和国社会保险法》第六十三条和第八十六条规定，解某主张对用人单位"按日加收滞纳金"及对用人单位采取强制措施并不属于人社局的法定职责，而是社会保险费征收机构的法定职责，一审判决对解某的此项诉讼请求不予支持，并无不当。

《中华人民共和国社会保险法》第八十六条规定，用人单位未按时足额缴纳社会保险费的，由社会保险费征收机构责令限期缴纳或补足，并自欠缴之日起，按日加收万分之五的滞纳金；逾期仍不缴纳的，由有关行政部门处欠缴数额一倍以上三倍以下的罚款。本案中，虽然人社局于2014年12月24日向电工器材公司送达了劳动保障监察责令改正指令书，责令电工器材公司自收到改正指令书之日起15日内为解某缴纳2010年10月至2013年1月的养老、工伤、失业、医疗、生育保险费（依法应由劳动者个人缴纳的部分由其个人缴纳），但因解某在人力资源服务有限公司处于缴费状态，社保缴费系统无法操作补缴，导致电工器材公司未能为其补缴社会保险费。二审法院认为，导致无法补缴解某社会保险费的根本原因系解某在电工器材公司工作期间，该公司未依法为其缴纳社会保险费，经人社局责令改正后，仍然未能补缴，属于"逾期仍不缴纳的"情形，人社局应依法对其"处欠缴数额一倍以上三倍以下的罚款"。虽然"解某在其他单位处于缴费状态，社会保障号码是唯一且不能重复的，导致社保缴费系统无法操作补缴"，但该原因属于社保缴费系统技术性、操作性问题，法律后果及法律责任不应由解某承担。一审判决认为因不归责于电工器材公司的原因导致其未能在法定期限内为解某补缴社会保险费，解某据此主张人社局应对电工器材公司进行行政处罚不符合法律规定的情形，解某请求人社局履行法定职责的请求不能成立，属于认定事实不清，适用法律不当。判决撤销一审行政判决，限人社局于二审判决生效之日起 30 日内对电工器材公司履行行政处罚职责。[一审：（2016）鲁 0181 行初 9 号；二审：（2016）鲁 01 行终 523 号]

评析

一、查处用人单位违法缴费行为的职权划分

本案主要意义之一是，准确划分了社会保险行政部门（劳动保障监察机构）和社会保险费征收机构在用人单位违法缴纳社会保险费行为中的职权界限。

《中华人民共和国劳动法》规定的"劳动行政部门"、《中华人民共和国社会保险法》规定的"社会保险行政部门"与《劳动保障监察条例》规定的"劳动保障行政部门"实际多为同一部门，即现在的人力资源和社会保障（部、厅）局。为了贯彻实施《中华人民共和国劳动法》等劳动和社会保障法律、法规和规章，维护劳动者的合法权益，在人社部门内部专设了劳动保障监察机构负责劳动保障监察的具体实施，但其并不具有独立法人地位，因此在对外实施劳动保障监察时，是以"劳动保障行政部门"的名义实施的。

《中华人民共和国社会保险法》第六十三条和第八十六条对于用人单位未依

法缴纳社会保险费违法行为的查处作了专门规定，区分了社会保险费征收机构、社会保险行政部门以及其他行政部门的法定职责。该规定取代了《劳动保障监察条例》对社会保险行政部门（劳动保障行政部门）查处社会保险缴费违法行为的职责规定。就本案所涉情形，针对责令补缴社会保险费事项，依照《中华人民共和国社会保险法》第六十三条和第八十六条规定，应由社会保险费征收机构实施，由于税务机关或社会保险经办机构均为独立法人，因此该事项为税务机关或社会保险经办机构的职责。要求社会保险行政部门履行此项职责，行政主体选择错误，亦缺乏法律依据。解某认为人社局下设的社会保险经办机构不具备独立的行政主体资格，不符合编制规定，其上诉主张当然也无法得到支持。

二、社会保险行政部门对违法缴费行为的处置

本案另一重要意义是，确定了社会保险行政部门具有受理并依法处理劳动者对用人单位未依法缴纳社会保险费投诉的法定职责。依照《中华人民共和国社会保险法》第八十六条规定，责令用人单位限期缴纳或者补足社会保险费，按日加收滞纳金，由社会保险费征收机构行使；逾期仍不缴纳的，处欠缴数额一倍以上三倍以下的罚款，由有关行政部门行使。这一规定在一定程度上分割了对违法缴纳社会保险费行为的纠正与处罚，难以避免作为受害者的劳动者"一事跑二主"。确定社会保险行政部门具有受理并依法处理的职责具有重要意义，在一定程度上弥补了立法的缺陷。

但是，由于司法个案处理的局限，本案并未给出如何"依法处理"的结论。事实上，在本案中，人社局向电工器材公司送达了劳动保障监察责令改正指令书，责令电工器材公司自收到改正指令书之日起15日内为解某缴纳2010年10月至2013年1月的养老、工伤、失业、医疗、生育保险费。而无论是按照《中华人民共和国社会保险法》还是修改后的《山东省劳动和社会保障监察条例》规定，用人单位未按照国家规定缴纳社会保险费的，由社会保险费征收机构责令限期缴纳，并依法予以处理。虽然解某并未对此提出质疑，但是司法机关应当对行政行为的合法性进行全面审查，而并不限于相对人的指称。

一方面，国家应当及时启动对《劳动保障监察条例》的修订，避免与《中

华人民共和国社会保险法》相冲突；另一方面，在现行法律框架下，社会保险行政部门（劳动保障监察机构）受到此类投诉举报后，既要及时对相对人作出回应，也应及时将相关线索移交社会保险费征收机构进行处理。

三、"逾期仍不缴纳"情形的判定

本案中，电工器材公司未履行劳动保障监察责令改正指令书，是由于"解某在其他单位处于缴费状态，社会保障号码是唯一且不能重复的，导致社保缴费系统无法操作补缴"所致，即是由于社会保险费征收机构不接受补缴（且不论原因是否成立）而导致的。一审法院认为，因不归责于电工器材公司的原因导致其未能在法定期限内为解某补缴社会保险费，解某据此主张人社局应对电工器材公司进行行政处罚并要求强制执行，不符合法律规定的情形。二审法院则认为，因社保缴费系统技术性、操作性问题而无法补缴的，法律后果及法律责任不应由解某承担，该情形仍属于"逾期仍不缴纳的"，应当进行处罚。比较而言，作者认为一审法院的判决更为恰当。不能补缴的法律后果不应由个人承担，难道就必须由用人单位承担吗？补缴与个人、用人单位有关，但更与社会保险费征收机构有关。在社会保险费征收机构拒绝接受的情形下，用人单位是无法进行补缴的。《中华人民共和国社会保险法》第八十六条规定的"逾期仍不缴纳"虽未明确必须为主观上的过错，但在理论、立法和实践上，对此基本予以认可。《中华人民共和国行政处罚法》第四条第二款规定，设定和实施行政处罚必须以事实为依据，与违法行为的事实、性质、情节以及社会危害程度相当。第五条规定，实施行政处罚，纠正违法行为，应当坚持处罚与教育相结合，教育公民、法人或者其他组织自觉守法。在用人单位客观上无法补缴、主观上对未能补缴没有过错的情形下，对用人单位实施行政处罚，与此规定不符。《中华人民共和国行政强制法》第三十七条规定，经催告当事人逾期仍不履行行政决定，且无正当理由的，行政机关可以作出强制执行决定。而客观上无法履行系"正当理由"之一。因此，"逾期仍不缴纳"应指逾期仍拒不缴纳，即当事人有条件缴纳而拒绝缴纳，主观上存在恶意。本案中，用人单位客观上无法缴纳，主观上不存在恶意，应不属于"逾期仍不缴纳"。

第一章 参保缴费

未足额征收社会保险费的法律后果

裁判要旨

由于被告社会保险经办机构未严格履行认真审核和足额征缴的法定职责，造成原告刘某的退休养老待遇受到影响；被告社会保险经办机构的具体行政行为虽然违法，但依现行规定已无法再为原告刘某办理基本养老保险费的补缴，因此判决责令其履行该项法定职责已无实际意义，故法院支持予以刘某一次性赔偿。

案情

刘某原系河北某粮油公司职工，2003年退休。粮油公司1998年10月以前以刘某个人工资为基数为其缴纳基本养老保险费。1998年10月起至刘某退休止，改按上年度全省社会平均工资的60%为基数，为刘某缴纳基本养老保险费。所属地社会保险经办机构系按刘某所在单位上报缴费数额征缴基本养老保险费。2004年6月粮油公司被盛通公司兼并。在职工安置中，盛通公司就包含退休人员在内的职工基本养老保险问题预留了资金。据此，社会保险经办机构为粮油公司在职职工办理了基本养老保险费的补缴，但未对退休人员办理基本养老保险费的补缴。2005年7月，社会保险经办机构按照未补缴的基本养老保险缴费情况为刘某核发了养老金。该市粮食局关于为粮油公司部分退休人员补缴基本养老保险费的请示中，附有粮油公司1998年至2003年退休人员补缴基本养老保险费数额明细表，其中含有"刘××，单位负担2 937.40元"。刘某因养老金金额与社会保险经办机构发生争议，遂提起行政诉讼。

审判

原告刘某主张，其足额缴纳个人负担的基本养老保险费，而原所在单位粮油公司从 1998 年 10 月起按上年度全省社会平均工资的 60% 为基数为其缴纳基本养老保险费，2004 年粮油公司被兼并，预留了补缴基本养老保险费资金，但社会保险经办机构只为在职职工办理了补缴，未给已退休人员补缴。社会保险经办机构发放的 2005 年 7 月养老金是根据单位缴费数额确定的，应足额发放 2005 年 7 月养老金，此后如不能足额发放养老金，则应赔偿损失共计 982 497.60 元。

社会保险经办机构认为，第一，其已经向刘某足额发放了 2005 年 7 月的养老金，且是通过银行以转账形式发放至个人存款账户，不存在未足额发放养老金的问题。刘某并没有证据证明社会保险经办机构没有足额发放养老金的事实。第二，关于社会保险经办机构是否依法足额征缴基本养老保险费的问题，不属于社会保险经办机构与刘某之间的法律关系，而是社会保险经办机构与刘某原所在单位之间的法律关系，不应当成为刘某的诉求。

针对粮油公司缴纳基本养老保险费的问题，社会保险经办机构自 1998 年至 2002 年均严格进行了审核和征缴，不存在基本养老保险费流失问题。市粮食局确实在 2004 年 10 月向市劳动和社会保障局提出"补缴基本养老保险费"的请示，市劳动和社会保障局即责成社会保险经办机构处理此事，社会保险经办机构已经对粮油公司历年基本养老保险的缴费情况进行了审核；又因市粮食局所提出的情况特殊，市劳动和社会保障局向省劳动和社会保障厅请示有关问题。经社会保险经办机构审查，原粮油公司自 1998 年以来，历年缴纳的基本养老保险缴费基数都明显高于实际职工工资发生数。并且其是依据省里统一的规定，以全省社会平均工资的 60% 为基本养老保险费缴费基数，向原粮油公司征收了基本养老保险费，有效地维护了刘某依照省内统一规定应当享受的养老金的权利。刘某为退休人员，该市在为企业职工办理退休手续时，严格审查了该企业缴纳各项社会保险费的情况。根据该市关于社会保险各项费用的实际管理办法，企业为职工办理退休手续，如果存在拖欠社会保险费的情况，必须首先补齐各项社会保险费，方能办理退休手续，否则不予办理。

社会保险经办机构针对市粮食局请示的问题，曾多次向省劳动保障厅汇报和请示，由于《关于城镇企业及职工缴纳基本养老保险费有关问题的通知》（冀劳社〔2004〕38 号）没有涵盖退休人员，所以，河北省劳动和社会保障厅结合具有普遍性的其他问题，专门下发了《关于贯彻冀劳社〔2004〕38号文件有关问题的通知》（冀劳社办〔2005〕13号），其中第六条规定"38号文件下发前已经办理退休手续的人员，社会保险经办机构不再受理缴费情况的复查申请，职工个人因缴费基数不实造成少缴基本养老保险费的不再补缴，基本养老金不再重新计算。如确因企业少缴基本养老保险费而影响退休待遇的，由原单位负责解决"。依据这些规定，职工退休以前，如果企业确实存在少缴基本养老保险费等问题的，并且是发生在冀劳社〔2004〕38号文件发布以前的，社会保险经办机构不再受理缴费情况的复查申请，职工个人因缴费基数不实造成少缴基本养老保险费的不再补缴，基本养老金不再重新计算；所发生的问题，由职工的原单位负责处理。《关于贯彻〈河北省企业职工基本养老保险金计发办法〉有关问题的通知》（冀劳社〔2006〕67号）第十一条也明确规定，实行个人缴费以后未按规定缴费的，不计算实际缴费年限，也不能作为视同缴费年限。已经退休的人员不再补缴，由此造成参保人员待遇受损的，由参保人与企业协商解决。而事实上，刘某原单位不存在拖欠基本养老保险费的情况，那么市粮食局所请示的问题就不属于社会保险经办机构能够解决的了。当然，市粮食局提高退休人员的待遇，那是该局内部的事，只要是在法定的范围内，任何单位或个人均无权干涉。综上，刘某的诉讼请求既无事实根据，也无法律依据。

一审法院认为，社会保险经办机构是基本养老保险费的征缴和管理部门，依法具有为退休人员核发养老金的职责，是适格的被告。1998年以来，为深化国有粮食企业改革，国务院、河北省政府、国家有关部委相继出台了许多支持国有粮食企业改革的优惠政策，以解决历史遗留和不断积累下来的矛盾和问题。2002年5月8日，国家计委、经贸委、财政部、劳动保障部等8部委出台的《关于加快国有粮食购销企业改革和发展的意见》（计综合〔2002〕677号）中提出，对未参加基本养老保险、基本医疗保险、失业保险或欠缴各项社会保险费用的企业，要按照国家有关规定补办补缴。河北省政府相关文件也规定，在粮改中要结清企业与职工相互间的历史拖欠，缴清企业与职工欠缴的社会保险费。

刘某原单位粮油公司在1998年粮改中受政策调整影响，于10月份改以上年度全省社会平均工资的60%为基数为职工缴纳基本养老保险费，2004年6月被盛通公司兼并。在职工安置中，盛通公司就在职职工和退休人员基本养老保险都预留了资金，社会保险经办机构只为在职职工办理了基本养老保险费的补缴，却未对退休人员办理基本养老保险费的补缴。且在庭审和庭外调解过程中，社会保险经办机构多次承认只是按刘某所在单位上报缴费标准征收，没有进行详尽的审查，现在按省里政策规定确已无法再为已退休的刘某办理基本养老保险费的增补。由于社会保险经办机构在为刘某发放养老保险金的过程中未严格履行认真审核和足额征缴的法定职责，造成刘某的退休待遇受到影响。社会保险经办机构的具体行政行为虽然违法，但依现行规定已无法再为刘某办理基本养老保险费的增补，因此判决责令其履行该项法定职责已无实际意义，故刘某请求社会保险经办机构给予一次性赔偿，法院予以支持。因刘某有固定的养老金收入，参照2005年全国城市居民最低生活保障平均标准每人每月155元，酌定赔偿刘某每月80元，并参照《最高人民法院关于审理人身损害赔偿案件适用法律若干问题的解释》（法释〔2003〕20号）赔偿年限计算为20年。刘某要求补偿30年共计982 497.60元，其超出法律依据部分法院不予支持。

社会保险经办机构不服，上诉称，一审法院在刘某没有变更或增加赔偿损失诉讼请求的情况下判决社会保险经办机构赔偿刘某损失违反法定程序；一审法院判决中采用的粮油公司"1998年至2003年退休人员补缴基本养老保险数额明细表"和某会计师事务所给一审法院发的函未经法庭质证，亦违反法定程序；一审法院判决确认社会保险经办机构为刘某发放2005年7月养老金的具体行政行为违法，缺乏事实根据，没有法律依据；一审法院参照人身损害赔偿标准判决社会保险经办机构赔偿刘某损失错误。刘某辩称，企业应百分之百为职工缴纳基本养老保险费，只缴纳60%，企业恢复后可补齐，但补缴时社会保险经办机构以政策规定为由拒绝补缴；一审法院庭审前的听证会上其已变更诉讼请求，要求直接补偿。

二审法院认为，社会保险经办机构未足额征缴刘某的基本养老保险费有双方当事人陈述及相关征缴材料可证实。社会保险经办机构作为基本养老保险费的征缴和管理部门未足额征缴基本养老保险费，其具体行政行为违法。因现行规定已无法为刘某补缴基本养老保险费，一审法院判决其一次性赔偿刘某并无不当。刘某在一审庭审前已要求足额发放 2005 年 7 月养老金，如不能足额发放则要求赔偿损失共计 982 497.60 元。粮油公司 1998 年至 2003 年退休人员补缴基本养老保险数额明细表系市粮食局文件的附件，该文件已经一审庭审质证。会计师事务所给一审法院发的函系一审庭审后取得的证据，该证据虽未经庭审质证，但该证据并无实质内容。一审法院参照《最高人民法院关于审理人身损害赔偿案件适用法律若干问题的解释》计算 20 年赔偿年限，并以 2005 年全国城市居民最低生活保障平均标准每人每月 155 元，酌定赔偿刘某每月 80 元合情合理。判决驳回上诉，维持原判。[一审：（2013）广行再初字第 2 号；二审：（2014）廊行再终字第 2 号]

评析

本案是社会保险经办机构作为社会保险费征收主体未足额征收社会保险费引发的损失赔偿问题，作者认为司法机关的判决并不完全能够成立，且社会保险经办机构的处置及其答辩、相关政策亦存在较大问题，值得进一步探讨以明定是非。这些对于税务机关征收社会保险费同样值得借鉴。

一、实际缴费基数是否合法

本案系因为用人单位未足额缴纳基本养老保险费（从征收机构角度来说就是未足额征收基本养老保险费）而引发。首先，是否确实存在未足额缴纳或未足额征收基本养老保险费的事实？司法机关对此的认定是明确而一致的：存在。而社会保险经办机构的意见则存在矛盾之处。

当事人均无异议的是：粮油公司在 1998 年 10 月以前以个人工资为基数为刘某缴纳基本养老保险费，1998 年 10 月起至刘某退休止改按上年度全省社会平均工资的 60% 为基数为刘某缴纳基本养老保险费。社会保险经办机构认为，"原粮油公司自 1998 年以来，历年缴纳的基本养老保险缴费基数，都明显高于实际职工工资发生数"，因而"不存在基本养老保险费流失问题"。该观点成立的唯一可能是，在 1998 年 10 月之前以及之后，粮油公司所有职工历年工资均低于上年度全省社会平均工资的 60%。即便真是如此，也很容易证实，即由刘某、其他职工以及粮油公司提供全部职工历年工资明细即可，但从刘某主张、粮油公司的补缴请示来看，显然并非如此。而社会保险经办机构不仅未提供支持该主张的证据，其为在职职工办理补缴手续的事实亦推翻了该主张。如果社会保险经办机构关于粮油公司的实际缴费基数高于应缴费基数的主张能够成立，自然也就不存在补缴的问题，也就无须强调其不给刘某办理补缴是因为省里文件规定退休人员不能补缴。此外，如果职工工资低于上年度全省社会平均工资的60%，社会保险费征收机构以后者作为基数征收社会保险费，依然存在合法性问题，即实际缴费基数低于应缴费基数属于违法行为，实际缴费基数高于应缴费基数同样缺乏法律依据，也属于违法行为。由于是否足额缴纳或足额征收基本养老保险费的事实证据非常充分，司法机关不太可能在如此简单的事实问题上混淆是非，因此本案中可以确定，刘某的实际缴费基数低于应缴费基数。

二、未足额缴费或未足额征收是否与被保险人有关

对于企业社会保险费缴费（征收）而言，社会保险费征收机构经常存在的一个观点是"我们只对单位，不对个人"，正如本案中社会保险费征收机构所持的"关于社会保险经办机构依法足额征缴基本养老保险费的问题，不属于社会保险经办机构与刘某之间的法律关系，而是社会保险经办机构与刘某原所在单位之间的法律关系，不应当成为刘某的诉求"的观点。这个观点是错误的，与理论、与现行法律规范均不相符。是否足额缴纳社会保险费关系被保险人能否公正地享受社会保险待遇，社会保险费缴纳数额高低直接影响到被保险人待遇水平的高低，因此社会保险缴费与被保险人个人权益紧密相关，是被保险人与社会保险费征收机构法律关系的重要体现。被保险人可以且应当对社会保险费征收行为进行监督、提出意见并寻求法律救济。在实践中，对于企业职工社会保险，通常由用人单位负责申报缴纳，无须被保险人个人办理，这实际是用人单位作为雇主对被保险人的照顾与服务，也有利于提高缴费（征收）效率，但绝不意味着社会保险费征收机构真的不能、不应对个人。例如，个人向社会保险费征收机构投诉反映用人单位未缴、少缴社会保险费，社会保险费征收机构必须接待个人，依法受理并处理个人的投诉。

就本案而言，刘某的直接诉求是要求重新核发养老金或者进行赔偿，而要确定这一诉求是否成立，必须对其缴费基数事实——是否足额缴费进行审查。因此，是否足额征收基本养老保险费的问题是本案的焦点问题之一，被保险人有权提出相应主张，行政主体应当进行答辩，司法机关应当进行审判。

三、用人单位缴费基数不实，社会保险费征收机构是否一定违法

本案中，一审法院认为，由于社会保险经办机构在为刘某发放养老金的过程中未严格履行认真审核和足额征缴的法定职责，造成刘某的退休待遇受到影响，社会保险经办机构的具体行政行为违法。二审法院认为，社会保险经办机构作为基本养老保险费的征缴和管理部门未足额征缴基本养老保险费，其具体行政行为违法。简单来说，如果未足额征收社会保险费，社会保险费征收机构是否就违法了呢？推而广之，如果有应缴税收未征收上来，税务机关是否就违法了？有刑事案件发生，公安机关是否就违法了？有法律争议发生，司法机关是否就违法了？作者认为，这样的认知既无理论基础，亦缺乏法律依据。

行政行为违法，必须强调主观上的过错。如果行政主体主观上没有过错，即不应认定行政行为违法，不能对行政行为进行制裁，至多只能进行行政补偿。例如，不能因为有刑事案件发生，就认为公安机关违法了，就要对公安机关进行处罚，就要求公安机关对刑事受害人进行赔偿。同样，不能仅仅因为用人单位未足额为被保险人缴费，就认定社会保险费征收机构违法了，就要求社会保险费征收机构对被保险人进行赔偿。社会保险费征收主要依靠用人单位申报，社会保险费征收机构进行审核，而且社会保险费征收机构承担的是形式审核责任；如果社会保险费征收机构在形式上没有发现用人单位的缴费申报存在不实，就不能认为社会保险费征收机构对缴费不实存在过错，不能仅仅据此认定社会保险费征收机构行为违法。对于用人单位申报缴费的审查义务，还需要斟酌历史因素确定。就本案而言，在当时历史条件下，由用人单位统一以上年度全省社会平均工资的60%作为缴费基数，是政策允许的，因此即便该基数明显与应缴费基数不符，也不宜认为社会保险费征收机构未严格履行认真审核的法定职责。当然，在当下，如果用人单位仍以同一缴费基数特别是较低的缴费基数来缴费，其违法可能性较高，

社会保险费征收机构应当进行核查，如果未进行核查，则可以认为未尽到形式审查义务，应当承担法律责任。

四、退休人员能否补缴基本养老保险费

本案中，河北省劳动和社会保障厅相关文件规定，已经办理退休手续的人员，社会保险经办机构不再受理缴费情况的复查申请，职工个人因缴费基数不实造成少缴基本养老保险费的不再补缴，基本养老金不再重新计算。如确因企业少缴基本养老保险费而影响退休待遇的，由原单位负责解决。社会保险费征收机构正是依据此规定不予办理刘某的补缴手续，司法机关对此规定显然予以认可。这也是司法机关最终要求社会保险费征收机构赔偿的前提条件之一。《社会保险费征缴暂行条例》第十三条规定，缴费单位未按规定缴纳和代扣代缴社会保险费的，由劳动保障行政部门或者税务机关责令限期缴纳；逾期仍不缴纳的，除补缴欠缴数额外，从欠缴之日起，按日加收千分之二的滞纳金。滞纳金并入社会保险基金。《中华人民共和国劳动法》和《社会保险稽核办法》（2003年，劳动和社会保障部令第16号）等均规定，未依法缴费者应当补缴。所有这些规定均未区分在职职工与退休人员。因此，只同意为在职人员补缴，拒绝为退休人员补缴，不符合上位法要求。

五、社会保险费征收机构应否赔偿

在本案中，司法机关判定社会保险费征收机构应承担赔偿责任，值得商榷。首先，如前所述，不应认定社会保险费征收机构存在行政违法行为。在不存在行政违法行为的情形下，自然不能要求行政主体赔偿。其次，司法机关没有准确把握社会保险费补缴的法律法规规定，简单认同地方规范性文件，对于未足额缴费的法律救济程序处理不当。最后，即便认定社会保险费征收机构审核不严，即便认定刘某的基本养老保险费不能补缴，刘某因此遭受养老金权益损害，该损害的根本原因也是其原用人单位——粮油公司违法行为所致。在此种情形下，刘某的损害后果并非社会保险费征收机构行为所致，应当由原用人单位承担赔偿责任。《最高人民法院关于审理劳动争议案件适用法律若干问题的解释（三）》（法释

〔2010〕12号）第一条亦如此规定，劳动者以用人单位未为其办理社会保险手续，且社会保险经办机构不能补办导致其无法享受社会保险待遇为由，要求用人单位赔偿损失而发生争议的，人民法院应予受理。作者认为，本案司法机关的判决违背该司法解释。

第二章
基本养老保险

退休申办与养老金领取的关系

🌐 裁判要旨

> 职工享有养老保险待遇的前提是经社会保险行政部门审核符合退休条件并办理退休手续。现劳动者未办理退休手续,直接起诉要求支付养老保险待遇,不符合参保人员享受相应养老保险待遇的规定。

🕒 案情

1993年3月,赵某经当地劳动局审批成为某纺织品公司合同制工人,审批表中记载,赵某的出生年月为1965年4月,档案中无任何参加"上山下乡接受再教育"的记载材料。赵某原身份证记载的出生日期为1960年6月,2015年6月5日经公安户籍部门批准将身份证和户籍年龄变更为1955年6月13日。2015年7月,赵某以其已达到法定退休年龄为由进行信访,要求办理退休手续。2015年7月8日,相关部门向人社局发出督办函,要求按照特殊情况对待,对其户籍年龄及"上山下乡接受再教育"的工龄均予以认定。2015年10月26日,人社局对赵某办理退休一事作出处理意见,参照"上山下乡接受再教育"的条件将其

第二章
基本养老保险

1976 年至 1979 年间合并计算为工龄，核定工龄从 1990 年 1 月起计算，要求赵某及时办理退休手续。赵某以工龄计算错误为由，拒绝办理。后赵某提起诉讼，请求法院判令人社局按时足额支付社会保险待遇；审查《关于制止和纠正违反国家规定办理企业职工提前退休有关问题的通知》（劳社部发〔1999〕8 号）的真实性。

审判

一审法院认为，人社局要求赵某及时办理退休手续，由此可以认定人社局已积极在为赵某办理退休，让其享受相关退休待遇。赵某不去办理退休手续，却又要求人社局按时足额支付社会保险待遇，不符合职工享受相关社会保险待遇的法律规定。对于赵某主张对劳动和社会保障部下发的《关于制止和纠正违反国家规定办理企业职工提前退休有关问题的通知》（劳社部发〔1999〕8 号）进行司法审查的诉求，依据《中华人民共和国行政诉讼法》第五十三条规定的对规范性文件合法性审查的要求，其对该文件无法予以司法审查。据此判决驳回赵某的诉讼请求。赵某不服，提起上诉。

二审法院认为，根据《中华人民共和国社会保险法》第七条和第八条的规定，县级以上地方人民政府社会保险行政部门负责本行政区域的社会保险管理工作，社会保险经办机构提供社会保险待遇支付工作。人社局并非社会保险经办机构，无支付社会保险待遇的职责，且赵某尚未按照相应程序办理退休申报审批手续，故赵某起诉要求人社局按时足额支付社会保险待遇无事实及法律依据。根据《中华人民共和国行政诉讼法》第五十三条的规定，原告在对行政行为提起诉讼时，可以一并请求对行政行为所依据的规范性文件进行审查。人民法院并非规范性文件备案审查机关，不负有全面抽象审查的义务，而是对与被诉行政行为所依据的条款进行有限审查。本案中，劳社部发〔1999〕8 号文件并非人社局未向赵某支付社会保险待遇的法律依据，故法院无权对该文件进行审查。人社局并未针对赵某退休年龄及工龄作出可诉的行政行为，赵某可按照相应程序办理退休申报审批手续，如对有关行政机关作出的相应认定不服，可通过法律途径予以解决。据此，二审法院驳回赵某上诉，维持原判。

赵某仍不服，申请再审。人社局答辩称，根据赵某的反映，经相关部门要求，按相关政策规定，对赵某信访问题提出了具体的处理意见，并明确按处理意见办理退休申报手续。赵某属应在社保局参加城镇职工养老保险社会统筹的下岗失业人员，按退休审批程序规定，档案出生年月与缴纳养老保险费年限符合国家和地方法定退休条件的，应在人社局下属就业服务管理局下岗失业人员退休经办部门提出个人退休申请，填报职工退休审批表，经审核养老保险费缴纳情况后，由经办部门上报人社局养老失业工伤保险处进行审核审批，符合条件的下达退休审批文件后，方可由社会保险经办机构再行复核后支付养老保险待遇。赵某一直未按规定程序办理补缴养老保险费和退休申请事宜，且在人社局工作人员多次通知催促办理的情况下，仍拒绝办理，人社局无法就其退休事宜作出具体行政行为，也无法为其支付养老保险待遇，其要求人社局按时足额支付养老保险待遇的诉求不能成立。

再审法院认为，赵某起诉请求法院判令人社局按时足额支付社会保险待遇，实质是请求人社局支付其退休后的养老保险待遇。《中华人民共和国社会保险法》第八条规定，社会保险经办机构提供社会保险服务，负责社会保险登记、个人权益记录、社会保险待遇支付等工作。因此，包括养老保险待遇在内的社会保险待遇核算支付，均由社会保险经办机构负责，地方人民政府及社会保险行政部门不具有支付社会保险待遇的职责。此外，职工享有养老保险待遇的前提是经社会保险行政部门审核符合退休条件并办理退休手续，现赵某未办理退休手续，直接起诉要求支付社会保险待遇，不符合退休职工享受相应社会保险待遇的规定。

关于劳社部发〔1999〕8号文件的附带性审查问题。本案中，赵某请求支付社会保险待遇的事项并非人社局的法定职责，人社局也未依据劳社部发〔1999〕8号文件作出过相关社会保险待遇支付行为，故赵某对该规范性文件的附带性审查请求不符合规范性文件附带性审查的条件。裁定驳回赵某的再审申请。〔一审：(2016)新40行初34号；二审：(2016)新行终244号；再审：(2017)最高法行申2798号〕

评析

本案主要涉及如下三个方面的问题。

第二章
基本养老保险

一、退休相关行政主体及其职责区分

参保人员要求行政主体作出具体行政行为，要以该行政主体具有作出该具体行政行为的职权和职责为前提。该职权和职责的设定，首先来源于基本法律的规定。根据《中华人民共和国社会保险法》的规定，在企业职工基本养老保险待遇领域，我国分设了社会保险行政部门（主要是人社部以及各级人社厅、局，个别地方也有其他名称）和社会保险经办机构。社会保险经办机构虽然是社会保险行政部门的下属机构，但这只意味着两者之间存在行政上的隶属关系和管理关系，而在法律上两者是独立的法人机构，分别行使各自的职权和职责。社会保险行政部门负责退休的审核审批（是否可以按月领取养老金），社会保险经办机构负责养老金具体金额的核定计算和支付。基于依法行政的原则要求，行政主体必须履行自己的职责而不能履行其他主体的职责，否则便构成违法。在本案中，赵某要求人社局支付养老保险待遇，便不符合这一原则规定，属于主体选择错误，在诉讼中，司法机关应当进行释明，如果个人坚持以人社局为被告要求其履行养老金支付责任，只能导致败诉的后果。

二、退休审核与养老金给付

根据我国目前的退休制度，必须先经过社会保险行政部门对劳动者是否符合退休条件进行审核，确认符合退休条件并批准退休以后，才具有由社会保险经办机构核算并支付养老金的权利。退休审批可追溯至新中国成立伊始。目前适用的法律渊源可溯至《关于颁发〈国务院关于安置老弱病残干部的暂行办法〉和〈国务院关于工人退休、退职的暂行办法〉的通知》（国发〔1978〕104号）。就目前而言，关于退休需要审核、审批的规定，主要来源于国务院、国务院主管部门以及地方的规范性文件。如国务院办公厅《关于进一步做好国有企业下岗职工基本生活保障和企业离退休人员养老金发放工作有关问题的通知》（国办发〔1999〕10号）要求"加强企业职工退休审批工作的管理"。劳社部发〔1999〕8号文件也要求对退休"要建立审批工作制度，规范审批程序，加强对审批工作的监督"。鉴于我国社会保险法律体系仍不健全，诸多方面尚缺乏基本法律、行政法规、地方性法规的规范，同时基于社会保险行政行为属于授益性行政行为的性质，部门规章、地方政府规章以及规范性文件在不违反上位法规定的情形下，可以设定社会保险管理的具体规则。在《中华人民共和国社会保险法》并无关于退休办理程序的法律规范的背景下，这些规范性文件仍然是有效的，应当予以遵守。在本案中，赵某对于社会保险经办机构给自己核算的养老金——主要体现在视同缴费年限的计算上，存在异议，因此拒绝办理退休手续，而直接起诉社会保险行政部门，这一诉讼选择是错误的。不仅是选择的诉讼主体错误，更主要在于程序性错误，即在本地仍执行退休审批制度的情形下，未经退休审批而直接提出养老金给付主张，不可能得到法律的支持。

结合法院判决的潜在观点，赵某合法的选择应当是：向人社局申请办理退休手续；在办理退休后，对养老金的核定提出自己的主张，如果认为社会保险经办机构不采纳自己的主张是错误的，可以对社会保险经办机构提起诉讼。这样至少在程序上不会出现类似本案的错误。当然，在实践中，由于社会保险行政部门的退休审核审批与社会保险经办机构的养老金核定多在同一流程中完成，即在法律上虽然属于两个法律行为，但是申请人实际只需要提出一个申请，最终也是得到一个结论——在行政部门批准退休后的具体的养老金数额及支付时间，这实际上避免了劳动者的二次申请，减少了申领养老金的程序。但是，这也意味着劳动者无法将两者完全分开，分别行使自己的法律救济权。针对这一情形，如果劳动者仅仅是对养老金的数额有异议，合理选择是先申请办理退休手续，待退休审批后——同时也确定了养老金数额后，仅对社会保险经办机构核定的养老金数额提出异议。这样既不影响退休手续的办理，又不影响自己享受既得的养老金权益，同时也可以对自己的异议寻求法律救济。相反，如果仅仅因为对养老金数额计算的异议而拒绝申办退休手续，则不仅自己异议的权利难以获得法律救济，还会在根本上影响自己的养老金权益，因而是不妥当的。

在目前，是否符合退休条件，与退休年龄、出生时间、本人身份属性具有密切关系，需要进行具体的审查、确认，因此将退休审核、审批权从养老金审核权中独立出来，由社会保险行政部门行使，有助于更准确地审查是否符合退休条件，有助于对退休和养老金事务的监督，仍然具有其合理性。但是从长远考虑，是否一定要将退休审核与养老金待遇的给付划分为两个独立的行政行为并由两个行政主体分别行使，值得进一步探讨。事实上，已经有地方进行了改革。例如，2010年修改后的《上海市城镇职工养老保险办法》第二十条第二款规定，凡符合前款条件的退休人员，可以向社会保险经办机构办理领取养老金的手续；经社会保险经办机构核定后，按月领取养老金。《广东省社会养老保险实施细则》第十六条规定，养老保险待遇由被保险人退休前最后缴费单位所在地的社会保险经办机构负责给付。被保险人达到法定退休年龄，由所在缴费单位（失业期间达到法定退休年龄由本人）提前两个月向所在地的社会保险经办机构办理养老保险待遇。这些规定值得借鉴。

三、养老金等待遇申领是依申请的具体行政行为

这是本案涉及的另一个很重要的法律问题，也是养老金等社会保险待遇申请、领取中的重要问题。

在本案中，既然人社局认为赵某已经符合退休条件，且已经要求其及时办理退休手续，为何还不给赵某办理呢？有人认为，如果人社局直接给赵某办理了退休手续，赵某对具体养老金的核算存在异议，可以针对社会保险经办机构寻求法律救济，也就不会出现本案的诉讼了。这一观点不符合养老金等社会保险待遇申领的制度规定与理论。

接受养老金的给付，是参保人员的一项权利，是社会保险经办机构的一项义务。从社会保险经办机构的义务角度来说，当权利人提出权利请求时，当然应当切实履行自己的义务；如果社会保险经办机构拒绝履行自己的义务，需要承担法律责任，并且法律可以强制其履行。而从参保人员的权利角度来说，是否主张、行使权利是权利人的根本性利益，任何人不能像对待义务那样要求权利人"强制履行"自己的权利。一般而言，权利不能强制履行。由此决定了申办退休手续、申请领取养老金必须由权利人提出申请，其他人包括参保人员的近亲属、用人单位、社会保险行政部门、社会保险经办机构均不能"越俎代庖"，在参保人员没有明确申请办理退休手续、申请领取养老金时，主动为其申请或者办理退休手续、支付养老金。

从现实来看，这也是很必要的。例如，有的参保人员年满50周岁、符合退休并领取养老金的条件，但是希望继续工作并继续缴纳基本养老保险费，如果强制参保人员退休将损害参保人员继续缴费以领取更高养老金的权利。

虽然在是否应当退休并领取养老金的选择上，应当尊重参保人员自己的意见，不应强制其退休，但是社会保险行政部门或者社会保险经办机构在参保人员符合退休并享受养老金权利时，应当提示参保人员可以申请退休，这是由社保部门的服务特质所决定的。在社保部门告知参保人员可以申办退休、申领养老金后，参保人员仍不办理的，由个人承担法律后果。反之，如果社保部门未尽到服务职责，未告知参保人员已经可以申办退休、申领养老金，由此导致个人利益受损，社保部门可能需要承担相应的法律责任。这在实行税务机关征收社会保险费之后，很可能会发生。

在实践中，由于很多地方的规范性文件规定，用人单位负责办理本单位职工的退休手续，在这一规范背景下，用人单位申办退休手续具有合法性。用人单位作为雇主对职工负有保护和照顾的义务，但不能完全取代职工自己的决定，在是否申办退休的问题上，亦宜尊重劳动者的个人意见。未来应当进一步研究养老金申领程序，明确而合理地规范用人单位和劳动者在退休手续办理、养老金申领中各自的权利与义务的范围。

特殊工种退休的条件和程序

🌐 裁判要旨

特殊工种退休适用于所有的企业职工，其主要条件是企业职工从事特殊工种的时间是否累计达到法定年限，凡是从事特殊工种时间累计达到法定年限的企业职工均可以按特殊工种的法定退休年龄办理退休。对于符合特殊工种提前退休条件的人员，本人拒绝申请提前退休的，可由所在单位申报、企业主管部门同意、社会保险机构审核、劳动部门批准的方式进行。

案情

刘某退休前系中核甘肃某公司（本案以下简称公司）职工，1963年11月7日出生，1980年9月1日参加工作。刘某1980年9月至1990年3月的岗位工种为生产剂量防护工，为有毒有害、放射性工作（甲3等级），计9年6个月；1996年1月至2013年9月，累计从事有毒有害工作时间为3年10个月，享受有毒有害保健（丙2等级）；合计从事有毒有害工作时间为13年4个月。全部缴费年限（含视同缴费年限）33年2个月。1996年5月至退休前在矿区司法局（属于公司的职能机关）工作。2008年11月，刘某年满45周岁，自2008年11月至2013年11月，经刘某申请，公司同意，刘某享受"弹性退休"政策，填写了"特殊工种弹性退休备案表"4份，公司确定刘某延迟5年退休。2013年11月延迟退休期满，刘某年满50周岁，公司为刘某办理退休手续。2013年11月25日，矿区人社局在"省参加企业养老保险人员提前退休（职）审批表"中"社会保障部门批准意见"栏中加盖印章，并签注：自2013年12月1日起执行。2013年12月2日，公司向刘某所在职能机关下发《关于刘××同志退休的通知》（公司劳人处〔2013〕74号），告知刘某已经人社局批准退休，从2013年12月1日起计发基本养老金。2007年3月27日，公司制定《关于特殊工种职工实行弹性退休年龄的通知》（公司劳人发〔2007〕138号），规定对特殊工种职工实行弹性退休年龄制度，但原则上男职工不超过60周岁，女职工不超过50周岁。刘某认为矿区人社局作出的批准其按特殊工种提前退休的具体行政行为违法，要求赔偿损失并恢复其正式编制干部身份，并诉至法院。

审判

一审法院认为，根据国务院办公厅《关于进一步做好国有企业下岗职工基本生活保障和企业离退休人员养老金发放工作有关问题的通知》（国办发〔1999

10号)第四条规定,男职工年满60岁、女干部年满55岁、女工人年满50岁退休的仍由县级人民政府劳动保障部门审批;从事井下、高空、高温、特别繁重体力劳动或其他有害身体健康的工种,因病或非因工致残完全丧失劳动能力的企业职工退休,改由地级劳动保障部门审批;按照国家有关规定提前退休的,改由省级人民政府劳动保障部门审批。甘肃省人社厅《关于完善参加城镇企业职工基本养老保险人员退休工作的通知》(甘人社通〔2010〕189号)第二条规定,城镇企业职工特殊工种提前退休,因病完全丧失劳动能力提前退休(退职)、特别困难国有企业军转干部提前退休,仍由市级以上人力资源和社会保障行政部门审批;政策性关闭破产企业提前退休由省级以上人力资源和社会保障行政部门审批。据此,矿区人社局作为地级市人社行政部门,具有对特殊工种提前退休进行审批的法定职权。劳动部《关于严格按规定办理职工退休的通知》(劳险字〔1993〕3号)第二条规定,职工退休须经所在单位报经主管部门同意,当地社会保险管理机构审核后,由当地劳动部门批准。凡未按规定审批程序报批的,社会保险管理机构不予支付其退休金和其他待遇。《甘肃省统一企业职工基本养老保险制度实施细则》(甘劳发〔1998〕30号)第二十五条规定,企业职工履行了缴费(指单位和个人同时足额缴费)的义务,符合享受基本养老保险条件,由企业报主管部门同意、社会保险机构审核、劳动部门批准,办理离休、退休、退职手续,享受基本养老保险待遇。据此,企业职工退休的法定程序应为:所在单位申报、主管部门同意、社会保险机构审核、劳动部门批准。本案中,矿区人社局提交的"省参加企业养老保险人员提前退休(职)审批表"上,分别有刘某所在单位、主管部门公司劳动人事处、矿区社保中心、矿区人社局加盖印章并签署意见,矿区人社局批准刘某按特殊工种提前退休的行政行为符合法定程序。刘某诉称职工本人提出退休申请为特殊工种提前退休法定程序的主张于法无据,不予支持。《关于颁发〈国务院关于安置老弱病残干部的暂行办法〉和〈国务院关于工人退休、退职的暂行办法〉的通知》(国发〔1978〕104号)规定,全民所有制企业、事业单位和党政机关、群众团体的工人,符合从事井下、高空、高温、特别繁重体力劳动或者其他有害身体健康的工作,男年满55周岁,女年满45周岁,连续工龄满10年的,应该退休。本项规定也适用于工作条件与工人相同的基层干部。《国务院关于深化企业职工养老保险制度改革的通知》（国发〔1995〕6号）规定，对国家规定可以提前退休的从事高空、井下、高温、低温、有毒有害工作和特别繁重体力劳动的职工，仍可按国家规定的离退休年龄执行，离退休时按该办法计发基本养老金。劳动和社会保障部《关于制止和纠正违反国家规定办理企业职工提前退休有关问题的通知》（劳社部发〔1999〕8号）规定，从事井下、高空、高温、特别繁重体力劳动或者其他有害身体健康工作的，退休年龄为男年满55周岁，女年满45周岁；按特殊工种退休条件办理退休的职工，从事其他有害身体健康工作的必须在该工种岗位上工作累计满8年。上述规定表明，特殊工种退休适用于所有的企业职工，其主要条件是企业职工从事特殊工种的时间是否累计达到法定年限，而并不以职工从事特殊工种时的岗位性质或者退休时的岗位性质为要件。凡是从事特殊工种时间累计达到法定年限的企业职工均可以按特殊工种的法定退休年龄办理退休。刘某诉称特殊工种退休只适用于工人（生产操作岗位）而不适用于干部（管理技术岗位），因其退休前岗位为管理技术岗位，从而不符合特殊工种退休条件的主张于法无据，不予支持。刘某所在单位为直接从事核产品生产的核工业企业，刘某从事的计量防护工种工作内容为对放射性剂量进行检测、防护，符合《核工业放射性、有毒有害作业提前退休工种范围表》所列工种范围；刘某在放射性、有毒有害作业岗位工作超过8年，且其中有9年6个月享受保障程度较高的甲3等级保健；全部缴费年限33年2个月；年满45周岁后经与所在单位协商同意延迟5年退休，2013年11月延迟退休期满后，经公司上报，矿区人社局批准刘某按特殊工种提前退休，事实清楚，依据充分。刘某称其所在岗位不属于有毒有害特殊工种，不符合特殊工种退休条件的主张与事实不符，于法无据，不予支持。综上，矿区人社局批准刘某按特殊工种提前退休，主体适当，程序合法，事实清楚，证据充分，法律适用正确。判决维持矿区人社局作出的批准刘某按特殊工种提前退休的具体行政行为。

　　刘某不服一审判决，提起上诉。二审法院认为，甘肃省人民政府办公厅《关于印发〈完善企业职工基本养老保险制度实施办法〉的通知》（甘政办发〔2006〕87号，本案以下简称《实施办法》）第三条规定，该办法适用范围包括国有企业、城镇集体企业、外商投资企业、城镇私营企业和其他城镇企业及其职工，实行企业化管理的事业单位及其职工，城镇个体工商户和灵活就业人员，以及离退休、退职人员。刘某在公司企业化管理下的矿区司法局工作，属于《实施办法》调整的范围。《实施办法》第十九条第（一）项规定，女工人退休年龄可以实行弹性退休年龄制度，即符合退休条件的女职工，身体健康，工作需要，按照企业结合自身实际制度的相应操作办法，在到达法定退休年龄一个月之前，经本人申请，企业同意，劳动保障部门备案，其退休年龄可以适当延迟，延迟的年限最短不得少于一年，并应按整年操作，但最长不得超过55周岁。第（二）项规定，特殊工种退休条件为从事高空和特别繁重体力劳动工作累计满10年，从事井下、高温工作累计满9年，从事其他有害身体健康工作累计满8年的职工；男年满55周岁以上，女年满45周岁以上，缴费年限累计满15年。本案中，刘某1980年9月至1990年3月，从事有毒有害、放射性工作9年6个月，全部缴费年限33年2个月。2013年11月刘某延迟退休期满，刘某年满50周岁，在其本人不愿书写退休申请的情况下，由其单位书写同意意见，公司进行了申报。2013年11月25日矿区人社局批准刘某提前退休，事实清楚，法律法规依据充分。关于刘某提出在"省参加企业养老保险人员提前退休（职）审批表"中没有其本人签字确认，审批程序违法的问题，对于符合特殊工种提前退休条件的人员，本人拒绝申请提前退休的，可根据劳动部《关于严格按规定办理职工退休的通知》第二条规定由所在单位申报、企业主管部门同意、社会保险机构审核、劳动部门批准的方式进行。刘某认为矿区人社局违反法定程序，批准其退休错误的上诉理由没有事实根据和法律依据，上诉理由不能成立。判决驳回刘某的诉讼请求。

  刘某仍不服，向最高人民法院申请再审。再审法院认为，根据《国务院关于工人退休、退职的暂行办法》规定，特殊工种退休适用于所有的企业职工，其主要条件是企业职工从事特殊工种的时间是否累计达到法定年限，而并不是以职工从事特殊工种时的岗位性质或者退休时的岗位性质为要件。凡是从事特殊工种时间累计达到法定年限的企业职工均可以按特殊工种的法定退休年龄办理退休。刘某诉称特殊工种退休只适用于工人（生产操作岗位）而不适用于干部（管理技术岗位），以其退休前岗位为管理技术岗位，从而不符合特殊工种退休条件的主张缺乏法律依据。矿区人社局批准刘某按特殊工种提前退休，事实清楚，依据充

分。裁定驳回刘某的再审申请。[二审：(2014)甘行终字第103号；再审：(2016)最高法行申4258号]

评析

一、特殊工种退休的目的与条件

特殊工种退休制度是我国一项特殊的退休制度。鉴于长期从事高空、高温、井下、特别繁重体力劳动以及其他有毒有害工作对身体健康存在一定程度的损害，为了弥补这一损害，特殊工种退休制度允许从事这类工作的工人早于正常退休年龄退休。从养老保险关系来看，这一制度也具有合理性：长期从事有毒有害工作的劳动者人均寿命可能更低，其可以获得的养老金净值也会更低，为了使每位被保险人获取的养老金净值更趋公平，也有必要让这类劳动者更早退休，更早领取养老金，拉长其养老金领取期限，提升其养老金领取净值。

特殊工种退休制度的主要法律依据是《国务院关于工人退休、退职的暂行办法》，同时还要结合国务院、国务院有关主管部门、地方政府及有关主管部门的规范性文件确定具体的条件。根据这些法规和政策，特殊工种退休的基本条件是：①从事法定的特殊工种。目前，国家对特殊工种实行目录管理，只有列入该目录的工种才属于特殊工种。②从事特殊工种达到规定的年限，根据类型的不同，分别为8年、9年、10年及以上。③特殊工种退休年龄男性为55周岁，女性为45周岁。④缴费年限满15年。本案中，刘某符合上述条件，因此，法院对本案的处理是正确的。

需要注意的是，公司是在经刘某申请后延迟5年即其满50周岁后申请办理退休手续的。《国务院关于工人退休、退职的暂行办法》第一条规定，符合退休条件的工人，应该退休；第十二条规定，对应该退休、退职的工人，要做好深入细致的思想政治工作，动员他们退休、退职。《国务院关于严格执行工人退休、退职暂行办法的通知》(国发〔1981〕164号)规定，凡是符合退休、退职条件的，就应当动员他们退休、退职。如生产上确有需要，必须缓退的，要经过上级主管部门批准。根据这些规定，职工达到退休年龄不退休必须经过主管部门同意。当然在本案中，刘某履行这一程序，其延缓5年退休并无不妥。

二、特殊工种退休的申请程序

本案较大的一个争议点是，刘某拒绝申请退休，用人单位启动退休程序是否合法。法院对此认为，对于符合特殊工种提前退休条件的人员，本人拒绝申请提前退休的，可由所在单位申报、企业主管部门同意、社会保险机构审核、劳动部门批准的方式进行。

从目前的退休申报和养老金申领实践看，对于在用人单位参保的职工，其退休申报和养老金申领均由用人单位提出，无论是社会保险行政部门还是经办机构都不直接面向参保职工个人办理手续。从这一惯例和传统来看，社会保险行政部门和经办机构对用人单位的申报材料仅负有形式审查义务，而且被保险人符合特殊工种退休条件，因此，人社部门的退休审批具有合法性。

但是，如果深入分析退休审批行政行为的法律属性，其妥当性值得进一步探讨。退休审批行政行为属于依申请的行政行为，行政主体不能主动实施该行政行为，而需权利人或利害关系人提出申请。但传统实践以及本案中法院显然认为，用人单位有权利为劳动者申请办理退休手续，这有待商榷。首先涉及的问题是，在退休审批和养老金申领中，用人单位的法律地位是什么？其申请退休的权利渊源是什么？在基本养老保险关系中，用人单位属于投保人，劳动者属于被保险人和受益人，社会保险行政部门和经办机构属于保险人。对养老金的受领权利（申办退休手续从属于这一权利），是作为被保险人和受益人的劳动者的权利，用人单位作为投保人，并不享有这一权利。用人单位只是基于雇主对雇员的照顾和保护义务，可以且应当帮助、协助劳动者申办退休，此时用人单位属于劳动者主张退休权利——养老金受领权的履行辅助人。履行辅助人不能与权利人本人的意志相对抗。因此，如果劳动者拒绝主张退休权利，用人单位不能违背劳动者的意志。从这个角度来说，特殊工种退休程序仍有完善的必要。

此外，用人单位能否直接为劳动者申办退休，还与对退休属于权利还是义务的认识有关。如果认为退休是义务，那么用人单位作为管理主体具有督促劳动者履行义务的职责，在劳动者拒绝履行义务时，用人单位直接履行申办职责以强制劳动者退休，具有合理性。如果认为退休是权利，而权利是不能强制履行的，用人单位自然不能强制实现劳动者的退休权利，否则即是侵犯了劳动者的权利。

三、退休是权利还是义务

根据《国务院关于工人退休、退职的暂行办法》中"应该退休""对应该退休、退职的工人，要做好深入细致的思想政治工作，动员他们退休、退职"的规定，以及《国务院关于严格执行工人退休、退职暂行办法的通知》中"凡是符合退休、退职条件的，就应当动员他们退休、退职。如生产上确有需要，必须缓退的，要经过上级主管部门批准。对于应当退休、退职的工人，经过多次动员，仍然坚持不退的，可以停发其工资、改发退休费或退职生活费"的规定，退休不仅是劳动者的一项权利，也具有义务的性质，用人单位可以强制劳动者退休、退职。有学者认为，退休是一种权利，还是一种义务，这一问题显然不能一概而论，单从法律行为所产生的法律后果看，既有可能是权利，也有可能是义务。从权利角度分析，退休是一种权利；从义务角度分析，退休也是一种义务，达到法定年龄必须退休，此时退休即成为当事人的一种义务。[①] 作者认为，如果是在计划经济时期，这一观点是恰当的。但在现代养老保险体系已经建立，养老保障体制发生根本变化的今天，这一观点已不适应现实情形。《国务院关于深化企业职工养老保险制度改革的通知》规定，职工达到法定离退休年龄，凡个人缴费累计满 15 年，或该办法实施前参加工作连续工龄（包括缴费年限）满 10 年的职工，均可享受基本养老保险待遇，按月领取养老金。该文件规定的就是"可"而非"必须"。退休的本质是养老金的受领，这是权利，任何人不能剥夺劳动者退休的权利，同样也不能强制劳动者退休。对于达到法定退休年龄者，用人单位可以劝说劳动者退休，但是不能越俎代庖强制劳动者退休——否则即便办了退休，养老金如何给劳动者发放呢？对每月的养老金实行强制送达？这显然是比较荒谬的。退休还是不退休，是劳动者自己的权利，劳动者有权自己进行选择；用人单位可以选择的是，解除或终止劳动合同（劳动关系），停止支付工资。

---

① 郑尚元. 劳动法与社会保障法前沿问题［M］. 北京：清华大学出版社，2011：237-238.

养老保险视同缴费年限的确定与举证责任

🌐 裁判要旨

虽然陈某曾先后在广东省蚕种繁殖试验场等单位工作，但并无相关证据材料证明其是上述单位的原干部或固定职工，根据法律规定，社保局认定陈某视同缴费年限为0个月，并无不当。

⏳ 案情

陈某的档案材料包括：①广东省蚕种繁殖试验场"工人、干部升、定级呈报表"（1973年9月）中"批准机关决定"一栏显示，广东省农业局计划财务处同意将陈某定为农工壹级；"转正、定级呈批表"（1976年9月）中"上级批准"一栏显示，广东省农业科学院行政处同意陈某定为农工贰级。②"清理档案工资调整工资结构审批表"（1991年10月）中记载陈某的职务或工种为"合同制"。③陈某与广东省工艺品进出口（集团）公司签订的"广州市劳动合同制工人劳动合同"（1989年12月）记载合同期限为1989年12月至1994年12月；广东省工艺品进出口（集团）公司人事保卫部出具的证明、中艺国际名牌用品进出口公司给东山区劳动服务公司的函（1993年9月15日）显示，陈某与广东省工艺品进出口（集团）公司提前解除劳动合同。④陈某与中艺国际名牌用品进出口公司签订的劳动合同（1993年1月1日）显示，中艺国际名牌用品进出口公司招收陈某为临时性、季节性城镇临时工人，合同期限为1993年1月至1993年12月。陈某2014年9月17日向社保局申请审核参保人历史信息并办理社会保险关系转出业务。社保局于2014年9月22日作出"基本养老保险关系省内转移信息表"。因社保局在该表中未将其1972年至1985年期间工作经历视同缴费年限，陈某向人社厅申请行政复议。人社厅于2015年1月29日作出行政复议决定，对该表予以维持。陈某不服，提起行政诉讼。

第二章
基本养老保险

审判

一审法院认为,《广东省社会养老保险条例》第十六条第二款规定,1998年7月1日前(不含本日),被保险人已参加社会养老保险的年限计为缴费年限。国有和县以上集体所有制单位的原干部和固定职工,在当地实施《广东省职工社会养老保险暂行规定》前,按照国家原规定计算的连续工龄视同缴费年限。本案中,因陈某档案中无其曾为国有和县以上集体所有制单位的原干部和固定职工的相关材料,陈某亦未提交相应有效证件予以支持,社保局认定其视同缴费年限为0个月,并无不当。陈某关于应认定其1972年至1985年期间工作经历视同缴费年限的主张,不予支持。判决驳回陈某的诉讼请求。

陈某不服一审判决,提起上诉称:①省、市、区社会保险经办机构相关文件都有规定,视同缴费账户建账对象包括"1998年6月30日前参加基本养老保险,2006年7月1日以后符合按月领取基本养老金条件的",其情况符合该项政策规定。其于1972年9月参加工作,至1993年年底,一直都在省属、市属及中央直属国企工作。其中,其于1988年7月在广州市财贸管理干部学院毕业后,同月初进入广东省工艺品进出口公司工作,当时国家实行的人事制度是聘任制。而在广东省工艺品进出口(集团)公司工作期间,国家才开始实行"购社保"的各项政策,但该公司经办人员在为陈某办理社保手续时可能笔误,以致重新定了一个新的社保编号而未能为陈某确认"视同缴费权益"及原社保编号中应有的视同缴费工龄,其后的中艺国际名牌用品进出口公司亦未为陈某办理该项手续,以致耽误。②无论是社保局、人社厅及一审法院作出的决定或判决,都是依据《广东省社会养老保险条例》第十六条第二款的规定,而这三个部门都认为无证据证明其曾是国有和县以上集体所有制单位原干部和固定职工,这和事实不符。关于其档案材料的缺失,不应由本人承担责任。请求:撤销一审判决;撤销社保局作出的"基本养老保险关系省内转移信息表",按照国家规定依法确认其视同缴费年限。

二审法院认为,本案争议的焦点在于陈某1972年至1985年期间工作经历是否可以作为连续工龄视同缴费年限。根据《广东省社会养老保险条例》第十六条第二款规定，1998年7月1日前（不含本日），被保险人已参加社会养老保险的年限计为缴费年限。国有和县以上集体所有制单位的原干部和固定职工，在当地实施《广东省职工社会养老保险暂行规定》前，按照国家原规定计算的连续工龄视同缴费年限。本案中，虽然陈某曾先后在广东省蚕种繁殖试验场、广州市水产公司等单位工作，但并无相关证据材料证明其是上述单位的原干部或固定职工。根据上述规定，社保局认定陈某视同缴费年限为0个月，并无不当。陈某上诉主张不排除有人恶意删减其档案资料，因缺乏相关证据支持，故不予采信。判决驳回上诉，维持原判。

陈某仍不服，申请再审称：其一直在省属、市属的国企工作，由于非其本人的原因导致档案资料缺失，被社保局以档案资料无相关材料证据证明其曾是国有和县以上集体所有制单位原干部和固定职工为由，作出"基本养老保险关系省内转移信息表"核定其视同缴费年限为0个月是不符合事实的，导致其未能享受应有的社会保险待遇。原审法院认定事实不清，适用法律错误，请求撤销原审判决，查明并纠正因其档案资料的缺失而导致的一系列错误认定和判决，恢复对其自1972年至1985年期间视同缴费工龄的认定，责成社保局足额发放退休金、退还多收的社会保险费等。

再审法院认为，社保局经审查认为，陈某未能提供证据证明其是国有和县以上集体所有制单位原干部和固定职工，符合按照国家视同缴费年限的有关规定，故作出"基本养老保险关系省内转移信息表"，认定陈某视同缴费年限为0个月，并未违反《广东省社会养老保险条例》的规定。一审法院以陈某未能提供有效证据证明其是国有企业的原干部或固定职工为由，判决驳回陈某关于撤销该认定、确认其自1972年至1985年期间视同缴费年限为13年的诉讼请求，并无不当。陈某申请再审主张其是国企正式职工，社保局和原审法院认定事实不清，适用法律错误，请求撤销原审判决，查明并纠正因其档案资料的缺失而导致的一系列错误认定和判决，恢复对其自1972年至1985年期间视同缴费工龄的认定等，因理据不足，不予采纳。裁定驳回陈某的再审申请。［一审：（2015）穗天法行初字第135号；二审：（2015）穗中法行终字第1707号；再审：（2016）粤行申775号］

评析

一、"基本养老保险关系省内转移信息表"及类似行为是否具有可诉性

本案的诉因是被保险人向社会保险经办机构申请审核其参保历史信息并办理社会保险关系转出业务，社会保险经办机构在作出的"基本养老保险关系省内转移信息表"中未确认其视同缴费年限，被保险人对此有异议，而要求撤销该表并要求确认其视同缴费年限。由此首先涉及的问题是：社会保险经办机构作出的"基本养老保险关系省内转移信息表"以及类似行为是否具有可诉性。

《中华人民共和国行政复议法》第六条第（十）项规定，公民、法人或者其他组织"申请行政机关依法发放抚恤金、社会保险金或者最低生活保障费，行政机关没有依法发放的"，可以依照该法申请行政复议。《中华人民共和国行政诉讼法》第十二条第（十）项规定，人民法院受理公民、法人或者其他组织提起的"认为行政机关没有依法支付抚恤金、最低生活保障待遇或者社会保险待遇"的诉讼。在申办退休时，被保险人或其他利害关系人对于社会保险经办机构计发养老金中视同缴费年限的认定有异议的，由于该视同缴费年限的认定直接影响了养老金的多寡，因此属于"认为行政机关没有依法支付社会保险待遇"，有权申请行政复议或提起行政诉讼，此时的视同缴费年限的认定——体现为养老金计发行为，具有可诉性。需要注意的是，《中华人民共和国行政复议法》和《中华人民共和国行政诉讼法》将社会保险待遇的支付主体限定为"行政机关"，不符合社会保险待遇给付法律制度规定，应作扩大理解，即包括事业单位在内的行政主体。

单纯确定视同缴费年限并非养老金计发，不属于社会保险待遇给付，也不能体现为养老金的计发与给付，但是视同缴费年限的确定直接影响未来养老金的计发标准，其错误确定将侵害被保险人的预期养老金权益，应将其确定为《中华人民共和国行政复议法》第六条第（十一）项规定的"认为行政机关的其他具体行政行为侵犯其合法权益的"以及《中华人民共和国行政诉讼法》第十二条第

(十二) 项规定的人民法院受理公民、法人或者其他组织提起的"认为行政机关侵犯其他人身权、财产权等合法权益"的诉讼，因此也应当具有可诉性。

单纯确定视同缴费年限的形式具有多样性。本案是以"基本养老保险关系省内转移信息表"作为载体体现的，社会保险经办机构作出该表，系具体行政行为，其不予确认被保险人的视同缴费年限，被保险人认为该确认有误，侵犯了其预期的养老金权益，可以申请行政复议、提起行政诉讼。其他的表现形式还包括社会保险经办机构直接对被保险人的视同缴费年限作出认定或答复。社会保险经办机构在其他具体行政行为中如果确定了视同缴费年限，被保险人认为侵害了自己预期的养老金权益的，对于该具体行政行为，也同样具有可诉性。

二、养老保险视同缴费年限的认定条件

《中华人民共和国社会保险法》未对视同缴费年限的认定作出具体的规定。对于视同缴费年限的认定，主要见于规范性文件，目前采纳的主要标准是《国务院关于深化企业职工养老保险制度改革的通知》（国发〔1995〕6号）所规定的"实行个人缴费制度前，职工的连续工龄可视同缴费年限"。其中的"连续工龄"则由具体政策规定。

在本案中，《广东省社会养老保险条例》第十六条第二款规定，1998年7月1日前（不含本日），被保险人已参加社会养老保险的年限计为缴费年限。国有和县以上集体所有制单位的原干部和固定职工，在当地实施《广东省职工社会养老保险暂行规定》前，按照国家原规定计算的连续工龄视同缴费年限。该项规定从时间——实施《广东省职工社会养老保险暂行规定》前和对象——国有和县以上集体所有制单位的原干部和固定职工两个方面对视同缴费年限做了进一步限定。从陈某档案材料关于其"合同制""解除劳动合同""临时性、季节性城镇临时工人"等记载来看，其并不属于"原干部和固定职工"。因此其相应的工作经历难以计算为视同缴费年限。

应注意的是，一方面，《广东省社会养老保险条例》作为地方性法规具有较强的法律效力，原则上应当予以适用；另一方面，该条例强调"在当地实施《广东省职工社会养老保险暂行规定》前，按照国家原规定计算的连续工龄视同缴费

年限",表明也要遵守全国层面关于连续工龄计算的规定。由此可能产生的冲突在于,如果国家规定特定条件下临时工的特定工作年限可以计算连续工龄,那么与上述"原干部和固定职工"的规定究竟应如何适用?作者认为,从法律位阶来看,宜适用该条例的规定。

三、养老保险视同缴费年限的认定证据与举证责任

本案中一审法院驳回陈某的主张,主要是基于两个理由:一是陈某档案中无其曾是国有和县以上集体所有制单位的原干部和固定职工的相关材料;二是陈某亦未提交相应有效证件支持其曾是国有和县以上集体所有制单位的原干部和固定职工。二审法院和再审法院则将其归结为一个理由,即陈某未能提供证据证明其是国有和县以上集体所有制单位原干部和固定职工。在本质上,这是相同的。无论是档案材料还是其他有效证件,都属于证据,只是证据种类与形式不同而已。

从种类和形式来看,关于被保险人历史工作经历的档案材料具有较强的证明力。除了个人档案材料,企业档案、公共档案以及其他能够证明被保险人历史工作经历以及其工作性质的材料、资料、证人证言均为证据。只是证人证言的证明力较弱,如果没有其他证据佐证,仅凭证人证言不宜认定被保险人的"干部或固定职工"身份。

举证责任的承担主体对此类案件的胜败具有根本性影响。在本案中,各级法院均认为陈某"未能提供证据证明",亦即对于陈某关于其符合视同缴费年限的主张,应由陈某承担举证责任,坚持了"谁主张,谁举证"的基本原则,这无疑是正确的。如果不要求陈某对此承担举证责任,而要求社会保险经办机构对此承担举证责任,由于社会保险经办机构不能证明陈某主张的工作年限不符合视同缴费年限,则必然要撤销社会保险经办机构的认定,支持陈某的主张。那么任何人不符合视同缴费年限的均要被认定为符合视同缴费年限,任何不符合享受养老金的人员均要认定为符合,则不仅会使养老保险制度无法存续,亦违背了基本的公平原则。故在养老保险视同缴费年限的确定中,应当坚持"谁主张,谁举证"的原则。

四、养老保险视同缴费年限的确定时间

在实践中，养老保险视同缴费年限很多是在办理退休手续、核定养老金金额时进行审核确定的。在此时进行视同缴费年限的确定并非不可，但不是最好的时机。一是视同缴费年限所涉及的工作时间多在 20 世纪 90 年代及以前，距离退休时间间隔过长，而间隔时间越长，证据灭失的风险越高。这在未来视同缴费年限的确定中依然存在。从证据法的视角来看，越早确定视同缴费年限越有利。二是可能影响养老金的及时足额领取。在核定养老金时，如果当事人对视同缴费年限有争议，而通过法律程序解决争议需要相当长的时间，由此可能导致被保险人不能及时领取养老金；也有可能影响养老金水平的调整，或者导致颠覆性的工作。

因此，如果存在视同缴费年限，宜尽早确定。一方面，社会保险经办机构在发放社会保险个人权益记录单时，宜包含视同缴费年限项；另一方面，被保险人应当及时查询自己的社会保险个人权益记录，如对视同缴费年限记录存在异议，宜及时要求确认、确定，以避免以后的争议。

退休审批、养老金核定的起诉期限

◎ 裁判要旨

> 行政机关作出具体行政行为时，未告知公民、法人或者其他组织诉权或者起诉期限的，起诉期限从公民、法人或者其他组织知道或者应当知道诉权或者起诉期限之日起计算，但从知道或者应当知道具体行政行为内容之日起最长不得超过 2 年。

第二章
基本养老保险

案情

李某于1998年3月办理退休手续。2015年年初,李某以养老金计算错误为由,要求社会保险行政部门纠正差错、落实政策。遭到拒绝后,李某遂以社会保险行政部门为被告,提起诉讼,要求判令被告重新计算并核发养老金。

审判

一审法院认为,《最高人民法院关于执行〈中华人民共和国行政诉讼法〉若干问题的解释》(法释〔2000〕8号,本案以下简称《执行解释》)第四十二条规定,公民、法人或者其他组织不知道行政机关作出的具体行政行为内容的,其起诉期限从知道或者应当知道该具体行政行为内容之日起计算。对涉及不动产的具体行政行为从作出之日起超过20年、其他具体行政行为从作出之日起超过5年提起诉讼的,人民法院不予受理。根据李某提供的起诉材料,其自1998年3月就办理了退休手续,故对人社局作出的核定其退休工资的行政行为,应当知道。现李某起诉时已经超过了5年的最长起诉期限。根据《中华人民共和国行政诉讼法》第四十二条、《执行解释》第四十二条的规定,裁定对李某的起诉不予受理。

李某不服,上诉称:其退休工资有差错,要求纠正、落实政策。

二审法院认为,《执行解释》第四十一条规定,行政机关作出具体行政行为时,未告知公民、法人或者其他组织诉权或者起诉期限的,起诉期限从公民、法人或者其他组织知道或者应当知道诉权或者起诉期限之日起计算,但从知道或者应当知道具体行政行为内容之日起最长不得超过2年。根据李某提供的材料,其于1998年3月办理退休手续,并开始领取养老金,因此其自办理退休手续之日起即知道人社局作出的核定其退休工资的行政行为。现李某的起诉明显超过起诉期限,一审法院裁定不予受理并无不当。李某的上诉理由不能成立,其上诉请求不予支持。裁定驳回上诉,维持原判。〔一审:(2015)浙舟行受初字第1号;二审:(2015)浙行受终字第16号〕

评析

一、新、旧《中华人民共和国行政诉讼法》关于起诉期限的变化

1989年制定的《中华人民共和国行政诉讼法》（本案以下简称旧《行政诉讼法》）第三十九条规定，公民、法人或者其他组织直接向人民法院提起诉讼的，应当在知道作出具体行政行为之日起3个月内提出。法律另有规定的除外。针对实践中存在行政主体作出具体行政行为时，未告知相对人起诉期限的客观现象（有的告知了具体行政行为，但未告知起诉期限；有的则未告知具体行政行为，相对人更不可能知道起诉期限），为保护相对人诉权，《执行解释》第四十一条规定，行政机关作出具体行政行为时，未告知公民、法人或者其他组织诉权或者起诉期限的，起诉期限从公民、法人或者其他组织知道或者应当知道诉权或者起诉期限之日起计算，但从知道或者应当知道具体行政行为内容之日起最长不得超过2年。第四十二条规定，公民、法人或者其他组织不知道行政机关作出的具体行政行为内容的，其起诉期限从知道或者应当知道该具体行政行为内容之日起计算。对涉及不动产的具体行政行为从作出之日起超过20年、其他具体行政行为从作出之日起超过5年提起诉讼的，人民法院不予受理。

2014年修订的《中华人民共和国行政诉讼法》（本案以下简称新《行政诉讼法》）第四十六条规定，公民、法人或者其他组织直接向人民法院提起诉讼的，应当自知道或者应当知道作出行政行为之日起6个月内提出。法律另有规定的除外。因不动产提起诉讼的案件自行政行为作出之日起超过20年，其他案件自行政行为作出之日起超过5年提起诉讼的，人民法院不予受理。[①]

根据新《行政诉讼法》，相对人知道起诉期限的，应当自知道或应当知道作出行政行为之日起6个月内起诉；不知道也不应当知道行政行为的（当然也不可能知道起诉期限的），最长起诉期限为：涉及不动产的具体行政行为为20年，其他具体行政行为为5年。对比旧《行政诉讼法》，一是新《行政诉讼法》将一般

[①] 《中华人民共和国行政诉讼法》于2017年6月27日第二次修正。第二次修正未涉及该条款。

起诉期限自 3 个月延长为 6 个月，减少了相对人由于超过起诉期限而无法保护权利的现象，更有利于保护相对人的诉讼权利；二是最长起诉期限延续了《执行解释》的规定，实现了与维护、稳定社会秩序的平衡。但是，对于《执行解释》规定的 2 年起诉期限未作规定，在新《行政诉讼法》实施以后，该规定是否还适用，并不明确，在实践中也存在争议。

二、未告知起诉期限时仍适用 2 年起诉期限

在行政主体作出具体行政行为时，未告知公民、法人或者其他组织诉权或者起诉期限的，是否仍然适用 2 年的起诉期限？针对这一问题，最高人民法院行政庭相关负责人介绍，一种观点认为，不应当继续适用。这一观点的主要理由是，新《行政诉讼法》将起诉期限从 3 个月延长为 6 个月，已经充分保护了当事人诉权，如果继续适用《执行解释》中有关"起诉期限最长不得超过 2 年"的规定，不利于行政法律关系的稳定。相反观点则认为，应当继续适用。主要理由是，行政主体在作出行政行为时，既应当告知行政相对人行政行为的内容，也应当告知行政相对人诉权和起诉期限。这不仅是对行政主体遵循正当程序的要求，也是行政主体必须履行的义务。行政主体未告知诉权和起诉期限，则应该承担相应的不利后果。《执行解释》第四十一条的规定正是基于这样的考虑，体现了行政诉讼法的立法精神和目的。如果对行政主体告知和不告知诉权的后果不作区分，更容易导致行政主体规避法律不告知诉权而侵害相对人权益的问题，既不利于促进行政主体依法行政，也不利于保护相对人合法权益。因此，《执行解释》第四十一条关于"起诉期限最长不得超过 2 年"的规定，与新《行政诉讼法》及《最高人民法院关于适用〈中华人民共和国行政诉讼法〉若干问题的解释》（法释〔2015〕9 号，本案以下简称《适用解释》）规定的精神是一致的，仍然应当在实践中继续适用。[①]

在我国依法行政仍然任重道远的当下，行政主体未依法履行法定职责时应承

---

① 赵大光，李广宇，耿宝建. 行政诉讼法新旧法衔接的几个具体问题［N］. 人民法院报，2015-05-13（5）.

担更为严重的不利后果,以促进行政主体依法行政,应当作为一项长期坚持的措施,非此,不足以推进法治社会的实现。在新《行政诉讼法》和《适用解释》均未涉及此问题,且《执行解释》亦未废止的情形下,《执行解释》这一规定与新《行政诉讼法》和《适用解释》并不冲突,仍然是有效的。

三、退休审批与养老金核定的程序与起诉期限

在本案中,李某1998年3月办理退休时,因以用人单位职工身份退休,社会保险行政部门和经办机构均要求用人单位负责办理,特别是在早期,申请、批准退休及核定养老金均不要求个人履行相关手续,因此李某可能在办理退休手续时并不知道退休审批和养老金核定事宜。但是,从李某自办理完退休手续后即开始领取养老金的事实可以推知其已知晓退休审批和养老金核定事宜,即应当知道该具体行政行为已经作出,起诉期限应自此计算,即从第一次领取养老金时起算。至2015年其起诉时,显然已经超过了起诉期限,故法院裁定不予受理是正确的。虽然一、二审结果相同,但一审法院适用5年的最长起诉期限是不恰当的。因为李某已经"应当知道"了行政行为内容,只是行政主体未告知其起诉期限,故应当适用2年起诉期限的规定。

虽然本案中社会保险行政部门胜诉,但是从依法行政、保护被保险人合法权益来看,退休审批和养老金核定工作仍有值得反思和改进之处。

一是,退休手续办理中被保险人的参与。在职工基本养老保险中,绝大多数被保险人系以职工身份退休。目前社会保险行政部门和经办机构仍要求由用人单位负责办理,即所谓"只对单位,不对个人"。这一做法的合理性和合法性值得进一步探讨。由于申办退休首先是被保险人的权利,申办主体首先应当是个人,用人单位的角色应当定位为履行辅助人,即基于对劳动者的保护和照顾义务而帮助劳动者办理。用人单位不宜越俎代庖,使被保险人置之事外,而把申办退休完全当成用人单位的事务。应当让劳动者参与退休手续的办理过程,特别是要核实、确认被保险人知晓申办过程、签字的真实性。

二是,退休审批与养老金核定的程序整合。目前,很多地方仍然将退休审批和养老金核定作为两个程序,前者由社会保险行政部门负责审查确定,后者由社

会保险经办机构计算确定,这不仅导致程序的烦琐、延长了退休手续的办理时间,而且不合理地增加了法律风险,并导致法律救济程序的复杂性与资源的浪费。在分别审批、审核的情形下,由于社会保险行政部门和社会保险经办机构为不同的行政法律主体,实施不同的具体行政行为,具有不同的行政职责,其救济就有可能需要通过两个法律程序进行,在此过程中又因信息和研究的局限性,还可能导致错误的选择,使维权程序更为复杂化。以本案为例,李某系以养老金计算错误要求改正为由起诉社会保险行政部门,因为超过起诉期限,法院裁定不予受理,法院并没有对行政主体的职权、养老金计发行为是否错误进行实体审理。如果未超过起诉期限,法院进行实质性审查,首先涉及的问题即是,以社会保险行政部门为被告是否合法?如果审核确定养老金数额是社会保险经办机构的职能而非社会保险行政部门的职能,那么起诉社会保险行政部门就是错误的,从而导致大量时间、经济成本等的浪费。仅从法律程序来看,也应当将退休审批和养老金核发整合为一个行政行为。应将具体行政行为和行政主体之间的监管行为严格区分,前者是行政主体与行政相对人之间的法律关系,要接受行政复议和司法审查;后者则是行政主体之间的管理与监督关系,是内部行政行为,不受行政复议和司法审查。

  三是,对被保险人履行告知手续。即便由用人单位负责申办退休手续,社会保险行政部门和经办机构分行职能,社会保险行政部门最基本的义务是履行对被保险人的告知义务。被保险人作为养老金领受人,是退休审批和养老金审核的直接受益人,有监督该行政行为并提出异议的权利,而这必须以知晓行政行为内容为前提。是否履行告知义务,对行政主体也具有极大的影响。就起诉期限而言,如果行政主体告知被保险人退休申请、审批及养老金核发结论,并告知了对结论不服的救济程序和诉权,那么被保险人的起诉期限为6个月;如果未告知,那么被保险人的起诉期限为2年;如果被保险人无从知晓该行为,如养老金一直由亲属代领,则起诉期限为5年,甚至完全不适用起诉期限即被保险人可以在任何知道的时候起诉。如果审批行为和核发行为有错误,那么时间越短,行政主体的责任越小,纠正的难度越小;反之则越大。在推进依法治国的大背景下,更好地履行告知义务、保障被保险人的知情权,不仅是保护被保险人合法权益的要求,也是保护行政主体的需要。

四、缴费基数不实的追究期限

关于养老金计发数额的争议，多数是因为退休前缴费基数不实而引发的，包括应缴未缴、未足额缴费。缴费基数不实属于违法问题，应当依法追责。《中华人民共和国社会保险法》第八十六条规定，用人单位未按时足额缴纳社会保险费的，由社会保险费征收机构责令限期缴纳或者补足，并自欠缴之日起，按日加收万分之五的滞纳金；逾期仍不缴纳的，由有关行政部门处欠缴数额一倍以上三倍以下的罚款。《中华人民共和国社会保险法》对纠正缴费基数不实的期限未作规定，因此从法律上来说，可以无限期进行追责，但是这显然不符合一般法律原理。

本案法院的裁定可以部分解决这一问题。即如果被保险人已经按月领取了养老金，在行政主体依法告知诉权的情形下，被保险人只能在6个月内要求对养老金计发基数进行审查；超过6个月，其审查要求法院即不受理。这意味着即便根据《中华人民共和国社会保险法》上述规定要求社会保险费征收机构对退休前用人单位未依法缴费情况进行查处，但由于受到新《行政诉讼法》等的限制，该查处结果不会影响养老金的计算，因此可以认为被保险人的查处要求不影响其权益，与其不具有利害关系，不应受理。

从根据上来说，应当对未依法缴纳社会保险费的违法行为的追究期限予以明确。对此可以参照《劳动保障监察条例》第二十条规定，即"违反劳动保障法律、法规或者规章的行为在2年内未被劳动保障行政部门发现，也未被举报、投诉的，劳动保障行政部门不再查处。前款规定的期限，自违反劳动保障法律、法规或者规章的行为发生之日起计算；违反劳动保障法律、法规或者规章的行为有连续或者继续状态的，自行为终了之日起计算"，将社会保险费征收机构对未依法缴纳社会保险费的违法行为的追究期限与社会保险行政部门对此违法行为的追究期限统一。

第二章
基本养老保险

办理退休过程中出生时间的确定

🌐 裁判要旨

劳动和社会保障部《关于制止和纠正违反国家规定办理企业职工提前退休有关问题的通知》（劳社部发〔1999〕8号）对退休起算时间的规定是为了规范确定职工的退休时间，在本人身份证和档案记载的出生时间不一致的特殊情况下，明确以本人档案中最先记载的出生时间来确定退休时间，这并不是确认上诉人的身份情况，与《最高人民法院关于贯彻执行〈中华人民共和国民法通则〉若干问题的意见（试行）》（1988年1月26日通过）不相抵触。社会保险行政部门对劳动者退休起算时间依据该规范性文件确定并无不妥。

🕐 案情

1969年12月，吴某从哈尔滨市第一中学应征入伍。吴某个人档案最先记载的出生时间为"应征公民兵役登记表"及"政治审查登记表"中的1954年4月29日。1975年3月吴某退伍，同年6月被安排到江西省九江市封缸酒厂工作，后调入九江市广播电视局、九江电视台工作，2014年退休前系江西省广播电视网络传输有限公司九江市分公司职工。吴某的"入团申请书""退伍军人证明书""安置落户介绍信"，第一、二代居民身份证，"常住人口信息""户口簿"及相关考核评审表中记载的出生时间均为1955年4月或1955年4月29日。吴某应征入伍前的户籍档案材料及出生证材料均未查寻到。2014年4月22日，吴某所在单位江西省广播电视网络传输有限公司九江市分公司以参保单位名义，向省社保中心递交了吴某的"江西省参保人员养老金待遇审批表"（本案以下简称"待遇审批表"）；4月23日，江西省广播电视网络传输有限公司向省人社厅相关部门递交了吴某的"江西省参保人员基本养老金申领表"。2014年4月28日，吴某接到人社厅养老保险处的"待遇审批表"及江西省广播电视网络传输有限公司的"江西省机关事业单位工作人员退休审批表"等决定、通知,"待遇审批表"以吴某"应征公民兵役登记表"及"政治审查登记表"中记载的1954年4月29日为其出生时间,据此确定吴某已经达到法定退休年龄,同意其退休并按月领取基本养老金。吴某不服,于2014年6月21日向省人民政府申请行政复议,省人民政府于2014年8月19日作出赣府复字(2014)28号行政复议书,维持人社厅在办理吴某退休和养老金时对其出生时间的认定,及以此作出的"待遇审批表"。吴某不服该行政复议决定,以人社厅对相关审批表未依法核实其出生时间为由,于2014年12月22日向法院提起诉讼,请求依法确认人社厅的行政审批行为违法,判令其重新作出行政审批行为。

审判

一审法院认为,人社厅作为省级以上人民政府的社会保险行政部门,具有作出退休审批决定的行政职权。吴某的第一代身份证记载年龄虽为1955年4月29日出生,但该身份证签发日期为1987年10月,而吴某的档案形成于1969年12月。参照劳动和社会保障部《关于制止和纠正违反国家规定办理企业职工提前退休有关问题的通知》规定,如本人身份证和档案记载的出生时间不一致,应以本人档案中最先记载的出生时间为准。上述通知虽然是对企业职工提前退休有关问题的规范性文件,但人社厅比照此通知中相关规定并不违背法律禁止性规定,且该通知至今有效。因此不应认定人社厅在本起退休审批中适用法律错误。人社厅相关部门在审批中程序不规范,但审批结果并无不妥。吴某认为该具体行政行为程序违法,认定事实不清,证据不足,适用法律错误,依法应予撤销的理由不足,不予采纳。判决驳回吴某的诉讼请求。

吴某不服一审判决,上诉省高级人民法院。

二审法院认为,《关于制止和纠正违反国家规定办理企业职工提前退休有关问题的通知》是劳动和社会保障部在职责范围内对确定职工退休相关问题下发的规范性文件,与上位法并不相抵触,在认定被诉具体行政行为是否合法时应承认其效力。人社厅在退休审批过程中发现了吴某档案中记载的出生时间与第一代身份证不一致的问题,"应征公民兵役登记表"及"政治审查登记表"上记载的出

第二章
基本养老保险

生时间为 1954 年 4 月 29 日,是其档案中最先记载的出生时间,其他材料记载的均为 1955 年 4 月 29 日。根据上述规范性文件,人社厅认定吴某退休起算时间为 1954 年 4 月 29 日并无不妥。判决驳回上诉,维持原判。

吴某不服一、二审判决,向最高人民法院申请再审,请求撤销原审判决,依法重新审理本案或发回重审。主要事实和理由为:①人社厅对吴某出生日期的认定适用法律错误,违反《最高人民法院关于贯彻执行〈中华人民共和国民法通则〉若干问题的意见(试行)》中第一条第一款"公民的出生的时间以户籍证明为准",违反《关于颁发〈国务院关于安置老弱病残干部的暂行办法〉和〈国务院关于工人退休、退职的暂行办法〉的通知》(国发〔1978〕104 号)中工人"男年满 60 周岁,女年满 50 周岁,连续工龄满 10 年的,应当退休"等规定。②人社厅对吴某出生日期的认定与客观事实严重不符,在适用证据时严重违反法定程序。《中华人民共和国民事诉讼法》第六十三条第二款规定,证据必须查证属实,才能作为认定事实的根据。档案最先记载的出生日期非吴某本人填写,不代表其主观意愿,由其承担责任和后果明显有失公正。③人社厅在"待遇审批表"中更改吴某的出生年月属擅自变更公民居民身份证登记项目,超越法定权限,违反行政法关于"有授权则有行政,无授权则无行政"的基本原则。据此作出的"正常退休"审批决定行政行为违法,侵害了吴某的合法权益。④国务院办公厅《关于做好规章清理工作有关问题的通知》(国办发〔2010〕28 号)第三条规定,未列入继续有效的文件目录的规范性文件,不得作为行政管理的依据。《关于制止和纠正违反国家规定办理企业职工提前退休有关问题的通知》未列入人社部公布的继续有效规范性文件目录,因此已不能作为行政管理的依据。

再审法院认为,吴某申请更正其档案中出生日期的冲突记载,但根据《关于制止和纠正违反国家规定办理企业职工提前退休有关问题的通知》规定,对职工出生时间的认定,实行居民身份证与职工档案相结合的办法。当本人身份证与档案记载的出生时间不一致时,以本人档案最先记载的出生时间为准。至于《关于做好规章清理工作有关问题的通知》清理对象是规章,《关于制止和纠正违反国家规定办理企业职工提前退休有关问题的通知》属规范性文件,不属于国务院规章清理的范围,吴某认为《关于制止和纠正违反国家规定办理企业职工提前退休有关问题的通知》没有上位法依据、系被国务院清理的规章应无效的申请再审的理由不能成立。而《关于制止和纠正违反国家规定办理企业职工提前退休有关问题的通知》对退休起算时间的规定是为规范确定职工退休时间，在本人身份证和档案记载的出生时间不一致的特殊情况下，以本人档案中最先记载的出生时间来确定退休时间，并不是确认上诉人的身份情况，与《最高人民法院关于贯彻执行〈中华人民共和国民法通则〉若干问题的意见（试行）》并不抵触。故人社厅对吴某退休起算时间确定为1954年4月29日并无不妥。人社厅作为省级以上人民政府的社会保险行政部门，具有作出退休审批决定的行政职权。吴某的退休经社会保险经办机构审核后报人社厅审批，符合职工退休审批程序规定。故吴某申请再审缺乏相应的事实和法律依据，一、二审法院的判决符合法律规定。裁定驳回吴某的再审申请。[一审：（2015）洪行初字第3号；二审：（2016）赣行终字第22号；再审：（2017）最高法行申2877号]①

评析

一、《关于制止和纠正违反国家规定办理企业职工提前退休有关问题的通知》的法律效力

本案以及类似案件的核心是《关于制止和纠正违反国家规定办理企业职工提前退休有关问题的通知》（劳社部发〔1999〕8号，本案以下简称8号文件）的法律效力问题，具体包括两个方面：一是作为规范性文件其自身是否具有法律效力的问题；二是是否与上位法冲突而存在默示废止的问题。

关于其自身法律效力的问题。首先，8号文件是基本养老保险的国家主管部门制定的关于参保人员退休（领取基本养老金）的具体时间的规范性文件，属于该部门的法定职权，亦即该部门有权力制定此类规范性文件。只要不违反强制性法律规范，该类文件就具有法律效力。其次，《中华人民共和国立法法》第八条

---

① 另有类似案件裁审结果相同，见张某霞与河南省平顶山市人社局行政争议案：（2016）豫行终606号，（2016）最高法行申5021号；陶某华与青岛市社保局行政争议案：（2016）鲁02行终203号，（2017）鲁行申311号。

对法律保留事项作了规定，违反法律保留事项的规范性文件应当认为是无效的。但对于参保人员的具体退休时间的规范并不属于法律保留事项，从此角度来说，不应认定8号文件无效。最后，8号文件并不属于清理对象。而且，即便属于清理、废止对象，未经法定程序废止，如果不违反其他法律规定，依然是有效的。

关于是否与上位法冲突的问题。首先，8号文件不与《中华人民共和国社会保险法》《国务院关于工人退休、退职的暂行办法》（本案以下简称《暂行办法》）相冲突。《中华人民共和国社会保险法》和《暂行办法》仅规定了法定退休年龄和缴费年限等，并未涉及参保人员出生时间的确定，而只要确定退休就必须审核确认参保人员的退休年龄是否是真实的并且符合法律、法规和政策的规定，也就必须要确认其出生时间。换句话来说，为了执行上述法律、法规，需要8号文件或类似政策细化具体的退休条件。8号文件是国家法定主管部门为执行法律、法规而作出的具体应用解释，该解释不违反《中华人民共和国社会保险法》和《暂行办法》的规定和原则。其次，8号文件不与《中华人民共和国居民身份证法》冲突。《中华人民共和国居民身份证法》第一条规定该法的立法目的是"为了证明居住在中华人民共和国境内的公民的身份，保障公民的合法权益，便利公民进行社会活动，维护社会秩序"。一种观点认为，根据该法，居民身份证是证明公民身份最具权威性的证件，8号文件以档案对抗居民身份证，因此与《中华人民共和国居民身份证法》冲突。对此，法院认为，《中华人民共和国居民身份证法》强调身份证的身份证明效力，而8号文件并未否认身份证的身份证明效力，只是对办理退休、核定基本养老金过程中身份证与档案记载的出生时间不一致时如何确定退休中的出生时间作了规定，其核心是对退休条件的确定，因此8号文件与《中华人民共和国居民身份证法》不存在冲突。最后，8号文件不与《最高人民法院关于贯彻执行〈中华人民共和国民法通则〉若干问题的意见（试行）》冲突。该意见第一条关于公民民事权利能力的起始时间，属于民法领域中对民事主体资格的一般性规定，与退休待遇审核属于不同法律范畴，也不存在相抵触的问题。

二、8 号文件规范的对象及其性质

在本案中,最高人民法院认为 8 号文件具有合法、可适用性的核心理由是,8 号文件关于档案最早记载与身份证记载的出生时间不一致的规定是"对退休起算时间的规定,是为规范确定职工退休时间"。表面上,8 号文件是对参保人员出生时间记录载体的采信问题,似乎涉及公民的身份信息之一即出生时间的确认,但实质上则是确定参保人员的真实退休时间。以本案中吴某的情形来说,即确定其究竟应当在 2014 年退休(以"应征公民兵役登记表"及"政治审查登记表"中记载的出生时间 1954 年 4 月 29 日为依据),还是应当在 2015 年退休(以居民身份证以及其他档案记载的出生时间 1955 年 4 月为依据)。特定参保人员具体退休年龄的确定,不属于公民自然身份的确定,并不一定、只能依据身份证,而需要看对参保人员和退休制度是否合理、是否必要。

一方面,这一制度并未减损退休人员的权利,也没有增加退休人员的义务。《中华人民共和国立法法》第八十条第二款规定,部门规章规定的事项应当属于执行法律或者国务院的行政法规、决定、命令的事项,没有法律或者国务院的行政法规、决定、命令的依据,部门规章不得设定减损公民、法人和其他组织权利或者增加其义务的规范,不得增加本部门的权力或者减少本部门的法定职责。抛开 8 号文件规定不论,并没有法律规定参保人员必须在身份证确定的"退休年龄"时退休,因此 8 号文件对办理退休过程中身份证与档案记载的出生时间不一致的情况规定了一个判断标准,并非对退休人员增设义务或者减损权利。另一方面,根据权利和义务相对应的原则,参保人员的退休,不仅仅与真实的年龄有关,更与其缴费义务的履行有关。缴费义务的履行虽然通常依据居民身份证记载的年龄(出生时间)确定,但现实中并不完全如此,特别是在历史时期。例如,参保人员从居民身份证记载的 16 岁(出生时间)开始缴费,之前的工作时间则无须缴费(假设从 11 岁时开始工作,姑且不考虑童工问题,或者认为该工作是合法的);之后其更改身份证,将出生时间"提前"5 年,则使其比身份证原先记载早 5 年达到法定退休年龄,如果按照更改后的年龄(出生时间)作为其退休年龄,则其有 5 年应当缴费时间而未缴费("11 岁"至"15 岁"),单纯使用居民身份证记载不恰当地"免除"了其缴费义务。这一问题实质上涉及社会保险权益记录的效力。

三、社会保险权益记录的效力

《中华人民共和国社会保险法》第七十四条第二款、第三款规定,社会保险经办机构应当及时为用人单位建立档案,完整、准确地记录参加社会保险的人员、缴费等社会保险数据,妥善保管登记、申报的原始凭证和支付结算的会计凭证。社会保险经办机构应当及时、完整、准确地记录参加社会保险的个人缴费和用人单位为其缴费,以及享受社会保险待遇等个人权益记录。《社会保险个人权益记录管理办法》(2011年,人力资源和社会保障部令第14号)第二条规定,社会保险个人权益记录,是指以纸质材料和电子数据等载体记录的反映参保人员及其用人单位履行社会保险义务、享受社会保险权益状况的信息,其内容包括参保人员及其用人单位社会保险登记信息。亦即包括参保人员的出生时间信息,这涉及其是否应当缴费的起始时间,也涉及用人单位的法定义务。这些信息一旦形成,其时间跨度将达到数十年,不但事关参保人个人权益,而且关系社会保险基金,关系所有参保人的权益。如果不以个人权益记录作为确定社会保险权益的核心事实依据,允许参保人在认可、接受权益记录数十年之后否定该记录的真实性,不仅很容易产生道德风险、欺诈,损害社会保险基金以及他人权益,也会严重损害社会保险关系的稳定,增加无限的、不可承受的经办工作成本和压力,既不经济,也有违法理。因此,以社会保险个人权益记录作为确定本人社会保险权益的基本事实依据,具有合理性和合法性。8号文件所规定的"最早档案",实质上属于个人权益历史记录的一种形式,在特定情形下以该"记录"为准,具有合理性和合法性。

女性灵活就业人员退休年龄的认定

裁判要旨

在法律、法规未对灵活就业人员的法定退休年龄进行明确规定的情况下，地方以《中华人民共和国社会保险法》为依据，结合实际作出的女性灵活就业人员年满55周岁可提出领取养老金的规定，于法不悖。再审申请人及抗诉机关认为女性灵活就业人员应当适用《关于颁发〈国务院关于安置老弱病残干部的暂行办法〉和〈国务院关于工人退休、退职的暂行办法〉的通知》（国发〔1978〕104号）关于女工人退休年龄的规定享受领取养老保险金的主张，依据不足，难以支持。

案情

杜某，女，1959年5月26日出生，其于2015年1月21日向上海市社保中心提出申请，以1992年年底前工龄3年5个月且于2009年3月以自由职业者身份参加城镇职工基本养老保险为由，申请一次性补缴社会保险费至满15年，并提交了相关的申请材料。市社保中心根据《中华人民共和国社会保险法》等规定，认定杜某作为灵活就业人员的法定退休年龄应为55周岁，提交申请时未满足延长缴费期限5年的要求，遂于2015年2月17日作出办理情况回执（本案以下简称被诉回执），告知杜某的申请不符合办理条件。杜某不服，诉至法院，要求撤销被诉回执。

审判

一审法院审理查明，《实施〈中华人民共和国社会保险法〉若干规定》（2011年，人力资源和社会保障部令第13号，本案以下简称《若干规定》）规定，参加城镇职工基本养老保险的个人达到法定退休年龄时，累计缴费不足15

年的，可以延长缴费至满 15 年，社会保险法实施前参保，延长缴费 5 年后仍不足 15 年的，可以一次性缴费至满 15 年。上海市人社局《关于本市灵活就业人员参加本市城镇职工基本养老、医疗保险若干问题的通知》（沪人社养发〔2013〕22 号，本案以下简称 22 号通知）规定，通知中所指灵活就业人员是指具有上海市户籍，男性未满 60 周岁、女性未满 55 周岁，从事有合法经济收入的自雇人员、无雇工个体工商户，未在用人单位参加基本养老、医疗保险的非全日制从业人员以及其他灵活就业人员。灵活就业人员女性年满 55 周岁、缴费年限满 15 年，可以提出按月领取养老金申请，未满 15 年的，可以继续缴费至满 15 年后申请按月领取养老金。

一审法院认为，市社保中心具有经办上海市社会保险相应事务的行政职权。本案中，市社保中心受理杜某申请后，根据相关法律、法规和上海市灵活就业人员的政策规定，认定杜某作为灵活就业人员在达到 55 周岁退休年龄后未满延长缴费期限 5 年，故不符合一次性补缴社会保险费至满 15 年的条件，并作出被诉回执，其认定事实、适用法律和执法程序并无不当。杜某的诉讼请求缺乏事实根据和法律依据。判决驳回杜某的诉讼请求。

杜某不服一审判决，提出上诉。

二审法院认为，本案争议焦点在于市社保中心适用 22 号通知等相关规定是否合法。22 号通知结合上海市实际，就灵活就业人员参加上海市城镇职工基本养老保险若干问题作出相关规定，符合《中华人民共和国社会保险法》的相关规定。《国务院关于工人退休、退职的暂行办法》（本案以下简称国务院 104 号文件）有特定的适用范围，即全民所有制企业、事业单位和国家机关、人民团体的工人。而杜某作为灵活就业人员不属于国务院 104 号文件中界定的工人范围，其要求单独适用国务院 104 号文件中"女工人年满 50 周岁"的诉讼理由，缺乏事实根据和法律依据。判决驳回上诉，维持原判。

杜某仍不服，向上海市高级人民法院申请再审。再审法院于 2015 年 12 月 28 日作出行政裁定，驳回了杜某的再审申请。杜某仍不服，向检察机关申请法律监督。

上海市人民检察院抗诉认为，市社保中心依据 22 号通知认为杜某作为灵活就业人员的法定退休年龄为55周岁，法律依据不足。第一，《中华人民共和国社会保险法》及其实施规定关于基本养老保险的规定中，对于灵活就业人员的退休年龄未作出规定。因此，目前我国对法定退休年龄相关规定的法律、法规中位阶最高的仍是国务院104号文件，虽然该文件对于工人法定退休年龄的规定仅针对全民所有制企业、事业单位和国家机关、人民团体的工人，但是随着我国改革开放和市场经济不断发展，各级劳动行政部门在劳动行政执法中，都直接适用了国务院104号文件的退休标准。第二，劳动和社会保障部办公厅《关于企业职工"法定退休年龄"涵义的复函》（劳社厅函〔2001〕125号）明确指出，国家法定的企业职工退休年龄，是指国家法律规定的正常退休年龄，即男年满60周岁、女工人年满50周岁、女干部年满55周岁。劳动和社会保障部作为国家劳动和社会保障管理的最高行政职能部门，作出上述复函表明对于企业职工法定退休年龄的涵义在劳动和社会保障行政机构中的认识是统一的，执行标准也是统一的。第三，在司法实践中，法院对于涉及退休年龄的劳动关系纠纷，也是依据"男年满60周岁、女工人年满50周岁、女干部年满55周岁"的标准，没有按企业性质和就业形式的不同进行区分。因此，对于《中华人民共和国社会保险法》中法定退休年龄的涵义，在没有作出特别立法解释的情况下，应当同样适用国务院104号文件的规定。因此，市社保中心依据22号通知，认定杜某作为灵活就业人员的法定退休年龄为55周岁，缺乏法律依据，原审判决未依法审查行政机关行政行为依据的规范性文件的合法性，适用法律有误。

本案再审中，再审申请人杜某同意检察机关的抗诉意见，并认为国务院104号文件是我国目前关于退休年龄最高位阶的法律规范，该文件以及国家主管部门规定的"男年满60周岁、女工人年满50周岁、女干部年满55周岁"就是《中华人民共和国社会保险法》所称的法定退休年龄。现市社保中心依据22号通知认定其退休年龄应为55周岁作出的被诉回执属适用依据错误。请求撤销原审判决。

被申请人市社保中心不同意检察机关的抗诉意见，并认为22号通知规定上海市女性灵活就业人员年满55周岁且实际缴费达到15年的，可申请领取养老金，如年满55周岁但实际缴费不满15年的，可继续延长缴费，延长缴费5年后仍不满15年的可按照《若干规定》申请一次性缴费至满15年。杜某系《中华人民共和国社会保险法》实施前参保，其年满55周岁时实际缴费年限未达到15年，其提出本案申请时未满延长缴费5年，不符合《若干规定》第二条规定的一次性缴费至满15年的办理条件，故作出的被诉回执并无不当。国务院104号文件对工人退休年龄的规定，不适用于再审申请人。原审判决正确，请求依法予以维持。

上海市高级人民法院再审认为，本案争议焦点在于市社保中心依据22号通知关于在上海市参保的女性灵活就业人员需年满55周岁才可享受养老保险待遇的规定作出的被诉回执是否合法。对此，从以下三个方面加以分析。

首先，《中华人民共和国社会保险法》并未规定灵活就业人员的退休年龄。《中华人民共和国社会保险法》第十条第一款规定，职工应当参加基本养老保险，由用人单位和职工共同缴纳基本养老保险费；第二款规定，无雇工的个体工商户、未在用人单位参加基本养老保险的非全日制从业人员以及其他灵活就业人员可以参加基本养老保险，由个人缴纳基本养老保险费。根据该条规定，职工和灵活就业人员是两类不同的基本养老保险参保主体，职工的参保方式为强制参保，缴费方式为用人单位和职工共同缴纳基本养老保险费，而灵活就业人员则由个人自愿参保，且由个人缴纳基本养老保险费。《中华人民共和国社会保险法》第十六条第一款规定，参加基本养老保险的个人，达到法定退休年龄时累计缴费满15年的，按月领取基本养老金。上述规定对参保个人的法定退休年龄如何划分及界定标准等问题并未作出明确规定。

其次，国务院104号文件的适用对象并不包括灵活就业人员。一方面，国务院104号文件制定于1978年，《国务院关于工人退休、退职的暂行办法》第一条即明确规定了该文件的适用对象为全民所有制企业、事业单位和党政机关、群众团体的工人，而灵活就业人员系改革开放后产生的新的就业群体，因此，不宜简单按国务院104号文件来确定灵活就业人员退休年龄。至于抗诉机关提到的劳动和社会保障部办公厅《关于企业职工"法定退休年龄"涵义的复函》，该复函的适用对象为企业职工，并不能得出复函中明确的"法定退休年龄"适用于灵活就业人员的结论。因此，杜某和抗诉机关主张国务院104号文件也应适用于灵活就业人员，依据不足。另一方面，灵活就业人员作为以灵活方式提供劳务实现就业的人群，具有工作时间自由、工作地点可选、工作强度可调等特点，这与传统的建立在工厂制度基础上，有固定劳动关系约束的职工的劳动特点有很大不同。因此，确定灵活就业人员领取养老保险金的起始年限不能简单套用国务院104号文件所确立的退休概念。

最后，22号通知关于上海市女性灵活就业人员领取养老保险金的规定符合国家相关政策精神且未与上位法相抵触。本案争议的22号通知关于上海市女性灵活就业人员年满55周岁且缴费年限满15年可以领取基本养老金的规定，并未直接涉及女性灵活就业人员的退休年龄，而是根据本地实际，确定女性灵活就业人员享受养老保障待遇的条件。因此，抗诉机关认为22号通知将上海市女性灵活就业人员法定退休年龄确定为55周岁的说法并不准确。另外，从国家政策层面看，劳动和社会保障部《关于完善城镇职工基本养老保险政策有关问题的通知》（劳社部发〔2001〕20号）第三条亦将女性灵活就业人员领取基本养老金的年龄规定为年满55周岁。因此，22号通知关于女性灵活就业人员参保范围、缴费方式、待遇水平等的规定与国家主管部门的相关政策规定相一致，且并未与《中华人民共和国社会保险法》的规定相抵触。

综上所述，在法律、法规未对灵活就业人员的法定退休年龄进行明确规定的情况下，22号通知以《中华人民共和国社会保险法》为依据，结合上海市实际作出的女性灵活就业人员年满55周岁可提出领取养老金的规定，于法不悖。杜某及抗诉机关认为女性灵活就业人员应当适用国务院104号文件关于女工人退休年龄的规定享受领取养老金的主张，依据不足，难以支持。杜某以灵活就业人员身份于2009年3月参加上海市城镇职工基本养老保险，系在《中华人民共和国社会保险法》实施前参保，在年满55周岁时实际缴费年限未满15年的情况下，其延长缴费期限未满5年，故不符合《若干规定》第二条所规定的可一次性补缴社会保险费至满15年的申请条件，市社保中心据此作出被诉回执，并无不当。原审判决认定事实清楚，适用法律正确，应予维持。杜某的再审请求及抗诉机关的抗诉理由不能成立。判决维持原判。［一审：（2015）黄浦行初字第62号；二审：（2015）沪三中行终字第59号；再审：（2016）沪行再2号］

第二章
基本养老保险

评析

一、关于女性灵活就业人员退休年龄的认定

本案法院关于女性灵活就业人员退休年龄的认定是合法的。《中华人民共和国社会保险法》并未规定退休年龄，无法直接适用该法。目前实践中退休年龄（即按月领取基本养老金的年龄）主要适用国务院104号文件。但由于该法规颁布于40年前，我国退休制度已经从单位保障发展为社会保障，许多具体制度也发生了根本变化，该法规已经不能完全适用。例如，其关于退休要求10年连续工龄（缴费年限）的规定已被规范性文件取代。取消其规定的规范性文件主要是国务院社会保险行政部门颁布的，这并不因为国务院104号文件是行政法规而违反法律适用规则。根据法律适用规则，只有适用于同一法律事项的法律规则之间，才存在下位法与上位法的冲突问题。国务院104号文件是适用于单位保障的旧制度，并不必然适用于基本养老保险制度，只是在基本养老保险制度下由于相应规则的缺失而"参照"适用而已。当主管部门颁布了基本养老保险的"退休年龄"时，该规范性文件就是当然的也是必然的法律依据，具有合法性。

无论是国务院104号文件还是劳动和社会保障部办公厅《关于企业职工"法定退休年龄"涵义的复函》设定的"女工人年满50周岁，女干部年满55周岁"的退休条件，均无法直接适用于女性灵活就业人员，因为该类人员既非"女工人"，也非"女干部"。劳动和社会保障部《关于完善城镇职工基本养老保险政策有关问题的通知》将女性灵活就业人员领取基本养老金的年龄规定为年满55周岁，在缺乏上位法规定的情形下，以此作为女性灵活就业人员领取基本养老金的年龄，是恰当的。此年龄实际即为退休年龄。在基本养老保险制度下，退休就是指按月领取基本养老金，反之亦然。

需要注意的是，一些地方为了更好地保障灵活就业人员的待遇，往往规定原企业女性工人离开企业后以个人名义继续缴纳职工基本养老保险费的，仍属于工人或者在一定年限之内的仍属于工人，可以在50岁办理退休手续。这些地方政策赋予被保险人更多的利益，具有合理性，应当支持。

二、关于达到退休年龄一次性补缴养老保险费的条件

根据《若干规定》，达到法定退休年龄时，累计缴费不足15年的，可以延长缴费至满15年；在《中华人民共和国社会保险法》实施前参保、延长缴费5年后仍不足15年的，可以一次性缴费至满15年。根据这一规定，被保险人达到法定退休年龄时缴费年限不足的，分两种情形处理：《中华人民共和国社会保险法》实施后参保的，只能继续缴费，即延缴，不能补缴或趸缴；《中华人民共和国社会保险法》实施前参保的，先延缴5年，缴费年限仍不足的，才能趸缴。延缴与趸缴对被保险人的利益影响很大：延缴面临缴费标准逐年上涨的问题，缴费成本可能更高；延缴期间不能领取养老金，相对于趸缴后直接享受养老金，存在较大的养老金"损失"。这其实是本案争议的本质问题。本案显然严格执行了《若干规定》。对此，只要在统筹地区实行统一的法律适用标准，就具有合法性和合理性。

针对这一问题，考虑到历史遗留性，许多地区颁布了一些特殊政策，允许被保险人在符合限定条件下补缴或趸缴基本养老保险费，只要具有适用上的统一性，亦未尝不可。

女性内退人员退休年龄的确定

🌐 裁判要旨

用人单位为黎某办理内部退养，但并未变更黎某的管理工作岗位，不能以此认定其国有企业干部身份已被免除。根据《关于颁发〈国务院关于安置老弱病残干部的暂行办法〉和〈国务院关于工人退休、退职的暂行办法〉的通知》（国发〔1978〕104号）、参照《关于制止和纠正违反国家规定办理企业职工提

第二章 基本养老保险

前退休有关问题的通知》（劳社部发〔1999〕8号）的有关规定，企业职工法定退休年龄是女干部年满55周岁，现工作岗位为管理岗位的职工按干部退休条件执行。黎某未到法定退休年龄，人社厅不予批准其退休符合相关规定。

案情

黎某，女，1962年10月25日出生，1981年由某铁路机械学校毕业分配至中铁某公司工作，先后任技术员、助理工程师等职务。2003年8月25日，公司作出《关于黎××同志内部退养通知》，同意解聘黎某干部职务，自2003年9月1日起内部退养。2012年10月25日黎某年满50周岁。2012年11月19日，公司代黎某向省人社厅申请办理退休审批，人社厅以黎某系女干部，未到法定55周岁退休年龄为由，口头答复不予批准其退休。黎某于2013年1月6日向省人民政府申请行政复议，省人民政府于2013年3月4日作出行政复议决定，维持了人社厅不予批准黎某退休的具体行政行为。黎某不服，遂提起诉讼。

审判

黎某诉称，其为女工人身份，法定退休年龄为50周岁；其内部退养时认定为"工人岗位"，退休应按工人岗位国家规定的年限和条件执行；即便认定其属于管理岗位，也已满足退休程序要求，人社厅应予批准。

人社厅辩称，黎某系国家统招统配的中专生，为国有企业干部身份，其2003年9月在单位办理内部退养，单位按企业相关规定持续支付其内退工资并保持劳动关系。该单位的上级具有干部管理权限的组织和人事行政部门从未作出过取消其干部身份的决定。2012年11月，黎某所在单位人事部门口头咨询能否按照女工人50周岁的退休标准为其办理退休，人社厅依据相关规定口头答复，黎某为干部身份，未到55周岁的法定退休年龄，不能批准其退休。黎某所诉没有法律依据。

一审法院认为，人社厅作为辖区内的社会保障主管机关，对于行业统筹企业的职工退休具有依法审批的法定职责。本案中，黎某向人社厅表达了要求退休的愿望，人社厅经审查，认定黎某作为国有企业的女干部，未满55周岁，按照《关于颁发〈国务院关于安置老弱病残干部的暂行办法〉和〈国务院关于工人退休、退职的暂行办法〉的通知》（国发〔1978〕104号）及劳动和社会保障部《关于制止和纠正违反国家规定办理企业职工提前退休有关问题的通知》（劳社部发〔1999〕8号）规定，国家法定的企业职工退休年龄是：男年满60周岁，女工人年满50周岁，女干部年满55周岁，不予批准黎某退休，具有事实依据，行政行为符合法律规定，并无不当。黎某认为其已经过所在单位批准，于2003年即办理了内部退养，身份已为工人，应当按照女工人的身份退休。经查，黎某系国家统招统配的中专生，在其人事档案中，一直为干部身份，在办理内部退养后，用人单位按企业相关规定持续为其支付内退工资并保持劳动关系，并未因上述变动改变黎某国有企业干部的身份。据此，对于黎某要求人社厅按照工人岗位的年限和条件为其办理退休，并据此要求判决撤销人社厅不予批准其退休行为的诉讼请求，缺乏事实和法律依据，不予支持。判决驳回黎某的诉讼请求。

黎某不服一审判决，提出上诉称，所属公司作为中央企业直管的行业单位具有独立任免、聘任干部的权限，其自办理内部退养时已变为工人身份，人社厅应当按照女工人50岁退休的标准批准其退休。人社厅答辩称，人社厅具有退休审批职权，不予批准黎某退休符合法律、法规规定；一审判决认定事实清楚，适用法律正确。

二审法院认为，黎某于1981年由某铁路机械学校毕业分配至中铁某公司工作，为国有企业干部。其先后任技术员、助理工程师等职务，直至内部退养均在管理岗位工作。所属公司虽作出《关于黎××同志内部退养通知》同意解聘黎某干部职务，自2003年9月1日起内部退养，但并未变更黎某的管理工作岗位，亦不能以此认定黎某国有企业干部身份已被免除。黎某认为公司同意其内部退养是对其干部身份的免除，这一观点无事实依据，不予支持。根据《关于颁发〈国务院关于安置老弱病残干部的暂行办法〉和〈国务院关于工人退休、退职的暂行办法〉的通知》，参照劳动和社会保障部《关于制止和纠正违反国家规定办理企业职工提前退休有关问题的通知》的有关规定，企业职工中女干部法定退休年龄是年满55周岁，现工作岗位为管理岗位的职工按干部退休条件执行，因此黎某未到法定退休年龄，人社厅不予批准其退休符合上述规定。一审判决驳回黎某要求撤销人社厅不予批准其退休行为的诉讼请求并无不当。综上，判决驳回上诉，维持原判。［一审：（2013）宁行初字第28号；二审：（2013）苏行终字第0052号］

评析

目前我国男性的退休年龄是统一的，均为60周岁。女性按照女干部（职员）与女工人身份不同而实行不同的退休年龄标准。对于内退人员而言，究竟应按女干部还是女工人身份确定退休年龄，不仅要考虑一般女性人员退休年龄的确定规律，也要考虑内退人员的特点。这存在较大的争议。

一、女职工退休年龄确定依据

《国务院关于安置老弱病残干部的暂行办法》规定，党政机关、群众团体、企业、事业单位的干部，女年满55周岁……都可以退休。《国务院关于工人退休、退职的暂行办法》规定，全民所有制企业、事业单位和党政机关、群众团体的工人，女年满50周岁……应该退休，本项规定适用于工作条件与工人相同的基层干部。国务院办公厅《关于进一步做好国有企业下岗职工基本生活保障和企业离退休人员养老金发放工作有关问题的通知》（国办发〔1999〕10号）规定，女干部年满55周岁，女工人年满50周岁才可以退休。劳动和社会保障部《关于制止和纠正违反国家规定办理企业职工提前退休有关问题的通知》再次强调，国家法定的企业职工退休年龄是男年满60周岁，女工人年满50周岁，女干部年满55周岁。

对于女性拟退休人员究竟适用55周岁还是50周岁的退休年龄，实际仍存在多种界定标准。

1. 按岗位区分。按岗位区分是目前界定女干部、女工人身份的主要做法。有的按申报退休时的岗位确定，如湖北省劳动和社会保障厅《关于完善企业职工基本养老保险若干政策问题的暂行处理意见》（鄂劳社发〔2007〕59号）规定，女职工申报退休时所在岗位为管理、技术岗位的，退休年龄为55周岁；申报退休时所在岗位为生产、操作岗位的,退休年龄为50周岁。有的按申报退休时在岗一定年限确定,如安徽省劳动和社会保障厅《关于企业女职工退休年龄有关问题的通知》(皖劳社秘〔2003〕169号)规定,国有、集体企业中原为干部身份的女职工,已经到工人岗位连续工作满2年,且达到50周岁及以上的,可以按女工人退休;原身份是工人的女职工,已经聘用到管理(技术)岗位连续工作满2年以上的,用人单位可以按女干部身份为其申办退休。

2. 按档案记载区分。如河南省劳动和社会保障厅《关于女职工退休问题的复函》(豫劳社养老〔2003〕50号)规定,女职工是否是干部,应依据本人档案记载来确定。凡档案记载模糊,无法确定本人身份的,或本人对其身份提出异议的,应按干部管理权限,由同级组织和人事部门认定。

实践中还存在依据解除终止劳动合同的时间确定是适用55周岁还是50周岁为退休年龄的。

对于如何界定女干部与女工人身份,劳动部《关于贯彻执行〈中华人民共和国劳动法〉若干问题的意见》(劳部发〔1995〕309号)第七十五条规定,退休年龄和条件按现岗位国家规定执行。这一规定具有合理性。在理论上,之所以区分女干部和女工人身份,主要在于其工作的劳动强度的差别,为了保护劳动强度较大的一线女工人的身体健康,使其早些退休,故对其规定较早的退休年龄。按岗位区分才符合这一目的,按档案等其他原因区分显然与这一目的不符。鉴于《关于贯彻执行〈中华人民共和国劳动法〉若干问题的意见》在实践中并未普遍适用,各地界定标准各异,既不利于制度统一,也不利于个人权益保护,作者认为宜在全国层面统一规定以岗位作为女性职工退休人员的界定标准。

在按岗位区分的情形下,是否需要有从事该岗位时间的限制?从女干部与女工人不同退休年龄设定的目的来看,对从事岗位的工作时间的限制是必要的。但在实践中,即便在同一单位内部,岗位的调整与变动也是比较频繁的,在不同单位之间的工作变动也较常见,要精确确定多长时间从事管理岗位,多长时间从事非管理岗位,存在相当的难度。此外,随着市场经济的发展,很多时候管理岗位与非管理岗位很难区分,岗位性质的界定非常困难。女性退休年龄最终宜统一规定,当然,这可能需要一个过程。

二、女性内退人员的退休年龄确定标准

内退即"内部退养"或者"离岗退养",不是真正地办理了退休手续,只是在单位内部按照退休处理的一种方法。办理内退的人员不在单位工作,但每月可从单位领取一定数额的内退生活费,内退生活费是按照原工资标准的一定比例发放的,因此与原岗位仍具有一定的关联。这些人的劳动关系和养老保险关系并没有终止,原单位要继续缴纳社会保险费,一直到内退人员达到退休年龄后正式办理退休手续。

对于女性内退人员究竟应按女干部还是女工人身份退休,通常无特别明晰的规定。在本案中,社会保险行政部门系按照黎某女干部身份进行答复的,而所谓身份实质为其档案所记载。一审法院支持了这一观点,认为"在其人事档案中,一直为干部身份",内退并未改变黎某国有企业干部身份。二审法院的观点稍有差别,认为内退"并未变更黎某的管理工作岗位,亦不能以此认定黎某国有企业干部身份已被免除",其潜在含义是,黎某在内退前是在管理岗位工作,内退"没有改变其管理岗位",故仍应按管理岗位确定退休年龄;内退没有免除内退人员的国有企业干部身份。二审法院同时从工作岗位和档案身份两个角度论证了内退人员退休年龄的确定依据。在没有明确的法律法规规定的情形下,这些界定标准具有相当的合理性。事实上,亦有地方政策对此有明确规定。如湖北省劳动和社会保障厅《关于完善企业职工基本养老保险若干政策问题的暂行处理意见》即规定,内退女职工退休年龄按内退前所在岗位性质确定。

对女性内退人员退休年龄的确定,首先要考虑一般女性退休年龄的界定标准。在同一统筹区域内,如果一般女性退休年龄系按照档案记载的身份确定,那么根据法律适用的平等原则,内退女性自然也应当按照这一标准确定退休年龄;如果一般女性退休年龄按照岗位确定,那么对于内退女性而言,则存在适用难题。虽然就劳动法而言,内退人员与用人单位仍存在劳动关系,内退人员仍属于用人单位的职工,可以说,内退人员等同于职工。但是,内退人员毕竟不从事实际工作,严格来说,也就不存在工作岗位。在缺乏明确法律规定的情形下,以内退前的工作岗位作为内退数年后被保险人的工作岗位,并不具有合理性。女性内

退人员的退休年龄根据原岗位确定并不符合女性退休年龄规则的设定目的。

三、女性内退人员退休年龄确定标准的未来选择

内退人员与灵活就业人员存在一定的相似性,两者在法律上都没有确定的工作岗位。我国目前对于女性灵活就业人员的退休年龄一般规定为55周岁,那么能否依此统一规定女性内退人员的退休年龄为55周岁呢?在女性退休年龄区分的现行法律框架下,内退人员与灵活就业人员不仅具有相似性,也有着很大区别。灵活就业人员均由自己缴费,如果法律法规不作强制性规定,则可以由个人在一定限度内自由选择退休年龄;内退人员的缴费仍然以用人单位为主体,退休与否不仅是个人的选择,也关乎用人单位的利益。如同一般退休年龄政策一样,包括内退人员与灵活就业人员在内的无岗位人员退休年龄的确定也同样要考虑政治、经济、社会等各种因素。

对于内退人员来说,是否应赋予被保险人自由选择的权利,值得探讨。陕西省劳动和社会保障厅《关于企业工作岗位难以认定及内部退养的女职工退休有关问题的通知》(陕劳社发〔2005〕136号)规定,女职工工作岗位难以认定为工人或者干部(技术)岗位的,以及女职工办理内部退养后,均可按选定的退休年龄办理退休。即在50至55周岁之间,由女职工本人提出书面申请,经所在单位同意后,选定一个退休年龄,并以选定退休年龄满周岁的当日为准,计算退休待遇,办理退休手续。用人单位在提交劳动保障部门审批前,要将拟办理退休的女职工退休年龄及有关情况在职工主要居住区张榜公示一周。用人单位办理这部分女职工退休手续时,需向劳动保障行政部门提供职工本人书面申请、公示情况报告和单位意见。退休年龄一经选定并办理退休手续后,不得更改。此种规定比较契合内退人员的特点,可以参考。

在更为根本上,宜取消女性两种退休年龄的规定,可以先实施55周岁退休,这样也符合未来的发展趋势。考虑到社会影响,可采用渐进性的策略,如提高领取基本养老金的最低缴费年限;对于补缴情形宜明确予以限制,并设定科学的补缴标准;除设定情形以外,缴费至55周岁达到最低缴费年限的,不再允许补缴或趸缴。

养老金发放的起始时间

裁判要旨

李某于2009年12月达到法定退休年龄,社会保险经办机构却核定其退休时间为2010年12月,并于该日期起为其发放养老金。法院认为,虽然社会保险经办机构按省相关部门文件为李某办理了退休手续、核发了养老金,其所作具体行政行为符合相关规定,但其具体行政行为缺乏法律支持。

案情

李某于1978年12月到县木器厂工作,1989年12月25日与木器厂签订集体劳动合同协议书,1990年4月1日经县劳动(人事)局批准,转为劳动合同制工人。后借调到洁神公司工作直至2006年3月洁神公司倒闭。企业自1992年1月至2006年3月为李某缴纳养老保险费,2006年4月至2009年12月由李某自行缴纳养老保险费。2010年11月18日李某申请退休,社会保险经办机构告知李某应补缴1985年1月至1991年12月期间的养老保险费,其缴费年限才可按31年计算。李某依据社会保险经办机构要求补缴了前述期间的养老保险费共计17 889元。社会保险经办机构自2010年12月起发放李某养老金1 018.79元/月。李某认为,依据河北省劳动和社会保障厅有关文件规定,其补缴养老保险费的时间段应为1990年3月至1991年12月,1990年2月以前的工作时间,应视同为缴费年限,社会保险经办机构核定的补缴养老保险费时间段与补缴基数不符合相关规定。同时认为,2009年12月其年满60周岁(根据档案年龄计算),应由社会保险经办机构为其办理退休手续,并按月发放养老金,但社会保险经办机构于2010年12月起才向其发放养老金,社会保险经办机构为其核定的退休时间及1 018.79元/月的养老金数额均不符合国家相关规定。双方发生争议,李某诉至法院,请求依法撤销社会保险经办机构要求其补缴1985年1月至1991年12月的养老保险费17 886元的具体行政行为，判令社会保险经办机构重新核定补缴时间、补缴基数及缴纳费用总额；撤销社会保险经办机构核定2010年12月为其退休时间并自该日期起发放其养老金1 018.79元/月的具体行政行为，判令社会保险经办机构重新核定其退休时间及养老金数额。

审判

关于视同缴费年限问题，李某认为应该适用河北省劳动和社会保障厅《关于在基本养老金计发中具体问题处理意见的通知》（冀劳社〔2008〕30号）规定，即原临时工从1990年3月开始按省政府规定按时缴费，1994年年底以前经原劳动部门批准转招为劳动合同制职工，其1990年2月底以前未享受一次性养老保险补偿金，1990年2月底以前从事临时工的时间，经劳动保障行政部门认定后视同缴费年限。社会保险经办机构辩称，要求李某补缴1985年1月至1991年12月的养老保险费17 886元，是依据廊劳社办〔2003〕116号文件规定"1985年1月以后的临时工期间的连续工龄，要按规定缴纳养老保险费，计算缴费年限，没有按规定缴纳养老保险费的，不能计算视同缴费年限"执行的。

关于养老金数额及发放时间，社会保险经办机构的主张系依据河北省劳动和社会保障厅《关于贯彻〈河北省企业职工基本养老金计发办法〉有关问题的通知》（冀劳社〔2006〕67号）第十条规定"达到正常退休年龄因单位原因造成退休延期的个人账户继续记载，但其延期时间不计算缴费年限，劳动保障部门按其达到正常退休年龄批准退休，从办理退休手续的下月计发待遇"而确定。

一审法院认为，社会保险经办机构依据廊劳社办〔2003〕116号文件要求李某补缴1985年1月至1991年12月的养老保险费17 886元的行政行为合法，适用法律正确。李某的退休时间应为其满60周岁，社会保险经办机构以其申请时间作为核定退休时间并发放养老金无相应法律依据，根据《中华人民共和国行政诉讼法》第五十四条第二项的规定，判决维持社会保险经办机构要求李某补缴1985年1月至1991年12月的养老保险费17 886元的具体行政行为；撤销社会保险经办机构核定2010年12月为李某退休时间并自该日期起发放养老金1 018.79

元/月的具体行政行为；责令社会保险经办机构在 30 日内重新作出具体行政行为。

社会保险经办机构不服一审判决，上诉称，其依据冀劳社〔2006〕67 号文件第十条的规定，以及李某本人于 2010 年 11 月 18 日自愿书写的关于自申请之日计发养老金的申请，确定 2010 年 12 月起开始计发李某养老金有法律依据。尽管李某已于 2009 年 12 月达到法定退休年龄，但由于其未按时申报，社会保险经办机构无法单方主动为其按时发放养老金，造成养老金计发延迟的结果是由于李某一方原因，社会保险经办机构对此不负有责任，其核定李某养老金为 1 018.79 元/月，是合法合理的。请求撤销一审判决。

二审法院认为，社会保险经办机构认可李某于 2009 年 12 月达到法定退休年龄，却核定李某退休时间为 2010 年 12 月，并于该日期起为李某发放养老金，虽然社会保险经办机构按河北省劳动保障部门相关文件为李某办理了退休手续、核发了养老金，其所作具体行政行为符合相关规定，但其具体行政行为缺乏法律支持。判决驳回上诉，维持原判。（一审：（2014）三行再初字第 1 号；二审：（2015）廊行再终字第 3 号）

参考案例

刘某，女，1948 年 3 月 4 日出生，1970 年 2 月被分配到某机械厂工作，1985 年 7 月调入制冷机厂，1986 年 1 月调入省轻工业品进出口公司。1992 年 4 月至 1993 年 7 月刘某在省轻工业品进出口公司参加了杭州市基本养老保险，当时实行按单位申报的工资总额及人数核定应缴费用，没有此阶段的个人缴费记录，直至 2005 年找齐刘某工资发放等资料后，为其补登了参保缴费记录。1993 年 8 月刘某调入对外贸易开发总公司，同年被安排到下属深圳合发有限公司杭州分公司工作，1994 年杭州分公司撤销。1993 年 8 月起刘某在对外贸易开发总公司工作期间，该公司没有按国家规定为其办理职工基本养老保险参保缴费手续。

2005 年 10 月，杭州市下城区劳动和社会保障局向杭州市劳动和社会保障局提交了《关于刘××要求办理退休手续的请示》，杭州市劳动和社会保障局依据《浙江省职工基本养老保险条例》答复如下：①刘某不符合在杭州办理按月领取养老金的条件；②由本人提出申请，一次性补缴7年基本养老保险费后，自办理退休审批手续的次月起发放养老金；③其法定退休年龄至办理按月领取基本养老金手续期间的养老金不予补发。后杭州市劳动和社会保障局同意在刘某不补缴基本养老保险费的前提下办理退休手续，但明确"基本养老金在办理按月领取手续的次月起发放"。经杭州市人民政府复查、浙江省人民政府复核，杭州市劳动和社会保障局于2008年9月为刘某办理按月领取基本养老金手续，并从2008年10月起为其按月发放基本养老金。刘某不服，起诉至法院，要求补发其1998年4月至2008年9月期间的养老金，一、二审法院均驳回了刘某的诉讼请求。刘某向浙江省高级人民法院申请再审。再审法院认为，2008年9月27日，劳动保障行政部门审批同意刘某退休，"职工退休（退职）和基本养老金审批核定表"载明社会保险经办机构意见："经核定，该同志基本养老金每月按1 186.40元从2008年10月起计发"。2008年9月28日，刘某在该表上签字认可。杭州市社保局从2008年10月起向刘某按月发放基本养老金。刘某要求杭州市社保局发放自1998年3月至2008年9月期间的基本养老金，缺乏事实和法律依据。据此，一审判决驳回刘某的诉讼请求，二审判决驳回其上诉，维持原判决，并无不当。裁定驳回刘某再审申请。[二审：（2009）浙杭行终字第134号；再审：（2015）浙行申字第115号]

评析

一、养老金发放起始时间的法律依据

这两起案件的核心事实是相同的，即在达到法定退休年龄一段时间后办理退休手续，要求社会保险经办机构发放达到法定退休年龄至批准退休之间的养老金。首先应指出的是，在《中华人民共和国社会保险法》等基本法律、国务院颁布的行政法规或者规范性文件中，均未对此种情形下养老金应基于截止到何时的养老保险费（缴费年限）进行计算，亦未规定养老金的始发时间。在第一起案件中，法院支持了退休人员的诉求，而在第二起案件中，法院拒绝了退休人员的诉求。在这两起案件中，法院作出不同处置的根源在于对社会保险经办机构养老金

第二章
基本养老保险

发放行为法律依据的不同认识。

《中华人民共和国社会保险法》未对符合退休条件人员的养老金始发时间作出规定，目前主要由地方性法规政策对此予以规范。在前一起案件中，养老金始发时间的依据是河北省劳动和社会保障厅《关于贯彻〈河北省企业职工基本养老金计发办法〉有关问题的通知》第十条规定，即职工达到正常退休年龄时，单位应及时为职工办理退休手续；达到正常退休年龄因单位原因造成退休延期的，个人账户继续记载，但其延期时间不计算缴费年限，劳动保障部门按其达到正常退休年龄时批准退休，从办理退休手续的下月计发待遇；如正常退休年龄至批准退休期间有调整待遇的，社会保险经办机构要按规定调整标准，基本养老金按增加后的标准计发，不再补发；因劳动保障部门原因造成退休延期的，按达到正常退休年龄时批准退休，从达到正常退休年龄的下月计发待遇，延期退休期间有调整待遇的，社会保险经办机构按规定调整标准并补发调整的基本养老金。法院一方面肯定社会保险经办机构"所作具体行政行为符合相关规定"即符合上述规定，另一方面又认为"其具体行政行为缺乏法律支持"。法院实际上否定了上述规定的合法性。但法院的这一处断与对规范性文件的一般适用存在背离。在司法适用中，如果法院认为规范性文件不具有合法性，则会指出其不合法性之处，进而指出其不能作为法律行为的依据。而在本案中，法院既未指出上述规范性文件的不合法性之处，也未分析社会保险经办机构的行为符合相关规定却又为何缺乏法律支持，更未明确指出上述规范性文件不能作为社会保险经办机构核发养老金并确定养老金发放时间的依据。

两个案件的区别在于，第二起案件中作为社会保险经办机构核发养老金并确定养老金发放时间的《浙江省职工基本养老保险条例》为浙江省人大常委会颁布，属于地方性法规。在缺乏上位法规定的情形下，地方性法规作为法律依据自然没有问题。那么，这是否表明第一起案件中，社会保险经办机构以规范性文件作为核发养老金的依据就属于不法行为呢？作者倾向于这一认定是不妥的。两者的法理是相同的：虽然规范性文件和地方性法规在法律效力上存在差异，但是在缺乏上位法规范的情形下，如果认为地方性法规具有合法性，那么具有普遍适用性、以省级政府规章为基础制定的规范性文件同样应具有合法性。这或许正是第一起案件中法院没有阐明所涉规范性文件不合法性的根源所在——难以分析其不合法性。

二、养老金给付延迟的过错责任

养老金始发时间的界定还涉及一个重要问题，即养老金申领、核发中的过错责任，以及该责任与确定养老金始发时间的关系。

河北省劳动和社会保障厅《关于贯彻〈河北省企业职工基本养老金计发办法〉有关问题的通知》实际确定了两种责任主体和责任后果：因单位原因造成退休延期的，从办理退休手续的下月计发待遇；因劳动保障部门原因造成退休延期的，从达到正常退休年龄的下月计发待遇。按照"谁的过错谁承担"的原则，这一制度模式具有一定的合理性，在实践中采用较多。但其规范仍不周延。一是，因为被保险人原因未及时申办退休手续，由此导致的延迟后果是否由被保险人个人承担？二是，因为用人单位原因造成退休延期，养老金损失（不仅包括延迟期间的养老金损失，还包括该损失叠加到未来养老金调整中的损失）由谁承担？如果由被保险人承担显然不妥，如果由用人单位承担，法律依据何在，如何计算该损失？三是，如何分清社会保险行政部门、经办机构、用人单位、被保险人之间的过错？若社会保险行政部门、经办机构通知用人单位、被保险人申办退休，而用人单位、被保险人未前来申办退休，则退休延期不属于社会保险行政部门、经办机构的责任；若社会保险行政部门、经办机构未通知用人单位、被保险人申办退休，由此发生的退休延期究竟是用人单位过错、被保险人过错，还是社会保险行政部门、经办机构过错，应由谁承担责任后果？在过错责任的划分中，多数情形并非泾渭分明，而是存在共同过失、与有过失，这在养老金的计发中很难体现。

三、养老金发放起始时间的界定

目前，在我国多数省份，社会保险经办机构是从行政部门同意退休之月的次月支付基本养老金，各省份对此均有比较明确的规定。在缺乏上位法规范的背景下，地方性法规、地方政府规章、规范性文件所确定的此种待遇计发方式和始发时间，具有相当的合理性，应予尊重。但即便如此，也应当合理区分社会保险行政部门、经办机构、用人单位、被保险人各自的义务，而非动辄拒付被保险人的养老金，由被保险人承担全部责任后果。

从立法角度来说，根据过错确定养老金延迟申请的法律后果，值得进一步探讨。基本养老金的支付起点对特定被保险人的权益影响很大。养老金基数的调整，对被保险人未来养老金的调整会发生影响。现行基本养老金的支付起点可导致被保险人及其利益关系人四方面的损失：①少得一定基本养老金；②丧失基本养老金调整利益；③被保险人及其利益关系人（用人单位）多承担义务，如缴费、工资支付义务；④可能对遗属利益产生不利影响，如丧葬补助金和抚恤金标准的降低。

《中华人民共和国劳动合同法实施条例》第二十一条规定，劳动者达到法定退休年龄的，劳动合同终止。劳动合同终止意味着用人单位无须承担劳动法上的义务，如缴纳社会保险费，也无须承担法律基于生存权的保障需求而对劳动者工资、加班工资等施加的强制性保护义务。这种义务不仅应止于劳动者实际开始享受基本养老保险待遇，且应止于劳动者应当享受基本养老保险待遇。对灵活就业人员尤其是无收入来源的居民来说，当月某日达到退休年龄，就应当享受基本养老金，却让其少拿养老金并继续缴纳一定的养老保险费，理论依据并不充足。

被保险人达到法定退休年龄，符合规定的缴费年限，其领取基本养老金的基础权利已经具备，仅仅因为申请延期而拒绝其基本养老金请求权，理论基础并不充足。延期申办退休、申领养老金，属于权利的行使。未来在基本养老保险立法中，宜对此问题予以明确。

信赖保护与养老金"多调"后的处置

裁判要旨

根据省文件要求,市人社局制定的新文件为现行确定涉案退休人员养老待遇的依据,针对 2006 年 7 月 1 日至 2013 年 6 月 30 日达到退休年龄并申领退休金人员的养老金加发核算方法,应首先依照新文件确定的核算方法计算每位退休人员加发的数额,将该数额与每位退休人员已按照旧文件享有的加发数额进行对比,不足部分按照新文件应享有的待遇补齐,高出的部分转为地方保留津贴,在后续过渡期内的核算中将转为地方保留津贴的部分待遇逐步扣减,最终达到新文件规定的统一核算水平。这种方法具有合法性和合理性,并无不当。

案情

朱某在 2007 年 12 月申办退休,从 2008 年 1 月起按月领取养老金。2009 年 9 月 23 日广州市劳动保障局、财政局联合发布《关于提高本市企业退休人员养老保险待遇水平的通知》(穗劳社养〔2009〕8 号,本案以下简称"市 8 号"文),调整已纳入广州市城镇企业职工基本养老保险统筹并按规定申领基本养老保险待遇人员的养老保险待遇。广州市越秀区社保中心依据该文件核定朱某每月增发养老金 225 元,并从 2009 年 10 月起执行。2012 年 1 月 20 日,广东省人社厅、财政厅联合发布《关于解决省直企业部分退休人员养老保险待遇有关问题的通知》(粤人社发〔2012〕22 号,本案以下简称"省 22 号"文),以加发基本养老金的方式调整 2006 年 7 月 1 日至 2012 年 6 月 30 日期间首次领取基本养老金的省直企业退休人员待遇,并要求各市可参照省直办法出台符合本地实际的解决方案,报省人社厅审核通过后由各市政府批准执行。2014 年 11 月 14 日,广州市人社局、财政局发布《关于解决广州市企业部分退休人员基本养老金倒挂问题的通知》(穗人社发〔2014〕50 号,本案以下简称"市 50 号"文),调整广州市

第二章
基本养老保险

2006年7月1日至2013年6月30日达到法定退休年龄并申领基本养老金的企业退休人员养老金,其中规定"将按本通知计算加发的养老金与穗劳社养〔2009〕8号文原加发的待遇进行对比,穗劳社养〔2009〕8号文待遇低于本通知标准的,按本通知标准补齐,高于本通知标准的,按本通知标准发放,高出部分转为地方保留津贴予以固化,不纳入今后的基本养老金年度调整基数,并在2年内结合国家和省的养老金调整逐步冲销。穗劳社养〔2009〕8号文实施至2015年6月30日,不再与本通知加发的养老金进行对比。"社保中心依据"市50号"文计算增发待遇并在2014年11月将朱某首次领取退休金时(2008年1月)起至2009年9月止共应补发的3 857.97元("市8号"文实施前增发的养老金)发放至其账户,而之后则将"市50号"文与"市8号"文对比后结果为月补发额-36.15元,转为地方保留津贴。朱某不服,遂提起行政诉讼。

审判

一审法院认为,根据《中华人民共和国社会保险法》第八条规定,社保中心具有向朱某核算发放养老保险待遇的职责。"省22号"文要求各市可参照省直办法出台符合本地实际的解决方案,报省人社厅审核通过后由各市政府批准执行。广州市人社局、财政局据此制定"市50号"文,其中对于加发待遇的计算方法基本参照"省22号"文,其核算方法并无不当。至于每月补发额-36.15元作为地方保留津贴的问题,由于该部分是按照当时的文件要求计发,且已发放至朱某个人账户,参照法不溯及既往的原则,社保中心将其转为地方保留津贴应予纠正。判决撤销社保中心在2014年11月补发朱某养老保险待遇中每月将-36.15元转为地方保留津贴的行政行为;社保中心重新核定朱某的养老保险待遇。

朱某、社保中心均不服一审判决,提起上诉。二审法院维持了一审判决。

朱某、社保中心均不服二审判决,向广东省高级人民法院申请再审。

朱某申请再审称,原一、二审判决认定事实不清,适用法律错误,具体理由如下:①原两审法院对每月倒扣部分作为地方保留津贴的行为认定应当法不溯及既往,对作为整体的冲销行为也应当适用法不溯及既往进行纠正。社保中心依据"市8号"文已经于2009年10月加发其养老金待遇,又依据2014年11月出台的"市50号"文计算其应加发部分,并将二者对比后倒扣冲销依据"市8号"文已经到账的加发部分,且从2015年7月起再次冲销部分养老金。而对于2006年6月之前的退休人员依据"市8号"文享有的待遇并没有冲销和扣减。"市8号"文对比"市50号"文高出的部分转为地方保留津贴固化的时间应是2014年11月,2014年11月至2015年6月30日之间高出的部分才转为地方保留津贴,不能将2009年10月之前已经发放的再扣减回来作为地方保留津贴。"市50号"文仅规定比"市8号"文低的部分补齐,高出的部分并未规定可以扣减。从两份文件出台的目的看,"市50号"文出台的目的在于解决同等条件下2006年7月起申领基本养老保险的退休人员的待遇不低于2006年6月之前的退休人员的退休待遇问题,而不是降低该部分人的待遇。社保中心冲销扣减其依据"市8号"文调整增加的全部待遇的行为明显违法,应予纠正。②"省22号"文加发养老金的方法并没有要求冲销的规定,更没有将已经发放的加发部分予以减除的规定。"市50号"文自行增加对朱某在内的退休人员明显不利的条款,超出了"省22号"文的内容,导致广州市企业退休人员养老金倒挂人员问题不但没得到解决反而不断扩大。

社保中心申请再审称,①社保中心对朱某的养老保险待遇核定和加发无误,符合政策规定。社保中心依据朱某的退休时间,按照"市8号"文核定了朱某应加发的养老金。再按照"市50号"文核定的总待遇和"市8号"文进行对比,将高出部分转为地方保留津贴继续发放,"市8号"文实施之前按照"市50号"文确定的标准予以补发。社保中心作为社会保险经办机构,依照现行法律、法规和政策核定朱某应加发的养老保险待遇合法有效。②社保中心将按"市8号"文核定的高于"市50号"文的待遇部分转为地方保留津贴不损害当事人的既得利益,不存在溯及既往的情形。"市50号"文依据"省22号"文制定实施,该文件规定了退休人员的养老金先按照"市50号"文的规定进行核算,再和"市8号"文进行对比,对低的部分进行核算,高的部分也予以保留,只是在未来年度增长时,依照广东省的要求再调增养老金,保证在养老金绝对额有所增长的基础上予以逐步冲销,确保退休人员已有养老金水平不降低,符合解决养老金倒挂问题的政策。"市50号"文充分尊重了"市8号"文已经增加朱某养老保险待遇

第二章
基本养老保险

的事实,对"市 50 号"文之前依据"市 8 号"文已经发放的部分不予追溯,没有扣减,只是在"市 50 号"文实施之后将高出部分转为地方保留津贴并继续发放。"市 50 号"文实施时发放给朱某的养老金并未发生变化,只是养老金的结构发生了变化,这一调整并未损害朱某的合法权益。社保中心按照"市 8 号"文和"市 50 号"文分别调整朱某的养老保险待遇是两个独立、合法的行政行为。"市 8 号"文的发布和实施,属于行政机关主动依职权对部分特殊群体作出的授益性行政行为,是在"省 22 号"文之前先行先试。"市 50 号"文属于行政机关执行政策适用的问题。"省 22 号"文发布后,相应部门根据其法定职权和程序,再次制定调整的文件属于依法履行职权,两份文件分别调整朱某的养老保险待遇合法有效。③原一、二审判决结论前后矛盾。原一、二审认定"市 50 号"文经合法程序制定,认为该文件制定的核算办法并无不当,但又认为将高出部分转为地方保留津贴不当,前后矛盾。④执行原一、二审判决将会引发新的矛盾。本案原一、二审撤销申请人作出的核定行为,质疑将高出部分转为地方保留津贴的做法不妥,未考虑到广州市的客观情况,会带来新的不公平。

再审法院认为,根据《中华人民共和国社会保险法》第七条、第十八条规定,广州市人社局有权联合其他部门制定"市 8 号"文,以及依据"省 22 号"文制定"市 50 号"文,对社会保险工作实施管理。广州市人社局制定"市 50 号"文的目的在于执行"省 22 号"文,其主要目的在于重新确定"市 8 号"文所载明的部分企业退休人员养老金加发的计算方法。"市 50 号"文与"市 8 号"文在内容上为前后承继关系,不能同时适用。社保中心依照"市 50 号"文,对朱某的养老保险待遇进行核算于法有据,原一、二审判决认为社保中心的核算方法并无不当。

关于按照"市 50 号"文核算朱某的养老保险待遇,将其高出"市 8 号"文的部分待遇转为地方保留津贴是否违反法律规定的问题。根据"省 22 号"文的要求,广州市人社局制定的"市 50 号"文为现行确定涉案退休人员养老保险待遇的依据。"市 50 号"文针对 2006 年 7 月 1 日至 2013 年 6 月 30 日达到退休年龄并申领退休金人员的养老金加发核算方法,应首先依照"市 50 号"文确定的核算方法计算每位退休人员加发的数额,将该数额与每位退休人员已按照"市 8

号"文享有的加发数额进行对比,不足部分按照"市50号"文应享有的待遇补齐,高出的部分转为地方保留津贴,在后续过渡期内的核算中将转为地方保留津贴的部分待遇逐步扣减,最终达到"市50号"文规定的统一核算水平。广州市人社局发布"市50号"文确定的这种过渡性核算方法,既考虑了"市50号"文实施时涉案退休人员按照"市8号"文享有的、高出"市50号"文的部分不会因立即较大幅度扣减导致阶梯差的因素,又考虑了贯彻落实"省22号"文统一要求的因素,并不违反"省22号"文规定的核算方法。对于转为地方保留津贴的部分,依据"市50号"文确定的过渡性核算方法,只是在"市50号"文实施之后的年度调整时不再纳入调整基数,即在2014年11月14日后,核定朱某基本养老保险待遇时逐步扣减转为地方保留津贴的部分,以达到完全符合"市50号"文核算方法的要求。社保中心执行"市50号"文,对朱某于2014年11月14日"市50号"文实施之前高出"市8号"文的待遇部分转为地方保留津贴并无不当,原一、二审法院认定社保中心对朱某已依"市8号"文确定的核算方法,对其已发放至其个人账户的部分转为地方保留津贴不当,据此判决撤销社保中心对朱某养老保险待遇进行补发时将其待遇中每月部分金额转为地方保留津贴的行为,并责令社保中心重新核定,属认定事实不清,主要证据不足,依法予以纠正。朱某申请再审主张因理据不足,不予采纳。判决撤销一、二审法院行政判决;驳回朱某的诉讼请求。〔一审:(2015)穗越法行初字第302号;二审:(2016)粤01行终字第31号;再审:(2017)粤行再8号〕

评析

本案所涉及的问题是较为常见的。我国尚未建立起全国统一的、规范化和法制化的基本养老金调整制度,为了更好地保护退休人员的利益,一些地方根据本地特点出台了调整退休人员待遇(本案以下简称调待)的政策;但一些政策可能与上级部门后来出台的政策不完全符合,由此就产生了类似本案的适用上的难题。

一、地方性调待政策的合法性与合理性

本案表面上诉的是社保中心的养老金核发行为,但实际上评判的则是"市8

号"文和"市 50 号"文的合法性。法院最终认定"市 50 号"文与"市 8 号"文在内容上为前后承继关系,不能同时适用。一方面,在各自的适用时间范围内,两者都是有效的;另一方面,目前应当适用"市 50 号"文,即"市 50 号"文已经取代了"市 8 号"文。

《中华人民共和国社会保险法》第十八条规定,国家建立基本养老金正常调整机制。根据职工平均工资增长、物价上涨情况,适时提高基本养老保险待遇水平。但目前尚未出台与此配套的具体调待规则。近十多年,国务院主管部门虽然历年都对基本养老金进行了调整,但只出台了调待的指导性原则,具体的调待方案仍然需要地方制定。而且,国务院主管部门除了出台调待原则外,并未禁止地方根据本地的特殊情形进行特定的养老金调整。在此背景下,"市 8 号"文和"省 22 号"文调待政策的制定,均不违背上位法规范,合理提高了退休人员的养老金水平,具有合法性和合理性。此亦得到司法机关的肯定。

特别应当注意的是,法律保留原则在社会保险待遇给付行为适用中的限制。法律保留原则是指行政活动的作出必须取得法律的授权,必须有法律的明文依据,否则不得为之。① 最简洁明了的意思就是"无法律即无行政"。但是法律保留原则是对负担行政而言的,对授益行政却有例外。② 对于限制或剥夺公民自由与财产的负担行政行为或侵害行政行为来说,基于自由权的防御功能,必须实行严格的法律保留原则,没有基本法律的授权,行政主体不能实施任何限制或剥夺公民自由和财产权利的行为,也不能自定规则实施这样的限制或剥夺行为。由于社会保险待遇给付是赋予和增进公民的财产权利,而非限制或剥夺其财产权利,因此即便没有基本法律的授权,行政主体仍然可以实施这类行政行为,此时并不适用法律保留原则。

二、调待政策的溯及力问题

对于传统的侵害行政行为来说,基于法的稳定性和可预测性,通常不允许溯

---

① 罗豪才,湛中乐. 行政法学(第 4 版)[M]. 北京:北京大学出版社,2016:29.
② 叶必丰. 行政法与行政诉讼法(第 3 版)[M]. 北京:高等教育出版社,2015:36.

及既往。即不能根据后颁布的法律、法规限制或剥夺公民之前的自由和财产。但是在社会保险待遇给付这类授益行政行为中，则通常可以溯及既往。根据公民行为时的法律、法规或政策，公民并不享有相应的待遇给付，而根据后颁布的法规或政策，公民可以溯及既往地获得相应的待遇给付，这同样增进了公民利益，公民收获了"惊喜"，是合法的。在本案中，"省22号"文就具有溯及既往的效力。需要明确的是，在本案中，与"市50号"文相比，"市8号"文在一定程度上存在增加待遇的降低——不是降低绝对水平，而只是降低了增加的水平，但是这种降低并未适用于"市50号"文颁布之前的情形，而仅仅适用于"市50号"文颁布之后，这种情况并不属于溯及既往。

社会保障政策的溯及力不是必然的，行政主体应当根据政策的内容、涉及的群体范围、个体诉求的合理性以及本地的社会经济状况，并统筹考虑相关地区的状况慎重确定，避免不合理地提高公民的期望值，增加未来制度规范的难度。

三、调待政策的信赖保护

本案中，朱某的核心主张是继续适用"市8号"文，而不应当适用"市50号"文。这一主张的核心是：能否降低退休人员的养老金标准？虽然基于社会保险待遇的刚性，降低公民的社会保险待遇会遭遇各种风险，但是从现实来看，降低包括养老金在内的社会保险待遇有时是不得已而为之。仅仅从法律上来分析，答案是显而易见的。本案中，由于与省主管部门的要求不一致，根据行政管理的要求，市级部门必须修改自己的政策以符合全省要求，否则便有违法之嫌。

在社会保险待遇给付等授益行政行为中，现代行政法强调信赖保护原则。信赖保护原则是指行政机关对其行为应守信用，个人或组织对行政行为的正当信赖应当予以合理保护，以使其免受不可预计的不利后果。[①] 信赖保护原则主要针对的是个别化的行政行为，而不是具有普遍约束力的一般政策。对于任何一项社会保障制度，不管是作为国家立法还是规范性文件，立法机关和政策制定机关均不会承诺此制度不能改变、不会改变。以养老金调整政策为例，社会公众应当预料

---

① 罗豪才，湛中乐. 行政法学（第4版）[M]. 北京：北京大学出版社，2016：34.

到调整政策有可能会发生变化,不仅包括调整水平的降低,甚至在一定时间内不再进行调整。行政相对人不能以信赖保护原则为由否定养老金调整新政策的制定。在本案中,"省22号"文出台以后,"市8号"文即有修改之必要,但直到"市50号"文颁布之前,行政主体对于行政相对人依据"市8号"文所享有的利益并无任何缩减,这正是对信赖保护原则的贯彻。而在"市50号"文实施以后,"市8号"文实际上不再实施,相对人主张依据"市8号"文仍享有增发养老金的待遇并已实际享受该项待遇,缺乏事实和法律依据,自然更谈不上信赖保护的问题,其主张不能成立。

基本养老金调整的适用依据

裁判要旨

深圳市人社部门可以结合深圳市经济社会发展状况以及深圳市上年度在岗职工月平均工资增长情况,适当调整退休人员的基本养老金水平。深圳市人社部门作出调整企业退休人员基本养老保险待遇的决定,符合《深圳经济特区社会养老保险条例》以及国家政策的规定。

案情

人社部、财政部《关于2015年调整企业退休人员基本养老金的通知》(人社部发〔2015〕6号)规定,"经国务院批准,从2015年1月1日起,为2014年12月31日前已按规定办理退休手续并按月领取基本养老金的企业退休人员提高基本养老金水平,总体调整水平按照2014年企业退休人员月人均基本养老金的10%确定……各地区的具体调整办法,由各省、自治区、直辖市人民政府根据当地物价上涨、工资增长等实际情况和企业基本养老保险基金承受能力合理确定"。广东省人社厅、财政厅《关于2015年度调整企业退休人员基本养老金的通知》(粤人社发〔2015〕64号)规定,"从2015年1月1日起,调整全省企业(含参加企业职工基本养老保险的其他单位)退休人员基本养老金,调整对象包括2014年12月31日前(含本日)已领取基本养老金的企业退休人员,具体的调整办法如下:(一)普遍调整。①每人每月按照113元定额计发。②2014年12月31日前已经领取基本养老金的人员,按本人调整前基本养老金月标准的5%定比计算调整额;2015年1月至6月首次领取基本养老金的人员,按本人首次领取基本养老金月标准的5%定比计算调整额……各地市(除广州市)直接按照本通知规定的标准和要求执行,不得另行制定方案,不得以任何理由擅自提高调整水平、突破调整政策。"深圳市人社局、深圳市财政委员会《关于2015年调整企业退休人员基本养老保险待遇的通知》(深人社规〔2015〕9号)规定,"对2014年12月31日前已在市社保机构办理了领取基本养老金手续的企业退休人员,增加基本养老金:每人每月按照113元定额、加上本人本次调整前的月基本养老金的5%计发,纳入以上普调基数的基本养老金不包括历年累计的高级职称专项津贴、高龄津贴,也不包括补充养老保险、生活补贴、过渡性补贴、工龄补助、生活补助等地方补充养老保险待遇。"2015年7月10日,深圳市社保局作出针对黄某的"2015年度企业退休人员基本养老金调整通知书"(本案以下简称调整通知书),主要内容为:根据深人社规〔2015〕9号文件,对黄某的基本养老保险待遇作如下调整,按照每月113元定额计发。黄某对以该定额计发养老金的决定不服,认为深人社规〔2015〕9号文件以及依据该文件作出的待遇调整是违法的,遂提起诉讼。

审判

一审法院认为,《中华人民共和国社会保险法》第十八条规定,国家建立基本养老金正常调整机制,根据职工平均工资增长、物价上涨情况,适时提高基本养老保险待遇水平。调整通知书是依据深人社规〔2015〕9号文件规定作出的,并未违反该规范性文件的相关规定。深人社规〔2015〕9号文件是按照人社部发〔2015〕6号文件和粤人社发〔2015〕64号文件的要求制定的,前者并未违反后

第二章
基本养老保险

两者的相关规定。根据《深圳经济特区社会养老保险条例》第二十九条的规定,深圳市人社部门可以根据国家相关政策,结合深圳市经济社会发展状况以及深圳市上年度在岗职工月平均工资增长情况,适当调整退休人员的基本养老金水平,报市政府批准后实施。该条规定并未明确具体的调整方法,深人社规〔2015〕9号文件并未违反此规定。判决驳回黄某的诉讼请求。

黄某不服一审判决,提出上诉,要求社会保险经办机构按深圳市2014年人均基本养老金3 459元的5%计发173元定额并补发差额。其主要上诉理由是,《深圳经济特区社会养老保险条例》虽然未规定养老金具体的调整方法,但第二十九条对如何调整定了规则,首先授予深圳市有权制定特区范围内实施方案,然后要根据国家政策,同时要结合深圳市经济社会发展状况以及深圳市上年度在岗职工月平均工资增长情况来确定调整方案。深人社规〔2015〕9号文件的每人每月113元定额是根据广东省养老金数据计算出来的,而非根据深圳市养老金计算的,所以内容不符合深圳市自己制定的规则,不合法。国家相关政策是人社部发〔2015〕6号文件,该通知明确要求各地2015年养老金"调整水平按照2014年企业退休人员月人均基本养老金的10%确定"。国家政策对养老金调整10%是确定的,没有左右,这是一个民生硬指标,深人社规〔2015〕9号文件调整幅度不到8.3%,违反了国家调整政策。粤人社发〔2015〕64号文件是广东省人社厅制定的养老金调整实施方案而不是国家政策,不是深圳市制定养老金调整实施方案的依据,也不是《中华人民共和国行政诉讼法》规定的判案依据。深圳市人大常委会曾明确"深圳市人大常委会制定的经济特区法规与广东省地方性法规不一致时,在深圳经济特区范围内,应当优先适用深圳市人大常委会制定的经济特区法规"。《深圳经济特区社会养老保险条例》是特区地方性法规,法律效力远高于作为规范性文件的粤人社发〔2015〕64号文件。

深圳市社保局、深圳市人社局共同答辩称,粤人社发〔2015〕64号文件系根据国家政策制定且报人社部备案,该文件规定除了广州市外,各地不得另行制订方案,不得以任何理由擅自调整水平,突破调整政策。这是省厅对深圳市以及其他城市养老金调整的要求,深圳市应当执行。《深圳经济特区社会养老保险条例》第二十九条规定是原则性条款而非具体性条款,"本市经济社会发展状况以及本市上年度在岗职工月平均工资增长情况"仅是参考性背景因素而非具体的调整标准和公式,该条款是授权性而非义务性规定,是弹性而非刚性条款,按照该条例可能出现结合深圳实际在国家和省标准基础上上浮或下调等结果。2015年深圳市结合实际执行国家和省规定的标准调整了企业退休人员基本养老金水平,这其中既考虑了深圳市经济社会发展状况,也考虑了养老金全国统筹的宏观背景,并报经市政府批准实施,是符合法规和政策的。黄某提出的依照"深圳市月平均养老金水平"作为调整待遇基数的主张没有法律依据。

二审法院认为,《深圳经济特区社会养老保险条例》并没有具体规定基本养老金水平调整方法和计算公式,且明确规定社会保险行政部门有权进行适当调整。根据人社部发〔2015〕6号文件规定,深圳市人社部门可以按照2014年企业退休人员月人均基本养老金的10%合理确定调整水平;根据《深圳经济特区社会养老保险条例》第二十九条的规定,深圳市人社部门可以结合深圳市经济社会发展状况以及深圳市上年度在岗职工月平均工资增长情况,适当调整退休人员的基本养老金水平。据此,深圳市人社部门作出"2015年调整企业退休人员基本养老保险待遇中的普遍调整部分为每人每月按照113元定额"的决定,符合《深圳经济特区社会养老保险条例》以及国家政策的规定。《深圳经济特区社会养老保险条例》第二十九条规定的"本市上年度在岗职工月平均工资增长情况"与黄某主张的"深圳市2014年人均基本养老金3 459元的5%"是两个概念。没有法律规范规定调整企业退休人员基本养老保险待遇一定要按照"深圳市上年度人均基本养老金的5%"增长。故黄某的该主张缺乏法律依据,不予支持。深人社规〔2015〕9号文件涉及的2015年调整企业退休人员基本养老保险待遇的调整标准符合法律规定。但需要指出的是,《深圳经济特区社会养老保险条例》作为经济特区地方性法规,在深圳市应当优先适用。故深圳市人社局调整企业退休人员基本养老保险待遇的职权来源于《深圳经济特区社会养老保险条例》第二十九条的规定。深圳市人社局应该以该法律条文作为其调整企业退休人员基本养老保险待遇的职权依据,而非以粤人社发〔2015〕64号文件作为调整职权的依据。深人社规〔2015〕9号文件中没有引用《深圳经济特区社会养老保险条例》第二十九条作为制定依据,属于引用职权依据不完整,由此引起黄某的误解和诉讼,予以指正。调整通知书系根据深人社规〔2015〕9号文件,故亦应支持。判决驳回黄某上诉,维持原判。

黄某仍不服,向广东省高级人民法院申请再审。再审法院认为,深人社规〔2015〕9号文件对2015年企业退休人员基本养老保险待遇的调整符合《深圳经济特区社会养老保险条例》及国家政策规定,黄某再审请求不能成立,裁定驳回申请。[一审:(2015)深福法行初字第1333号;二审:(2016)粤03行终336号;再审:(2017)粤行申447号]

评析

本案涉及基本养老金调整的法律依据以及惯例在待遇调整中的影响,对于未来调待政策的适用以及基本养老金调整制度的确定具有重要意义。

一、关于基本养老金调整的法律依据

虽然《中华人民共和国社会保险法》第十八条对基本养老金的调整作了规定,但属于原则性、指导性规定,无法直接作为养老金调整的依据。由此,本案涉及的最为核心的问题是如何适用人社部发〔2015〕6号、粤人社发〔2015〕64号、深人社规〔2015〕9号、《深圳经济特区社会养老保险条例》等文件规定以及这些文件之间的法律关系。

首先,这些文件都属于规范性文件,能否作为养老金调整行为——具体行政行为的法律依据?传统行政法理论认为,对于具体行政行为来说,"法无授权不可为"。这里的"法"指的是全国人大及其常委会制定的基本法律、国务院制定的行政法规,规范性文件不能作为具体行政行为的法律依据,地方性法规亦如此。这主要是为了保护法律主体的人身自由和财产不被非法剥夺。但是,养老金的给付(包括调整)行为属于授益性具体行政行为,是给予公民权益,因此无须遵循传统的狭义的法的限制,规范性文件可以作为调整养老金给付标准的法律依据。

其次,地方性法规在本地区内具有较高位阶的法律效力,相对于规范性文件,应当优先适用。但是,《深圳经济特区社会养老保险条例》也仅仅是给出养

老金调整的指导性原则，并没有具体规定基本养老金的调整方法和计算公式，无法依据该条例直接调整养老金；人社部发〔2015〕6号文件同样存在这一问题，而且其明确"各地区的具体调整办法，由各省、自治区、直辖市人民政府……确定"，由此，经过国务院主管部门备案的粤人社发〔2015〕64号文件实际是本案养老金调整的直接法律依据。深人社规〔2015〕9号文件是执行粤人社发〔2015〕64号文件的结果，而黄某的异议实质则在于，深圳市不应当执行粤人社发〔2015〕64号文件，而应当根据地方性法规制定单独的调整办法。从立法权力角度来看，由于深圳市作为经济特区，拥有比较广泛的地方法规立法权限，确实可以不同于广东省的规定。但是，广东省人社厅毕竟是深圳市人社局的上级主管部门，在没有深圳市人大及其常委会的特定规定时，深圳市人社局必须尊重和执行广东省人社厅的政策要求。因此深人社规〔2015〕9号文件是合法有效的，黄某的异议主张不能成立。

二、基本养老金调整的惯例及其影响

本案中，黄某之所以提出异议，一个很重要的原因就是之前历次养老金调整幅度较大，本次调整中人社部发〔2015〕6号文件也规定"总体调整水平按照2014年企业退休人员月人均基本养老金的10%确定"，而深圳市本次调待中实际调整幅度低于这一比例，由此引发个人不满。

社会保障待遇具有刚性特征，人们期待待遇水平越来越高，而反感待遇水平的降低（包括预期增长水平的下降）。从法律的视角分析，长期高水平、缺乏明晰计算标准的养老金调整方案会形成养老金调待惯例，而惯例可以作为社会保障给付中行政行为的法律渊源，即惯例一旦形成，将要求行政主体依照惯例作出具体行政行为。惯例的持续时间越长，其产生的法律拘束力越强，作出改变的阻力就越大。本案以及类似的诉讼都是这一状况的体现。近些年国家的养老金调整幅度已经有所下降，一定程度上改变了原有的预期，值得肯定。但是由于具体调整规则的缺失，养老金调整惯例仍有可能继续形成，仍然可能使退休人员产生不合理的预期，对未来养老金改革产生不利影响。解决这一问题的主要措施就是尽快建立基本养老金正常调整制度。

三、及时建立基本养老金调整制度的必要性

建立基本养老金正常调整制度,根据职工平均工资增长、物价上涨等具体情况,正常、有规律地对养老金进行调整,不仅可以对养老金进行上调,也应当允许对养老金进行下调,但必须依据具体而明确的参数,使公众明了为何上调、为何下调以及具体的调整金额是如何确定的。这不仅是落实、执行《中华人民共和国社会保险法》的要求,保障基本养老保险制度可持续发展的必要举措,也是引导社会预期、维护社会稳定的必然要求。

法律规则的基本功能就是通过告知人们未来应当会怎么样,知道什么是可能的,什么是不可能的,从而指引人们合理规划自己的行为,形成合理的社会预期,有助于社会秩序的稳定。这一切均依赖于法律规则的清晰和具体。现行纯粹依据行政命令个别化地调整基本养老金,不仅不能使人们形成合理的社会预期,反而会因为调整惯例产生不切实际的社会预期,须加以避免。

第三章
基本医疗（生育）保险

补缴医疗保险费后个人账户的补注

◎ 裁判要旨

地方性法规仅明确了超过三个月补缴医疗保险费后，欠缴期间参保人员发生的有关医疗费用由负有缴费义务的用人单位负担，并未规定补缴到账的医疗保险费是否应当在职工医疗保险个人账户中补注。因此，医疗保险经办机构对补缴的医疗保险费未在职工医疗保险个人账户中补注的法律依据不足。

◎ 案情

医保局医疗保险管理信息系统记载，罗某为广州市城镇职工医疗保险（本案以下简称职工医保）参保人，开始缴费日期为2007年7月，累计缴费年限为39个月。其中2011年6月至2011年11月的职工医保费由A餐饮公司于2014年4月2日补缴到账；2012年3月至2013年2月的职工医保费由B环保技术公司于2015年1月26日补缴到账。广州市职工医保缴费信息中并无罗某2004年2月至7月以及2011年5月的缴费记录。由于医保局对罗某补缴部分的职工医保个人账户资金未予补注，罗某不服，遂提起行政诉讼，要求医保局补注其职工医保个人账户资金,并赔偿精神损害。

审判

一审法院认为,《中华人民共和国社会保险法》第二十三条第一款规定,职工应当参加职工基本医疗保险,由用人单位和职工按照国家规定共同缴纳基本医疗保险费。《广州市社会医疗保险条例》第三十条第二款规定,用人单位在欠缴之日起三个月内补缴欠缴费用、利息和滞纳金的,给予参保人员计算缴费年限,参保人员可予追溯享受欠缴期间的社会医疗保险待遇。用人单位超过三个月补缴欠缴费用、利息和滞纳金的,给予参保人员计算缴费年限,欠缴期间参保人员发生的有关医疗费用由负有缴费义务的用人单位负担。罗某 2011 年 6 月至 2011 年 11 月以及 2012 年 3 月至 2013 年 2 月的职工医保费均是在欠缴超过三个月后补缴到账,医保局对罗某该两段时间的职工医保个人账户资金不予补注符合上述规定。罗某职工医保缴费信息中并无 2004 年 2 月至 7 月以及 2011 年 5 月的缴费记录,故罗某要求补注该段时间的职工医保个人账户资金的主张不能成立。至于罗某主张精神损害赔偿亦无相应的事实和法律依据,不予支持。判决驳回罗某诉讼请求和赔偿请求。

罗某不服一审判决,提起上诉称:①根据《中华人民共和国社会保险法》《劳动保障监察条例》《社会保险费征缴暂行条例》《中华人民共和国行政强制法》相关规定,造成社会医疗保险基金、用人单位或者个人损失的,社会保险费征收机构应当依法承担赔偿责任。依法代缴社会保险费是用人单位的法定义务,具有强制性,不属于劳资双方协商或劳动者可以自愿放弃的范围,且用人单位补缴社会保险费不受时效的限制。由于社保局未履行法定职责及时强制用人单位缴纳罗某的社会保险费,造成了罗某的损失应由社保局赔偿。②罗某与用人单位的一系列民事诉讼、劳动仲裁法律文书可以证明,用人单位故意未缴纳罗某的社会保险费,不是罗某本人故意拖延。社保局应履行法定职责及时为劳动者追缴社会保险费,因此社保局应承担不作为的后果,返还罗某职工医保个人账户 4 760 元。③罗某应该于 2014 年 1 月可以领取养老金,由于社保局的行政不作为,致其 2015 年 5 月才领到养老金,损失的 15 个月养老金共 22 065 元应由社保局承担赔偿责任。

社保局答辩称：①一审判决审理查明事实清楚正确，并有充分证据证明，依据法律规定作出的判决应予维持。②罗某提起上诉要求支付职工医保个人账户金额及认定缴费年限请求没有任何事实和法律依据，依法必须予以驳回。罗某要求医保局支付20个月的职工医保个人账户金额和认定2004年2月至7月的缴费年限不符合法律、法规规定。根据《广州市社会医疗保险条例》第三十条的规定，超过三个月补缴欠缴费用、利息和滞纳金的，只给予参保人员计算缴费年限，不予追溯享受欠缴期间的社会医疗保险待遇（包括统筹待遇和个人账户待遇）。其中，欠缴期间参保人员发生的有关医疗费用，《广州市社会医疗保险条例》已明确规定由负有缴费义务的用人单位负担。医疗保险管理信息系统未发现罗某2004年2月至7月的缴费记录。根据《广州市社会医疗保险条例》第七条规定，社保局作为广州市社会医疗保险经办机构，负责接收社会保险费征收机构（地税局）对用人单位、参保人的缴费征收数据在医疗保险管理信息系统上进行个人缴费信息汇总登记，已充分履行相应职责。③社保局为医疗保险经办机构，职能范围限于医疗保险及其他社会保险险种的医疗服务内容。参保人退休事宜并非社保局的职能范围，因此罗某退休延迟领取养老金与社保局不存在任何关系。罗某要求社保局赔偿其退休延迟的精神损害的诉讼请求，没有任何事实和法律依据。

二审法院认为，《中华人民共和国社会保险法》第二十三条第一款和《广州市社会医疗保险条例》第三十条第二款，仅明确了超过三个月补缴医疗保险费后欠缴期间参保人员发生的有关医疗费用由负有缴费义务的用人单位负担，并未规定补缴到账的医疗保险费是否应当在职工医保个人账户中补注。因此，社保局对罗某于2011年6月至2011年11月以及2012年3月至2013年2月期间欠缴后补缴的医疗保险费未在其职工医保个人账户中补注的法律依据不足。社保局对罗某医疗保险账户的核定不当，依法应予撤销。罗某职工医保缴费信息中并无2004年2月至7月以及2011年5月的缴费记录，故其要求补注该段时间的职工医保个人账户资金的主张不能成立。另外，罗某主张精神损害赔偿亦无相应的事实和法律依据。判决撤销一审判决；社保局对罗某的医疗保险账户进行重新核定；驳回罗某的其他诉讼请求。

第三章
基本医疗（生育）保险

罗某仍不服二审判决，向广东省高级人民法院申请再审。再审法院认为，《广州市社会医疗保险条例》第三十条仅规定用人单位超过三个月补缴欠缴费用的应对欠缴期间的有关医疗费用负责，并未规定补缴到账的职工医保费是否应当在职工医保个人账户中补注，二审法院认定医保局对罗某的该项医疗保险账户的核定不当，要求医保局重新核定，并无不妥。罗某其他诉求没有事实和法律依据，理由不能成立。裁定驳回罗某的再审申请。[一审：（2015）穗越法行初字第269号；二审：（2015）穗中法行终字第1674号；再审：（2016）粤行申1493号]

评析

医疗保险费的补缴是一项常态化的工作，对于贯彻落实医疗保险法律制度、保证医疗保险基金的应缴尽缴、保护被保险人的医疗保险权益具有重要意义。但目前无论是《中华人民共和国社会保险法》《社会保险费征缴暂行条例》还是全国层面的其他规范性文件，均未对医疗保险费补缴后应否补注被保险人医疗保险个人账户作出明确规定。地方医疗保险立法及政策亦未对此作出规范。在缺乏明确规则的情形下，医疗保险经办机构的处置行为会产生法律风险，对此应进行分析并在制度层面予以完善。

一、医疗保险的停效、复效与宽限期

《广州市社会医疗保险条例》第三十条第二款规定，用人单位在欠缴之日起3个月内补缴欠缴费用、利息和滞纳金的，给予参保人员计算缴费年限，参保人员可予追溯享受欠缴期间的社会医疗保险待遇；用人单位超过3个月补缴欠缴费用、利息和滞纳金的，给予参保人员计算缴费年限，欠缴期间参保人员发生的有关医疗费用由负有缴费义务的用人单位负担。这里涉及医疗保险的停效、复效及宽限期制度。

《中华人民共和国社会保险法》未对医疗保险的停效、复效制度予以规定。其他各地医疗保险政策与上述广州市规定大同小异，亦未明确"参保人员可予追溯享受欠缴期间的社会医疗保险待遇""用人单位超过3个月补缴欠缴费用、利

息和滞纳金的，给予参保人员计算缴费年限"和"欠缴期间参保人员发生的有关医疗费用由负有缴费义务的用人单位负担"的法律属性。

《中华人民共和国保险法》对保险合同的停效与复效作了规定。其第三十六条规定，投保人支付首期保险费后，除合同另有约定外，投保人自保险人催告之日起超过30日未支付当期保险费，或者超过约定的期限60日未支付当期保险费的，合同效力中止，或者由保险人按照合同约定的条件减少保险金额。被保险人在前款规定期限内发生保险事故的，保险人应当按照合同约定给付保险金，但可以扣减欠交的保险费。其第三十七条规定，合同效力依照第三十六条规定中止的，经保险人与投保人协商并达成协议，在投保人补交保险费后，合同效力恢复。但是，自合同效力中止之日起满2年双方未达成协议的，保险人有权解除合同。有学者认为这属于保险合同效力的中止。保险合同效力的中止，是指保险合同在其生效后，因法定或者合同约定的事由而暂时失去法律效力的情况。① 亦有学者认为这属于保险契约效力暂时停止。② 所谓停效，就是在保险契约存续期间，因某种原因，而使保险契约的效力处于暂时停止的状态。③ 比较而言，效力停止之说更为明晰，明确了法律后果，即保险人对于保险合同效力中止期间发生的保险事故，是不承担保险责任的。④ 在保险合同的中止期间，即使有保险事故发生，保险人亦不负给付保险金的责任。⑤ 在保险契约停止期间，保险人不负担保危险之责任。⑥ 所谓复效，乃将已经停止效力的保险契约，因要保人为复效的申请，而于特定原因消除时，产生与契约停效前具有相同效果的法律行为，即使保险契约的效力自停止状态重新回复为有效的法律行为，使保险的功能得以延续。⑦

停效或复效制度对于保护保险合同各方当事人利益、实现保险法目的具有重要意义。一方面，保险权利的享受依赖于保险费的缴纳，这也是保险人得以存续

---

① 贾林青. 保险法 [M]. 北京：中国人民大学出版社，2014：138.
② 梁宇贤. 保险法新论 [M]. 北京：中国人民大学出版社，2004：142.
③ 江朝国. 保险法逐条释义（第四卷）[M]. 台北：元照出版有限公司，2015：442.
④ 贾林青. 保险法 [M]. 北京：中国人民大学出版社，2014：138.
⑤ 范健，王建文，张莉莉. 保险法 [M]. 北京：法律出版社，2017：208.
⑥ 梁宇贤. 保险法新论 [M]. 北京：中国人民大学出版社，2004：142.
⑦ 江朝国. 保险法逐条释义（第四卷）[M]. 台北：元照出版有限公司，2015：457.

第三章
基本医疗（生育）保险

的根基。在投保人长期不缴纳保险费的情形下，要求保险人继续承担保险责任违背保险合同约定，亦有违公平，故应当允许保险人针对投保人长期不缴纳保险费的情形不予承担保险责任，亦即发生保险合同效力停止的后果。另一方面，在分期缴纳保险费的情形下，投保人并不是总能按期及时缴纳保险费，为了保护投保人之前长期缴纳保险费的合理利益，防止保险人以投保人未及时缴纳保险费为由随意解除合同，允许投保人在逾期缴纳保险费之后的一定期限内补缴保险费，恢复合同效力。[1] 在对投保人、被保险人利益予以保护的前提下，为了防止投保人长期不补缴保险费而使保险合同效力停止状态长期延续后再申请复效而导致保险人不利境地，平衡保险合同当事人利益，故立法设定了申请复效的期限，即宽限期。宽限期系指当要保人已逾约定缴保险费之日后，一定期间内使该契约仍为有效，只有在此一定期间经过后，契约效力方才停止。[2]

以保险法理论观之，《广州市社会医疗保险条例》第三十条第二款正是创设了医疗保险的停效、复效和宽限期制度。其宽限期为3个月，自投保人（用人单位或者缴费个人）欠缴之日起算；3个月内，医疗保险关系的主效力——医疗保险待遇享受与给付停止；在此期间内，投保人补缴欠缴费用、利息和滞纳金的，该效力恢复；投保人未在该期间内补缴欠费的，针对该期间的可能的医疗保险待遇享受与给付的权利义务彻底丧失。此项制度体现了社会保险权利与义务对应的原则。这一原则要求，被保险人欲享受医疗保险待遇，应当先履行缴费的义务。这是保障医疗保险基金给付能力的必然要求，也是医疗保险制度可持续发展的根本要求。由于社会保险是以保障生存权为重要目的，因此确定发生的风险属于社会保险的保障范围。即便个人身患重病，医疗保险也不能拒绝承保，这和商业保险是完全不同的。但这并不意味着只要个人参保缴费，医疗保险基金就应当给付。如果每个人都在罹患疾病、遭受伤害后才开始缴费，无病时不缴费、病愈后停止缴费，医疗保险基金是无法持续的，个人的医疗救治权益也无法获得保障。因此，除了实行强制缴费制度以外，针对特定情形设立医疗保险的停效与复效制

---

[1] 杜万华. 最高人民法院关于保险法司法解释（三）理解与适用 [M]. 北京：人民法院出版社，2015：186.

[2] 江朝国. 保险法逐条释义（第四卷）[M]. 北京：元照出版有限公司，2015：450.

度非常必要。

二、医疗保险个人账户的补注是否属于医疗保险待遇给付

本案中，医疗保险经办机构拒绝将补缴的医疗保险费补注被保险人医疗保险个人账户，理由是地方政策规定超过宽限期后，用人单位欠缴医疗保险费期间被保险人发生的医疗费用由用人单位支付，医疗保险基金不予支付；若补注医疗保险个人账户即对医疗费用予以支付，不符合前述规定，故不应补注。此观点有一定道理。《国务院关于建立城镇职工基本医疗保险制度的决定》（国发〔1998〕44号）规定"基本医疗保险基金实行社会统筹和个人账户相结合""基本医疗保险基金由统筹基金和个人账户构成"。医疗保险个人账户的资金不属于医疗保险待遇，而属于医疗保险基金，社会保险基金为社会保险待遇给付的财务基础，两者不属于同一概念，法律性质迥异，显属当然。医疗保险个人账户资金专门用于被保险人医疗费用的给付，医疗保险政策对于这部分资金的使用一直处于严格管控状态①，对被保险人医疗保险个人账户予以补注，被保险人自然会将其用于自己医疗费用的支付，包括用于已经发生的欠缴期间的医疗费用，实质上发生由医疗保险基金部分支付欠缴期间医疗费用的效果。但是作者认为，即便如此，亦不能拒绝医疗保险个人账户的补注。

第一，在医疗保险个人账户资金与医疗费用显属不同的前提下，以不应支付医疗费用为由拒绝补注医疗保险个人账户，缺乏法律依据。

第二，在补缴补注的情形下，目前医疗保险立法和政策并未强制要求被保险人将该补注的个人账户资金用于已经发生的欠缴医疗保险费期间的医疗费用，而且除非该医疗费用尚未支付，否则无法将资金用于该项支付。对于已经发生的医疗费用，被保险人使用自有资金支付自己应承担的医疗费用后，基于货币的种类物特征，即便允许自由提取个人账户资金，也无法认定提取的个人账户资金完全成为个人资金后即专项用于"代替"之前自付的医疗费用。只有在对医疗机构尚未支付该自付医疗费用时，补注后将个人账户资金用于对医疗机构债务清偿，才

---

① 王成艳. 医保个人账户"家庭共济"具有样本意义［N］. 检察日报, 2017-01-11（5）.

第三章
基本医疗（生育）保险

会在实质上发生"支付"该部分医疗费用的效果。而这种情形极少会发生，医疗机构通常会要求个人先行支付，很少发生长期拖欠医疗费用的情形。

第三，在本质上，医疗保险个人账户资金属于被保险人个人所有，应当允许其用于欠缴期间的医疗费用。《国务院关于建立城镇职工基本医疗保险制度的决定》规定，个人账户的本金和利息归个人所有，可以结转使用和继承。个人账户资金作为职工私有财产，其划入额度、余额查询、对账等，成为参保人员医疗保险生活的一个部分，备受参保人员的关注。① 从法理上讲，无论是个人缴费部分还是单位缴费部分，都是个人劳动所得，理应归个人所有。② 对个人账户的使用，虽然设置了很多限制，但对于其性质，一般认为其所有权属于被保险人，不宜在根本上禁止其使用；个人账户主要是由个人缴费形成，逆向选择的影响程度极其有限；在一定程度上允许即时使用个人账户，有利于更好地保障被保险人个人权益，同时又不会影响统筹基金的安全。缴费义务人履行缴费义务后，当月即应当将相应资金划拨或计入个人账户。③ 申言之，医疗保险个人账户资金属于被保险人本人所有，制度设置的根本目的就是将其用于被保险人的医疗费用支出（门诊或自付部分），即便用于已经发生的医疗费用的支付，亦符合支付创立目的，没有禁止的理由。

三、医疗保险经办机构能否基于"法无授权不可为"而拒绝补注个人账户

二审法院认为，对于补缴的医疗保险费应当补注个人账户的理由是，立法及政策并未规定补缴到账的职工医保费用是否应当在职工医保个人账户中补注，故未予补注的法律依据不足。其逻辑基础在于，既然法律规则未禁止补注，则应当补注。该逻辑根源于"法无禁止皆可为"这一私法适用的基本原则。司法机关未对为何适用这一基本原则进行阐述。

从医疗保险制度的法律属性来看，适用这一原则值得商榷。更多意见可能认

---

① 傅鸿翔. 职工医保个人账户政策分析与建议 [J]. 中国医疗保险，2012（8）：45.
② 王成艳. 医保个人账户"家庭共济"具有样本意义 [N]. 检察日报，2017-01-11（5）.
③ 向春华. 社会保险请求权与规则体系 [M]. 北京：中国检察出版社，2015：297.

为，医疗保险经办机构补注医疗保险个人账户资金属于行政行为，执行的是行政权力，属于公法行为，应当适用"法无授权不可为"而不是私法的"法无禁止皆可为"。

作者认为，医疗保险经办机构补注医疗保险个人账户资金属于行使行政权力的具体行政行为，且对医疗保险基金的影响极大，不能适用"法无禁止皆可为"的原则。更为简单的理由则是，如果适用这一原则，则意味着医疗保险经办机构可以随意向个人账户划拨资金——相关立法和政策虽然规定了向个人账户划拨的比例，但并未禁止超规定比例划拨。另外，医疗保险制度属于社会保障法范畴，不同于警察行政、税务行政等秩序行政下的羁束行政行为，也不宜适用"法无授权不可为"，应考量制度目的等基本理论确定是否应当补注。

四、补注医疗保险个人账户的合法性与合理性

作者认为，补缴医疗保险费后，应当将应计入个人账户的部分计入个人账户，同时还应当计入相应的利息。

第一，从医疗保险个人账户的性质来看，如前所述，我国政策将其确定为个人财产，在此基础上，将应当计入个人账户的资金不予计入，实际是对个人财产权的侵权。在欠缴医疗保险费的情形中，应当计入个人账户的缴费（包括个人的全部缴费和用人单位的部分缴费）因为用人单位欠费的违法行为而不能计入，在对此部分缴费补缴后仍然不予计入，减损了个人账户资金，系对被保险人财产权的侵害，缺乏法律依据，亦没有正当法律基础。

第二，从违法行为纠正/权利损害的填补视角来看，任何人应当对自己的行为负责，有权利损害，就必须有法律救济。《中华人民共和国侵权责任法》第二条规定，侵害民事权益，应当依照该法承担侵权责任；该法所称民事权益，包括生命权、健康权、姓名权、名誉权、荣誉权、肖像权、隐私权、婚姻自主权、监护权、所有权、用益物权、担保物权、著作权、专利权、商标专用权、发现权、股权、继承权等人身、财产权益。第六条规定，行为人因过错侵害他人民事权益，应当承担侵权责任。医疗保险个人账户归被保险人个人所有，属于其个人财产，用人单位因为违法行为侵害其财产（应计入个人账户而未计入），符合上述

第三章
基本医疗（生育）保险

理论及《中华人民共和国侵权责任法》规定，社会保险费征收机构纠正用人单位的违法行为后，应当将其中针对个人财产损失的部分计入个人账户，以填补被保险人的权利损害。

第三，从医疗保险基金的结构与缴费的关系来看，医疗保险缴费包括用人单位缴费部分和个人缴费部分，补缴也同样是这两个部分的补缴，如果对补缴费用不予补记个人账户，则意味着将职工个人缴纳的部分也归入统筹基金。虽然个人补缴部分也是由用人单位统一补缴，但对于个人应承担部分，用人单位有权要求个人承担，通常也是由个人实际承担；在很多情形下，系由个人先将个人应承担的医疗保险费交至用人单位，然后由用人单位统一补缴。目前的法律框架下，将被保险人个人缴纳的医疗保险费纳入统筹基金，没有法律依据。将用人单位缴纳的应当计入个人账户的部分亦全部划入统筹基金，也缺乏法律依据。用人单位和个人缴费中应计入个人账户的部分，除了个人账户，并无其他去处。

第四，关于利息损失的补偿与计入。基于过错责任原则，对于因为用人单位的违法缴费行为而遭受的损失均应予以填补，因此，仅仅对被保险人个人账户本金损失的填补（补注）未完全弥补被保险人的损失。在就补缴费用补注个人账户时，应当根据应划拨的个人账户资金计算出利息损失——根据个人账户资金的收益率计算，并予以补注。根据《广州市社会医疗保险条例》第三十条第二款规定，欠费后用人单位应补缴欠缴费用、利息和滞纳金。既然已经要求用人单位补缴利息，那么其中应划入个人账户资金所对应的利息如不划入个人账户，也缺乏合理性。事实上，根据《中华人民共和国社会保险法》规定，用人单位欠费后需要缴纳滞纳金，滞纳金的标准远超利息。只要征收了滞纳金，就应当从中划拨个人账户利息损失予以补注。

退休人员医疗保障的解决

🌐 裁判要旨

2014年1月1日实施的《深圳市社会医疗保险办法》第八条第（三）项规定，达到法定退休年龄后随迁入户深圳市且没有按月领取职工养老保险待遇或退休金的人员可申请参加基本医疗保险一档。

🕐 案情

吴某于1945年出生，2000年将户口自江西省赣州市迁入广东省深圳市，2012年在江西省赣州市一次性补缴基本养老保险费后享受基本养老保险待遇。2014年4月3日，江西省赣州市章贡区医保局出具证明，称吴某未在该区参加过城镇职工基本医疗保险、城镇居民基本医疗保险。吴某要求在深圳市参加基本医疗保险，2014年6月6日，深圳市社保局作出"关于吴××信访件的回复"（本案以下简称回复），称基本医疗保险实行的是现收现付制，即是用参保人的当年缴费支付当年的医疗费用，同时我国的政策规定基本医疗保险按属地化管理原则进行管理，实行的是地区统筹制度，参保人的基本医疗保险在职时由劳动关系所在地负责，退休后由发放退休金的所在地负责，基本医疗保险的待遇标准随退休所在地标准。人社部、财政部、国资委、监察部《关于妥善解决关闭破产国有企业退休人员等医疗保障有关问题的通知》（人社部发〔2009〕52号）要求各地制定具体的实施办法，将尚未参保的、关闭破产集体企业等其他各类关闭破产企业退休人员和困难企业职工纳入城镇职工基本医疗保险。故根据上述政策和文件精神，吴某已在江西省赣州市退休且参加基本养老保险，但因所在单位未参保等各类原因导致其无法享受基本医疗保险待遇，应由退休单位所在地解决基本医疗保险问题。吴某不服，提起行政诉讼，请求撤销深圳市社保局作出的回复，并责令该局重新作出处理。

第三章
基本医疗（生育）保险

审判

一审法院认为，2014年1月1日实施的《深圳市社会医疗保险办法》第三条规定，深圳市所有用人单位、职工及其他人员应按照该办法的规定参加社会医疗保险。本案中，吴某已在江西省赣州市退休，不符合2014年1月1日实施的《深圳市社会医疗保险办法》第八条规定的可在深圳市参加基本医疗保险的各项条件。《关于妥善解决关闭破产国有企业退休人员等医疗保障有关问题的通知》第一条规定，各地要采取切实有效措施，于2009年年底前将未参保的关闭破产国有企业退休人员纳入当地城镇职工基本医疗保险；同时统筹解决包括关闭破产集体企业退休人员和困难企业职工等在内的其他各类城镇人员医疗保障问题，切实保障他们的基本医疗需求。深圳市社保局据此作出回复，告知吴某应由其退休单位所在地解决基本医疗保险问题，符合上述规定，并无违法或不当，依法予以支持。判决驳回吴某的诉讼请求。

吴某不服一审判决，上诉称：2014年1月1日实施的《深圳市社会医疗保险办法》第八条第（三）项规定，达到法定退休年龄后随迁入户深圳市且没有按月领取职工养老保险待遇或退休金的人员可申请参加基本医疗保险一档。该条款规定与人社部、财政部《关于解决未参保集体企业退休人员基本养老保障等遗留问题的意见》（人社部发〔2010〕107号）相抵触，不应作为拒绝其在深圳市参加基本医疗保险的依据。吴某于1995年退休，没有按月领取养老金，直至2012年2月才按人社部发〔2010〕107号文件补缴基本养老保险费，享受基本养老保险待遇。因人社部发〔2010〕107号文件只解决基本养老保险的历史遗留问题，未解决基本医疗保险问题，故全国按该文件解决基本养老保险问题的职工均只能凭户籍在当地参加城镇居民基本医疗保险。吴某于2000年将户口自赣州市迁入深圳市，故其只能在深圳市以随迁入户人员的身份参加城镇居民基本医疗保险。《关于妥善解决关闭破产国有企业退休人员等医疗保障有关问题的通知》规定，对确有困难，难以参加职工基本医疗保险的，经省级人民政府批准纳入城镇居民基本医疗保险。《关于印发〈中华人民共和国社会保险法〉宣传提纲的通知》（人社部发〔2010〕80号）规定，《中华人民共和国社会保险法》的立法原则是让广大人民群众共享发展成果，努力实现制度无缺失、覆盖无遗漏、衔接无缝隙，使全体人民在养老、医疗等方面有基本保障；基本医疗保险制度覆盖我国全体人民。《中共中央　国务院关于深化医药卫生体制改革的意见》（中发〔2009〕6号）规定，到2010年基本医疗保险制度全面覆盖城乡居民。《关于学习贯彻社会保险法的通知》（人社部发〔2010〕79号）规定，要对照《中华人民共和国社会保险法》规定抓紧清理现行社会保险方面的法规、规章和规范性文件，与《中华人民共和国社会保险法》不一致或相抵触的要在法律生效实施前予以修订或废止，以维护法制统一性。2008年3月1日实施的《深圳市社会医疗保险办法》第八条第一款第（五）项规定，综合医疗保险适用于达到法定退休年龄后具有深圳市户籍且未在国内其他地方享受医疗保障的人员，而2014年1月1日实施的《深圳市社会医疗保险办法》第八条第（三）项却规定，达到法定退休年龄后随迁入户深圳市且没有按月领取职工养老保险待遇或退休金的人员可申请参加基本医疗保险一档，将没有按月领取职工养老保险待遇或退休金作为可以申请参加基本医疗保险的前提条件，明显与上述人社部等部门的发文相抵触。吴某为没有参加基本医疗保险的随迁人员，其无职工基本医疗保险并非由于所在单位未参保，而是退休时尚无职工基本医疗保险制度，故深圳市社保局主张让吴某退休单位所在地解决其基本医疗保险问题明显不当。2014年1月1日实施的《深圳市社会医疗保险办法》第八条第（三）项规定明显与上位法相冲突，深圳市社保局据此认为吴某不能在深圳市参加基本医疗保险缺乏法律依据。

深圳市社保局答辩称，吴某的上诉请求没有法律依据，一审判决认定事实清楚、适用法律正确，请求依法驳回吴某的上诉。

二审法院认为，吴某于1995年7月退休，属于非在职人员，其户籍于2000年迁入深圳市，按2014年1月1日实施的《深圳市社会医疗保险办法》第八条关于非在职人员参加基本医疗保险的规定，其已在江西省赣州市享受基本养老保险待遇，不符合可在深圳市申请参加基本医疗保险的法定条件，故深圳市社保局据此认定吴某不能在深圳市参加基本医疗保险并无不当。吴某主张根据2008年3月1日实施的《深圳市社会医疗保险办法》第八条第一款第（五）项规定，其属于该条款规定的可参加综合医疗保险的人员，但该办法已于2014年1月1日

第三章
基本医疗（生育）保险

废止。此外，2014年1月1日实施的《深圳市社会医疗保险办法》系深圳市人民政府为建立健全深圳市社会医疗保险体系而制定的具体操作规范，并未与《中华人民共和国社会保险法》关于医疗保险的相关规定存在冲突，故对于吴某提出2014年1月1日实施的《深圳市社会医疗保险办法》与上位法相冲突的主张，不予采纳。判决驳回上诉，维持原判。

吴某仍然不服，申请再审。再审法院重审了一、二审法院意见，裁定驳回了吴某的再审申请。[一审：（2015）深福法行初字第453号；二审：（2015）深中法行终字第1218号；再审：（2016）粤行申1564号]

评析

一、《深圳市社会医疗保险办法》的合法性评价

本案涉及的基本问题是，公民应在何地参加基本医疗保险，亦即基本医疗保险适用的被保险人范围如何界定。

就本案而言，吴某的诉求能否成立的关键在于2014年1月1日实施的《深圳市社会医疗保险办法》第八条第（三）项规定是否合法。该条款规定，达到法定退休年龄后随迁入户深圳市且没有按月领取职工养老保险待遇或退休金的人员可申请参加基本医疗保险一档。吴某认为，这与上位法存在冲突；各级法院认为，该项规定不存在法律冲突。

《中华人民共和国社会保险法》未对基本医疗保险被保险人的属地管辖作出明确规定。人社部、财政部《关于解决未参保集体企业退休人员基本养老保障等遗留问题的意见》未涉及医疗保障问题。人社部、财政部、国资委、监察部《关于妥善解决关闭破产国有企业退休人员等医疗保障有关问题的通知》规定，各地要采取切实有效措施，于2009年年底前将未参保的关闭破产国有企业退休人员纳入当地城镇职工基本医疗保险；统筹解决包括关闭破产集体企业退休人员和困难企业职工等在内的其他各类城镇人员医疗保障问题，切实保障他们的基本医疗需求；各地要制定具体的实施办法，切实将目前尚未参保的、关闭破产集体企业等其他各类关闭破产企业退休人员和困难企业职工纳入城镇职工基本医疗保险；

对确有困难、难以参加城镇职工基本医疗保险的，经省级人民政府批准纳入城镇居民基本医疗保险，中央财政按照城镇居民基本医疗保险有关规定给予补助。省级人民政府要明确参加城镇居民基本医疗保险企业的具体标准和审批程序，省级人力资源社会保障等部门要认真按照规定严格组织实施，防止有缴费能力的企业逃避参加城镇职工基本医疗保险的缴费责任，损害退休人员和职工权益。但是该文件亦未对无医疗保障的已退休人员户籍迁入深圳市后医疗保障如何解决作出规定。故不能认为《深圳市社会医疗保险办法》第八条第（三）项规定违反上位法。就目前的法律和规范性文件规定来看，该规定难言不合法，法院裁判的法律依据比较充分。

但无可置疑的是，无论是基于《中华人民共和国社会保险法》的精神，还是上述政策性规范，吴某均应当获得基本医疗保障。本案中，由于地方法律规则的限制，导致吴某无法获得基本医疗保障，则表明现行基本医疗保险制度参保规则存在漏洞，应当进行漏洞填补。从此视角来看，《深圳市社会医疗保险办法》第八条第（三）项是否具备合理性，仍值得探讨。由此涉及的首要问题便是如何界分城镇职工基本医疗保险和城乡居民基本医疗保险的被保险人范围。

二、城镇职工基本医疗保险和城乡居民基本医疗保险被保险人范围界分

目前我国基本医疗保险采行的乃是二元结构体系，即城镇职工基本医疗保险和城乡居民基本医疗保险（目前仍有部分省份尚未实现城镇居民基本医疗保险与新型农村合作医疗的整合）。除《中华人民共和国社会保险法》外，顶层制度规范前者主要适用《国务院关于建立城镇职工基本医疗保险制度的决定》（国发〔1998〕44号），后者主要适用《国务院关于整合城乡居民基本医疗保险制度的意见》（国发〔2016〕3号）。

在深圳，从形式上来看，对上述二元结构体系进行了调整，没有在形式上再区分城镇职工基本医疗保险与城乡居民基本医疗保险，而是在社会医疗保险一个制度下分设了不同缴费档次以及对应的待遇标准。《深圳市社会医疗保险办法》规定，基本医疗保险根据缴费及对应待遇分设一档、二档、三档三种形式。其第

第三章
基本医疗（生育）保险

九条规定，职工参加基本医疗保险一档的，以本人月工资总额8%的标准按月缴费，其中用人单位缴交6%，个人缴交2%；职工参加基本医疗保险二档的，以深圳市上年度在岗职工月平均工资的0.7%按月缴费，其中用人单位缴交0.5%，个人缴交0.2%；职工参加基本医疗保险三档的，以深圳市上年度在岗职工月平均工资的0.5%按月缴费，其中用人单位缴交0.4%，个人缴交0.1%。结合待遇规定，其所谓的"一档"实质为城镇职工基本医疗保险，其所谓的"二档"和"三档"实质为城乡居民基本医疗保险。深圳市基本医疗保险虽然在形式上没有采用二元结构体系，但实质上并未脱离这一藩篱。

根据《深圳市社会医疗保险办法》，基本医疗保险一档即城镇职工基本医疗保险，其强制性覆盖的被保险人范围为具有深圳市户籍的职工；其选择性覆盖的被保险人范围为不具有深圳市户籍的职工、达到法定退休年龄前具有深圳市户籍且年满18周岁的非从业居民、达到法定退休年龄后迁入深圳市且没有按月领取职工养老保险待遇或退休金的人员、在深圳市按月领取职工养老保险待遇或退休金的人员、达到法定退休年龄并在深圳市继续缴纳养老保险费的人员、享受最低生活保障待遇的深圳市户籍非从业居民、深圳市户籍一至四级残疾居民。

根据《深圳市社会医疗保险办法》，基本医疗保险二档和三档即城乡居民基本医疗保险的被保险人覆盖范围均为可选择性，包括：不具有深圳市户籍的职工；深圳市户籍未满18周岁的非从业居民、深圳市中小学校和托幼机构在册且其父母一方正在参加深圳市社会保险并满1年以上的非深圳市户籍少年儿童、在深圳市各类全日制普通高等学校（含民办学校）或科研院所中接受普通高等学历教育的全日制学生；达到法定退休年龄前具有深圳市户籍且年满18周岁的非从业居民；领取失业保险金期间的失业人员；在深圳市按月领取职工养老保险待遇或退休金的人员；达到法定退休年龄并在深圳市继续缴纳养老保险费的人员。

从深圳市的规定来看，其对公民参加基本医疗保险作了很多限制，其中，户籍的限制尤为明显。这在一定程度上损害了劳动者的合法权益，也与上位法存在冲突。例如，其允许用人单位对非深圳市户籍劳动者参加基本医疗保险二档和三档即城乡居民基本医疗保险，在极大限度降低用人单位缴费成本的同时，也极大降低了劳动者的应得权益（不仅意味着当期医疗保险待遇的降低，更使劳动者丧失了退休后的医疗保险待遇）。由于《中华人民共和国劳动法》和《中华人民共和国社会保险法》均规定所有与用人单位建立了劳动关系的劳动者均有权参加城镇职工基本医疗保险，用人单位有法定义务为此类劳动者缴纳包括城镇职工基本医疗保险在内的各项社会保险费，地方政策"免除"用人单位的强制性义务、"削减"劳动者权益与此冲突。由于农民工情况的特殊性且其通常不具有深圳市户籍，考虑其特殊性，尊重其意愿而允许其参加城乡居民基本医疗保险，具有一定的合理性。但是"一刀切"地将所有外地户籍人员法定基本医疗保险权益取消，并不具有合理性。较好的选择是，将是参加城镇职工基本医疗保险还是城乡居民基本医疗保险的选择权赋予劳动者，用人单位没有选择权。

根据《赣州市城镇职工基本医疗保险实施办法》（赣市府发〔2001〕29号）、《赣州市城镇职工基本医疗保险市级统筹实施方案》（赣市府办发〔2012〕9号）等规定，辖区内所有企业及其退休人员均应参加城镇职工基本医疗保险。在实践发展中，其允许灵活就业人员参加城镇职工基本医疗保险。《赣州市人民政府关于整合城乡居民基本医疗保险制度的实施意见》（赣市府发〔2016〕33号）规定，城乡居民基本医疗保险制度覆盖范围包括现有城镇居民医疗保险和新型农村合作医疗所有应参保（合）人员，即覆盖除城镇职工基本医疗保险应参保人员以外的其他所有城乡居民；农民工和灵活就业人员依法参加城镇职工基本医疗保险，有困难的可按照有关规定参加城乡居民基本医疗保险。根据这些规定，在赣州市，城镇职工基本医疗保险的强制被保险人为职工以及享受退休后医疗保险待遇的人员；灵活就业人员可以选择参加城镇职工基本医疗保险；其他人员则属于城乡居民基本医疗保险的覆盖对象。

具体到本案，吴某于1995年作为集体企业人员退休时没有按月领取养老金（当时由企业支付退休工资，当企业停产、倒闭时，即无法保障退休人员退休收入），2012年2月按人社部、财政部《关于解决未参保集体企业退休人员基本养老保障等遗留问题的意见》补缴基本养老保险费，享受基本养老保险待遇。在此种情形下，吴某所享受的养老金，虽然与其曾经的集体企业职工身份存在一定的关联——正因为该身份其才得以补缴基本养老保险费并领取养老金，但本质上并非基于其职工身份的对价——补缴的基本养老保险费与其职工身份、工龄没有对应关系，领取的养老金与此也同样没有对应关系。加之其在提出参加基本医疗保险制度诉求时更不具有职工身份，从赣州市基本医疗保险制度来看，其不属于城镇职工基本医疗保险的强制覆盖对象。从吴某身份情况看，如果抛开其户籍不论，其属于"除城镇职工基本医疗保险应参保人员以外的其他城乡居民"，故应属于赣州市城乡居民基本医疗保险的覆盖对象。这也是全国各地基本医疗保险制度普遍的处理方式。城乡居民基本医疗保险制度属于兜底性医疗保障制度，对于职工基本医疗保险无法纳入的人员，均应当允许其参加，以使公民获得基本的、普惠的基本医疗保障，这既是创设城乡居民基本医疗保险制度的根本目的，也是实现"人人享有基本社会保障"战略目标的必然要求。

而本案中将吴某类人员作为城镇职工基本医疗保险的覆盖对象，不符合制度要求，在实践中也难以实现。首先，城镇职工基本医疗保险具有强制性特征，对于具有人事关系或稳定劳动关系的劳动者，应当强制其参加，个人没有选择权。吴某类人员并无现存的劳动关系或人事关系，不属于强制参保对象。其次，就选择性覆盖而言，是否参加城镇职工基本医疗保险，应委诸个人自然选择，亦不应强制个人参加。如果仅仅允许个人参加城镇职工基本医疗保险，即城镇职工基本医疗保险系其唯一可获得的医疗保险制度，则属于变相的强制参保，实际上剥夺了个人的选择权。最后，吴某类人员经济基础比较薄弱，这也正是其年逾70周岁仍无基本医疗保障的根本原因。只允许其参加城镇职工基本医疗保险——其恰恰无力选择的制度，实际阻断了其获得基本医疗保障的途径，因而与基本医疗保障的根本目的背道而驰。

三、城乡居民基本医疗保险的参保地确定

从本案中社会保险经办机构的回复和答辩意见来看，社会保险经办机构系认为已经在外地退休人员户籍迁入深圳市的，应由其退休单位所在地解决医疗保险问题。为什么要让养老金发放地负责解决养老金领取者的医疗保障？似乎很难有较充足的理论支持。《深圳市社会医疗保险办法》第八条第（三）项规定，达到法定退休年龄后迁入深圳市没有领取养老金者可参加城镇职工基本医疗保险，而达到法定退休年龄后迁入深圳市已领取养老金者则不能参加城镇职工基本医疗保

险，理据也不充足。基本养老保险是否必须和基本医疗保险捆绑在一起，如影随形？在多数情形下确实如此，因为这两个险种的缴费是在一起的。但是在特定情形下并非如此。仅以深圳市上述规定为例，吴某是在2012年2月补缴基本养老保险费而开始领取养老金的。那么，在2012年1月以前，其符合在深圳市参加城镇职工基本医疗保险的条件；如果吴某在2012年1月以前已经参加并享受了深圳市的城镇职工基本医疗保险，然后其又因赣州市的该项补缴政策而在赣州市领取养老金，则事实上发生医疗保险待遇和养老保险待遇支付地的分离。是否领取了养老金，不是肯定或否定养老金领取人基本医疗保险权益的原因。

  作者认为，吴某类人员应当主要通过城乡居民基本医疗保险制度予以保障，因此需要探讨应由何地的城乡居民基本医疗保险制度对其予以保障，深圳市抑或赣州市？

  《国务院关于开展城镇居民基本医疗保险试点的指导意见》（国发〔2007〕20号）规定，不属于城镇职工基本医疗保险制度覆盖范围的中小学阶段的学生（包括职业高中、中专、技校学生）、少年儿童和其他非从业城镇居民都可自愿参加城镇居民基本医疗保险。《国务院关于整合城乡居民基本医疗保险制度的意见》规定，城乡居民基本医疗保险制度覆盖范围包括现有城镇居民基本医疗保险和新型农村合作医疗所有应参保（合）人员，即覆盖除城镇职工基本医疗保险应参保人员以外的其他所有城乡居民。关于居民基本医疗保险的这两个核心文件均未明示被保险人的地域范围。

  具体经办居民基本医疗保险的经办机构属于地方政府的组成部分，其自然应对本行政区域内的公民承担医疗保险的义务与责任。那么，何谓"本行政区域内的公民"？首当其冲者应为户籍人员，其次应为常住人口，再次则是临时/短期居住人员。作为居民基本医疗保险覆盖对象的"本行政区域内的公民"，主要是户籍人员，亦可能为常住人口。无论如何，如果户籍人员尚不能被纳入本地的居民基本医疗保险，那么其他人员更不应被纳入。吴某既非赣州市户籍人员，亦非赣州市常住人员，没有被纳入赣州市居民基本医疗保险的基础；其既是深圳市户籍人员，亦常年居住于深圳市，为何不应当享受深圳市公共服务中包含的基本医疗保障？由深圳市而非赣州市向其提供基本医疗保障服务，更符合理论要求，亦具有现实必要性。

第三章
基本医疗（生育）保险

原始票据遗失后基本医疗保险权利的保护

🌐 裁判要旨

参保人员出院后不慎丢失医疗收费票据原件，医院为其出具了加盖医院印章的医疗收费票据存根复印件，结合住院费用明细汇总清单、疾病证明、出院记录等证据及庭审笔录，足以证明参保人员因病住院的事实和所产生的医疗费用，作为参加城乡居民基本医疗保险的人员，其因病住院治疗所产生的医疗费用依法可予报销。对于收费票据存根复印件能否作为报销凭证的问题，《中华人民共和国会计法》对原始凭证的填制或取得、审核、更正作了明确的规定，但该法对丢失原始凭证的情况如何处理尚未明确。医院出具的医疗收费票据存根复印件并加盖医院印章，符合财政部施行的《会计基础工作规范》第五十五条第（五）项的规定，该复印件经审核后可代作原始凭证，与原件具有同等的法律效力。

⚖ 案情

谢某于2013年起参加了城乡居民基本医疗保险，2014年1月6日因患肠癌到某市中心医院住院，同年2月出院，约过半个月后发现丢失了住院发票原件［发票号为JC536615（58财政）］，怀疑是在坐车途中丢失的。丢失发票原件后，谢某立即到中心医院要求补开发票，医院告知不能补开票据，但向谢某提供了加盖医院印章的收费票据存根复印件，以证明谢某在该医院住院治疗所支付的费用。谢某于同年4月底带着该复印件和中心医院的诊断证明书、住院费用明细汇总清单到县医保中心报销医疗费用，被告知没有发票原件不能报销。后谢某多次到县医保中心要求报销医疗费用均被拒绝。2014年9月，谢某通过电话向市人社局反映上述问题，答复是医疗费用报销必须要有发票原件，复印件无法报销。同月22日，谢某到省人社厅反映，答复是应向当地人社部门反映，若是无效就必须走法律程序寻求解决。谢某于 2014 年 10 月 14 日就县人社局行政不作为向法院提起行政诉讼。原审法院于 2014 年 10 月 21 日依法受理，在审理过程中发现县人社局下属机构县医保中心具有法人主体资格，对外行使报销医疗费用的行政职能，因而县人社局作为被告的主体不适格。故此，谢某于 2014 年 12 月 3 日以被告主体不适格，向原审法院提交撤诉申请书。同月 4 日，经原审法院审查，谢某的申请符合有关法律规定，准予其撤诉。谢某于 2015 年 1 月 6 日再向法院提起行政诉讼，请求判令县医保中心履行为其报销住院医药费 63 603.4 元的法定职责。

审判

一审法院经审理认为，县医保中心在本行政区域内有社会保险管理的法定职责，谢某于 2013 年参加城乡居民基本医疗保险至今，享有基本医疗保险待遇的资格。结合谢某的住院费用明细汇总清单、出院记录及住院收费专用票据加盖印章的复印件等相关手续，可以证明谢某住院所产生医疗费用的真实性。县医保中心以谢某提供的医疗收费票据不是原件，不符合有关法律、法规为由不予报销，有悖于社会医疗保险制度建立的初衷。根据《中华人民共和国社会保险法》第二条规定"国家建立基本养老保险、基本医疗保险、工伤保险、失业保险、生育保险等社会保险制度，保障公民在年老、疾病、工伤、失业、生育等情况下依法从国家和社会获得物质帮助的权利"，谢某应享受基本医疗保险待遇。县医保中心以市人社局《关于住院发票复印件是否可以报销问题的回复》第三条规定"城乡居民丢失了发票原件的，凭原住院单位的发票复印件不能给予报销"作为不给谢某报销的依据，该规定显然与社会保险法立法精神相冲突，根据上位法优于下位法原则，该规定不能作为法律规范加以适用。从财政部施行的《会计基础工作规范》第五十五条第（五）项规定"从外单位取得的原始凭证如有遗失，应当取得原开出单位盖有公章的证明，并注明原来凭证的号码、金额和内容等，由经办单位会计机构负责人、会计主管人员和单位领导人批准后，才能代作原始凭证……"可见，该规范并未排斥复印件加盖单位印章作为凭证入账，谢某提供票据复印件加盖单位印章作为凭证并未违反会计工作规范。故此，县医保中心以谢

第三章
基本医疗（生育）保险

某不能提供医疗收费票据原件，不符合有关法律、法规为由拒绝报销，使得参保人员应享受的基本医疗保险权利丧失，是该地区制定的法律规范滞后于实际情况出现的问题。本案中谢某提供了一份没有参加其他保险的声明，是明示行为，县医保中心对谢某重复报销不能举证。因此，县医保中心行政不作为不符合社会保险法的基本原则，其不予报销谢某医疗费用的理由不成立。为保护当事人的合法权益，体现最大限度的司法救济，依据《中华人民共和国行政诉讼法》第五十四条第三项的规定，判决县医保中心在判决生效后 30 日内为谢某履行法定职责。

县医保中心不服一审判决，上诉称，因谢某不能提供原始发票，县医保中心不予报销符合法律、法规、政策的规定。一审法院对我国实行社会医疗保险制度的目的与实现对参保人员获得物质帮助应执行的法律规定理解不当，导致作出错误判决。首先，我国制定社会医疗保险制度的目的是为实现参保人员在年老、疾病等情况下依法从国家和社会获得物质帮助的权利。但是，我国目前还未能完全实现免费医疗的条件。在谢某向县医保中心申请医疗保险报销时，还需采取按规定办理医疗保险报销的形式使参保人员有条件地得到物质帮助。县医保中心审查参保人员医疗保险报销时，要严格按照《中华人民共和国社会保险法》《中华人民共和国会计法》以及市府办印发的《城乡居民基本医疗保险实施意见》（本案以下简称《实施意见》）、市人社局《关于住院发票复印件是否可以报销问题的回复》（本案以下简称《回复》）的有关规定办理。我国社会医疗保险制度只是规定了实行社会保险的精神与目的，而《实施意见》《回复》等规定，则是该市办理医疗保险必须执行的操作规范，两者并不冲突。其次，一审法院引用的《会计基础工作规范》是 1996 年财政部颁布的部门规章，而县医保中心在办理医疗保险报销时是根据《中华人民共和国会计法》。该法是 1999 年全国人大常委会制定并通过的法律。该法第十四条规定，会计凭证包括原始凭证和记账凭证，并规定办理该法第十条所列的经济业务事项，必须填制或者取得原始凭证并及时送交会计机构，会计机构、会计人员必须按照国家统一的会计制度的规定对原始凭证进行审核，对不真实、不合法的原始凭证有权不予接受，并向单位负责人报告；对记载不准确、不完整的原始凭证予以退回，并要求按照国家统一的会计制度的规定更正、补充。原始凭证记载的各项内容均不得涂改；原始凭证有错误的，应当由出具单位重开或者更正，更正处应当加盖出具单位印章。原始凭证金额有错误的，应当由出具单位重开，不得在原始凭证上更正。记账凭证应当根据经过审核的原始凭证及有关资料编制。据此规定，报销必须要有原始发票。法律效力高于行政法规和地方法规，行政法规和地方法规效力大于部门规章。在时间上，新法律、法规及部门规章优于旧法律、法规及部门规章。因此，对于同一问题有不同规定或冲突时，适用的是新法律、法规及部门规章。本案中县医保中心在办理医疗保险报销时是根据新的法律规定，而一审法院引用的是旧的部门规章，显然适用法律错误。

二审法院认为，根据《中华人民共和国社会保险法》第七条和县机构编制委员会《关于设立××县医疗保险服务中心的通知》的规定，县医保中心在本行政区域内负有筹集、支付、管理城乡居民基本医疗保险基金的法定职责。《中华人民共和国社会保险法》第二条、第四条规定，参加基本医疗保险的人员依法享受社会保险待遇，享有在疾病的情况下依法从国家和社会获得物质帮助的权利。本案中谢某于2013年参加城乡居民基本医疗保险，其享有基本医疗保险待遇的资格，依法有享受基本医疗保险待遇的权利。谢某住院治疗，出院后不慎丢失医疗收费票据原件，医院为其出具了加盖医院印章的医疗收费票据存根复印件，结合谢某提交的住院费用明细汇总清单、疾病证明、出院记录等证据及庭审笔录，足以证明谢某因病住院的事实和所产生的医疗费用，以及谢某向县医保中心申请报销医疗费用的事实。谢某作为参加城乡居民基本医疗保险的人员，其因病住院治疗所产生的医疗费用依法可予报销。而县医保中心作为辖区内负有法定职责的机构，至今未对谢某的住院医疗费报销申请作出处理，致使谢某享有的基本医疗保险待遇得不到保障，其行政不作为实属不当。关于收费票据存根复印件能否作为报销凭证的问题，《中华人民共和国会计法》对原始凭证的填制或取得、审核、更正作了明确的规定，但该法对丢失原始凭证的情况如何处理尚未明确。该市《实施意见》也未规定丢失住院发票原件的补救措施。本案谢某因不慎丢失医疗收费票据原件，医院出具的医疗收费票据存根复印件并加盖医院印章，符合财政部《会计基础工作规范》第五十五条第（五）项的规定，该复印件经审核后可代作原始凭证，与原件具有同等的法律效力。市人社局回复关于"城乡居民丢失了发票原件的,凭原住院单位的发票复印件不能给予报销"的规定所适用的情形,与本案谢某提供加盖原住院医院印章收费票据存根复印件的情形明显不同。故县医保中心认为一审法院适用法律错误,以谢某不能提供医疗收费票据原件,不符合相关法律法规规定为由拒绝报销的理由不成立,不予采纳。判决驳回上诉,维持原判。[一审:(2015)揭惠法行初字第1号;二审:(2015)揭中法行终字第13号]

评析

关于原始医疗收费票据遗失,医疗保险经办机构(包括新型农村合作医疗经办机构)应否报销参保人员(含参合人员)医疗费用的问题,多地法院多持肯定意见,参见安徽省六安市中级人民法院(2014)六行终字第00040号行政判决书、河南省新乡市中级人民法院(2014)新中行终字第26号行政判决书、河南省南阳市中级人民法院(2015)南行终字第00138号行政判决书、吉林省通化市中级人民法院(2015)通中行终字第56号行政判决书、河北省秦皇岛市中级人民法院(2015)秦行终字第32号行政判决书等。对此问题,医疗保险行政部门、经办机构与司法机关的分歧较大。客观而言,司法机关对此问题的分析和判断是准确的,基本医疗保险规范性文件一概要求必须有原始票据才能报销存在显失公平之处,需要予以修正。

一、原始医疗收费票据的法律性质与法律功能

首先应当确定的是,通过自己或者他人(雇主或者其他主体)缴纳基本医疗保险费,并向医疗保险经办机构(保险人)提供了个人的详细身份信息,则被保险人与医疗保险经办机构之间就建立了基本医疗保险关系。当被保险人发生保险事故——罹患疾病或非因工受伤并产生医疗费用时,就获得了对医疗保险经办机构的求偿权——要求支付医疗费用,除非具备法定的抗辩事由——如不属于医疗保险基金支付范围,否则医疗保险经办机构应当承担给付义务。

在基本医疗保险关系中,被保险人主张基本医疗费用给付请求权,必须确定保险事故的存在,其核心是医疗费用的存在。在基本医疗保险关系中,亦即被保

险人实现权利、经办机构履行义务的过程中，医疗收费票据的法律性质属于证据，其基本功能在于确定保险事故即医疗费用的真实性。无论就诉讼程序还是证据法而言，对于保险事故真实性的确定都不能、也不应当依赖于唯一的特定证据。对于客观事实的确定需要综合各种证据，并考量各种证据的证明力在全面衡量的基础上予以确定。在这个意义上，只要保险事故能够确定，即便医疗机构没有开具医疗费用发票，医疗保险经办机构也仍然可以、应当支付医疗费用，如医疗费用的直接结算。也正是在这个意义上，医疗保险经办机构一味强调原始医疗收费票据难以获得法院认同，因为这违背了证据法的基本原理。

二、基本医疗保险权利限制的合法性与合理性

被保险人享有的基本医疗保险权利不是无条件的，也不是无限的，立法可以对该权利予以限制。如《中华人民共和国社会保险法》第三十条就将"应当从工伤保险基金中支付的""应当由第三人负担的"等医疗费用排除出医疗保险基金支付范围。从目前的地方规范性文件内容来看，关于不予支付不能提供原始发票的医疗费用的规定，实际是从程序上限制（剥夺）了被保险人的基本医疗保险权利。亦即在作为证明保险事故的证据功能之外，赋予原始医疗收费票据以限制（剥夺）基本医疗保险权利的功能。一方面，《中华人民共和国社会保险法》对排除医疗保险基金支付的事由作了明确规定，非规定内的排除事由都可能直接与《中华人民共和国社会保险法》相冲突而无效；另一方面，基本医疗保险权利作为社会保障权利的一种，属于公民的基本权利，没有符合法理的、特别重大的理由而限制、剥夺公民的这一权利都是不正当的，也是不合理的。原始医疗收费票据并不具备限制、剥夺这一基本权利的合法性和合理性。

三、医疗保险经办机构的两难境地及其改革

医疗保险经办机构作为医疗保险待遇给付主体，在因要求提供原始医疗收费票据而引发的医疗费用给付争议中，系被告。但这类争议产生的根源则在于地方的规范性文件。在废止规范性文件关于原始医疗收费票据的要求之前，医疗保险经办机构即便明知可能面临败诉的后果，也不得不执行这一规定，否则就可能因

渎职面临财政、审计的问责。无论执行还是不执行这一规定,医疗保险经办机构均面临难题。解决这一问题的关键是修改相应的规范性文件要求,将对原始医疗收费票据的刚性要求修改为柔性要求,在特定情形下允许提供补充证据佐证。另外,应当要求待遇申领人提供不存在谎报遗失情形的书面声明并向其书面明示虚假陈述的法律责任,建立与金融监管等机构的定期协查机制,在保护被保险人权利的同时,加强事前与事后措施打击社会保险欺诈行为。

损害赔偿诉讼中先行给付医疗费用的扣除

裁判要旨

> 根据现行法律规定,对于人身损害受害人的赔偿仍采用填平原则,并不支持受害人获得额外利益。本案中,于某的部分医疗费用已经通过医疗保险报销,相应损失已经获得弥补,其家属再次要求赔偿,即属于额外利益。故对该部分医疗费用不予支持。

案情

2015年3月3日,于某因腹胀到甲医院消化内科住院治疗,诊断为糜烂性胃炎等,2015年3月11日出院。2015年3月25日,于某再次到甲医院就诊,诊断为肝外胆管扩张、胆囊结石等,住院治疗。2015年3月29日,行经内镜逆行性胰胆管造影(ERCP)术,反复多次插管不能至胆总管,遂放弃ERCP治疗,后诊断为急性重症胰腺炎。2015年4月5日,转院至齐鲁医院治疗,诊断为急性重症胰腺炎、腹腔感染等,住院治疗,2015年4月28日出院。2015年4月29日,于某再次到齐鲁医院住院治疗,2015年4月30日出院。出院后,于某去世。于某子女于某某等5人与甲医院就诊疗行为是否存在过错及赔偿事宜协商未果,形成诉讼。

一审法院依法委托复旦大学上海医学院司法鉴定中心对甲医院的诊疗行为是否存在医疗过错，若存在过错，过错与于某的死亡之间是否存在因果关系及参与度进行了司法鉴定。该鉴定所于2016年12月5日作出司法鉴定意见书，鉴定意见分析认为，甲医院的诊疗行为存在以下过错：①医方对于某实施ERCP术，手术指征掌握不严，因患者术前检查未提示胆管结石，黄疸指数轻度高，术前未作磁共振胰胆管造影（MRCP）检查，术前评估不足，未考虑患者高血压等病情；②ERCP术中反复插管，出血约5 mL，手术操作损伤胰腺组织；③甲医院对于某的诊疗过程存在一定过错，医方的过错与于某的死亡后果存在一定因果关系，建议医方的过错参与度为40%~50%。双方当事人对此司法鉴定意见均无异议。于某某等要求赔偿损失：①医疗费368 782.71元；②交通费9 901元；③住宿费3 200元；④鉴定费9 450元；⑤护理费7 520元；⑥住院伙食补助费1 440元；⑦死亡赔偿金315 450元；⑧丧葬费26 230元；⑨精神损害抚慰金80 000元。

审判

一审法院认为，患者在诊疗活动中受到损害，医疗机构有过错的，由医疗机构承担赔偿责任。本案中，经司法鉴定，甲医院在对于某的诊疗过程中存在一定过错，医方的过错参与度为40%~50%，双方对此均无异议，予以确认。综合本案具体情况，确定由甲医院承担45%的民事赔偿责任。甲医院辩称其诊疗符合医疗常规，不存在医疗过错，与事实不符，对此意见，不予采信。关于医疗费368 782.71元，甲医院提出异议，于某住院医疗费用扣除医疗保险统筹部分外为268 286.16元，另有挂号费8元、复印费257元、救护费用4 400元，以上合计272 951.16元；于某某主张的社会保险统筹部分，于法无据，不予确认。一审法院判决：①甲医院赔偿医疗费272 951.16元、交通费6 901元、住宿费1 000元、护理费2 712.27元、住院伙食补助费1 440元、死亡赔偿金315 450元、丧葬费26 230元、鉴定费9 450元的45%，共计286 260.49元，于判决生效后10日内付清；②甲医院赔偿精神损害抚慰金30 000元，与上述同时付清。

于某某等不服一审判决，上诉称，①根据涉案鉴定意见，甲医院在手术中存在患者指征掌握不严以及操作不当的过错,而患者本身并无过错,因此医方应承担全部赔偿责任,一审判决只是根据鉴定机构建议的过错参与度判决医方承担45%的赔偿责任不当;②医疗保险是患者一方交纳,不应成为减轻侵权人责任的理由,一审判决对该部分医疗费用不予支持不当。

二审法院认为,甲医院在涉案诊疗行为中存在以下两处过错,一是术前对患者身体指征掌握不严,评估不足;二是手术操作不当,造成患者胰腺组织损伤。急性重症胰腺炎系由涉案ERCP术导致,且系致于某死亡的主要病情。在此情况下,甲医院应对于某死亡后果承担主要赔偿责任。于某在出院时被诊断出的病情多达12种,于某某等主张于某完全系因急性重症胰腺炎死亡,并未提供证据予以证明,涉案鉴定意见也未排除多种病情综合导致其死亡后果的可能性。鉴于此,综合考量以上因素,甲医院应当承担本案60%的赔偿责任。涉案鉴定意见中医方过错参与度为40%~50%仅为鉴定机构对于医方责任的建议参考意见,而非法院确定赔偿责任的依据,如果完全采用,则会导致"以鉴代判"情况,因此法院应当依据查明事实另行确定赔偿责任,而不应受到鉴定意见的制约。根据现行法律规定,对于人身损害受害人的赔偿仍采用填平原则,并不支持受害人获得额外利益。本案中,于某的部分医疗费用已经通过医疗保险报销,相应损失已经获得弥补,其家属再次要求赔偿,即属于额外利益。一审判决对该部分医疗费用不予支持,并无不当。判决维持精神损害抚慰金30 000元,判决甲医院赔偿医疗费272 951.16元、交通费6 901元、住宿费1 000元、护理费2 712.27元、住院伙食补助费1 440元、死亡赔偿金315 450元、丧葬费26 230元、鉴定费9 450元的60%,共计381 680.66元。[一审:(2015)临民初字第1651号;二审:(2017)鲁03民终956号]

评析

一、现行规范及其缺失

《中华人民共和国社会保险法》第三十条第二款规定,医疗费用依法应当由第三人负担,第三人不支付或者无法确定第三人的,由基本医疗保险基金先行支付。基本医疗保险基金先行支付后，有权向第三人追偿。但该法对于医疗保险基金先行支付如何与损害赔偿衔接未作规定。

《社会保险基金先行支付暂行办法》（2011年，人力资源和社会保障部令第15号）第二条规定，参加基本医疗保险的职工或者居民由于第三人的侵权行为造成伤病的，其医疗费用应当由第三人按照确定的责任大小依法承担。超过第三人责任部分的医疗费用，由基本医疗保险基金按照国家规定支付。根据被保险人及其受益人是否从第三人处获得医疗保险基金先行支付的医疗费用，该办法具体区分了两种处置方式：第一，被保险人或其受益人未从第三人处获得医疗保险基金先行支付的医疗费用，社会保险经办机构先行支付医疗费用后，有关部门确定了第三人责任的，应当要求第三人按照确定的责任大小依法偿还先行支付数额中的相应部分。第三人逾期不偿还的，社会保险经办机构应当依法向人民法院提起诉讼。第二，被保险人或其受益人已经从第三人处获得医疗费用的，应当主动将先行支付金额中应当由第三人承担的部分退还给医疗保险基金，社会保险经办机构不再向第三人追偿。个人拒不退还的，社会保险经办机构可以从以后支付的相关待遇中扣减其应当退还的数额，或者向人民法院提起诉讼。① 从该办法的规定来看，第三人可以将医疗保险基金先行支付的医疗费用对应的部分支付给受害人（通常是连同其他赔偿），也可以直接支付给医疗保险经办机构。上述两种处置方式，分别针对损害赔偿义务主体和受害人（被保险人或其受益人）进行追偿或要求退还，是被动的、消极的处理方式。当然，这是由部门规章的性质所决定的。

从现行规范出发，医疗保险基金先行支付医疗费用后，如何与损害赔偿衔接，缺乏明确的规则，导致实践中医疗保险基金的追偿存在诸多问题，难以有效实施。就本案而言，对损害赔偿诉讼中是否考虑医疗保险基金的先行支付，给出了一种比较有参考价值的处理方式。

二、损害赔偿诉讼中扣除医疗保险给付的合理性

本案中，于某的部分医疗费用已经通过医疗保险报销，法院由此认为"相应

---

① 需要指出的是，第三人负担医疗费用，不仅可基于侵权责任，亦可基于违约责任。作者认为，该办法仅将其限制于侵权行为，对《中华人民共和国社会保险法》第三十条作了限缩，是不当的。

第三章
基本医疗（生育）保险

损失已经获得弥补，其家属再次要求赔偿，即属于额外利益"，不应赔偿。这一处理方式符合侵权责任法原理。侵权责任法的补偿，旨在使被侵害的权利得以补救或恢复①，填补被侵权人所遭受之损害。② 使受害人回到"倘若损害事件没有发生时应处的状态"，此乃各国损害赔偿法共通的、最高的指导原则。③ 由此引申出"禁止得利"原则，即受害人不能因为损害赔偿而获得超过其损害的利益。④ 以本案为例，于某住院自费医疗费用属于侵权行为导致的损失，是应"填补"的对象；而由医疗保险基金支付的医疗费用，并非由于某自己支付，不是于某的损失，不应对于某进行"填补"。于某要求侵权人将医疗保险基金支付的医疗费用向其赔偿，既不符合侵权责任法原理，亦缺乏事实和法律依据。

这一处理方式在司法实践中并不统一。例如，有观点认为，法院在人身损害赔偿诉讼中确定赔偿金额时，不应扣除保险（包括社会保险）给付。社会保险和商业保险合同关系与侵权民事关系是不同的法律关系，受害人提起的是侵权损害赔偿的诉讼，侵权人对其侵权行为给受害人造成的医疗费用损失应承担全部赔偿责任；受害人获得保险赔付不应成为减轻侵权人责任的理由；侵权人赔偿后，受害人与保险机构的关系可以另行处理，受害人对于报销的医疗费用是否退还医疗保险经办机构，应依据有关社会医疗保险法律规定另行处理。作者认为，这一裁判思路的错误在于，虽然基本医疗保险关系与侵权损害赔偿非同一法律关系，但这和受害人（被保险人）是否存在损失没有关系；只要受害人不存在损失，就不应当获得赔偿；而对于医疗保险基金支付的医疗费用而言，受害人并不存在损失，故不应当获得赔偿。

在涉及医疗保险给付的损害赔偿诉讼中，计算赔偿额时扣除医疗保险基金支付的医疗费用，实际上是要求医疗保险经办机构向侵权人追偿；计算赔偿额时不予扣除医疗保险基金支付的医疗费用，而判决侵权人向受害人按照医疗费用发生额全额赔偿，实际上是要求医疗保险经办机构向受害人索还。本案采取的是前一

---

① 王利明，杨立新，王轶.民法学［M］.北京：法律出版社，2017：869.
② 程啸.侵权责任法［M］.北京：法律出版社，2015：23.
③ 曾世雄.损害赔偿法原理［M］.北京：中国政法大学出版社，2001：17.
④ 程啸.侵权责任法［M］.北京：法律出版社，2015：23.

种模式。从追偿/退还效率来看，该模式也更为可取。一是，受害人（被保险人及其受益人）均为自然人，其经济基础较弱，而相当部分侵权人如本案为单位组织，经济实力相对更为强大，以债务人观念考察，后者作为债务人更具备偿债能力，更能够保障医疗保险经办机构的权利实现。二是，被保险人作为受害人的角色相对于侵权人的角色，在现实语境下更容易得到同情，对其进行清偿的难度也相对较大。概言之，医疗保险经办机构选择侵权人而非受害人来实现先行支付的医疗保险基金的追偿更具备现实可行性。

在涉及医疗保险给付的损害赔偿诉讼中，计算赔偿额时扣除医疗保险基金支付的医疗费用，并不意味着《社会保险基金先行支付暂行办法》所确定的两种追偿对象是不恰当的。侵权人就医疗费用向受害人作全额支付仍然是比较常见的赔偿方式。一方面，在医疗保险基金尚未支付时，赔偿义务人必须全额向受害人赔偿，不存在"扣减"的问题；另一方面，通过非诉方式解决损害赔偿纠纷时，赔偿义务人也可能全额向受害人支付医疗费用。在现行法律框架下，保留医疗保险经办机构对被保险人及其受益人的追偿权仍然是有必要的。

三、损害赔偿诉讼中医疗保险给付的改革

更进一步来说，在涉及医疗保险给付的损害赔偿诉讼中仅仅扣除医疗保险基金支付的医疗费用是远远不够的。在此类诉讼中，很多医疗保险经办机构并不知道损害赔偿诉讼的发生，根本无从对赔偿义务人进行追偿；即便医疗保险经办机构知道了损害赔偿诉讼的存在，也很可能由于缺乏激励或约束机制，而没有对赔偿义务人进行追偿。同样，在损害赔偿诉讼中也会发生不扣除医疗保险基金支付的医疗费用，即将医疗费用全额支付给受害人的情形。亦即仅仅依赖《社会保险基金先行支付暂行办法》的消极追偿措施并不能有效实现追偿，难以保证医疗保险基金的安全。需要探索更为主动的、积极的追偿措施。最高人民法院已经注意到这一问题，强调"要注意保护社会保险管理机构的追偿权。如果社会保险制度规定社会保险管理机构向受害人支付保险待遇后有权就其中的部分或者全部向侵

权人追偿,在相应的侵权纠纷案件中,可以通知其参加诉讼"。① 作为医疗保险基金直接管理主体的医疗保险经办机构更应顺势作为,与司法机关紧密合作,积极参与涉及医疗保险给付的损害赔偿诉讼,当好医疗保险基金的"守门人"。

医疗保险基金先行支付中"无法确定第三人"之确定

裁判要旨

> 袁某因掉入没有围蔽的硫酸池导致全身大面积烧伤,涉及第三人的责任。虽然袁某承认其在受伤后并没有去确认第三人,但社保局在受理袁某的申请后到涉案硫酸池调查,亦无法确定硫酸池的权属人即第三人。根据《中华人民共和国社会保险法》第三十条第二款规定,社保局作为医疗保险基金的管理部门,在本案无法确定第三人的情况下,应当先行支付袁某的医疗费用后再向第三人追偿。

案情

袁某没有正式工作,平时以捡垃圾为生。2015年3月16日,袁某在某镇一家工厂捡垃圾时,不慎掉落于该厂的硫酸池中,造成全身大面积烧伤,后由该单位员工将其送到医院进行抢救。2015年6月9日出院。2015年6月11日,袁某委托其子到社保局提交居民医疗保险异地住院申请表,申请报销从2015年3月16日至2015年6月9日的医疗费用。2015年11月2日,社保局向袁某发出

---

① 程新文. 关于当前民事审判工作中的若干具体问题 [M] //杜万华, 最高人民法院民事审判第一庭. 民事审判指导与参考. 2015年第4辑(总第64辑). 北京: 人民法院出版社, 2015: 61.

"关于城乡居民基本医疗保险报销申请的告知",内容为:"你因涉及第三方责任而发生的医疗费用,请你先行向涉及事故的第三人进行索偿。如索偿未果,可向有关职能部门申请裁定各方责任大小,并通过法律途径提起民事诉讼。超过第三人责任部分的医疗费用,由基本医疗保险基金按照国家规定支付。如执行未果,请携带执行裁定书等相关资料再向我局书面申请基本医疗保险基金先行支付,基金将会按照有关职能部门或法院认定的责任比例进行支付。"袁某不服,提起行政诉讼,请求撤销社保局"关于城乡居民基本医疗保险报销申请的告知",并责令其依法向其支付医疗保险金50万元。

审判

一审法院查明,袁某承认,事发后既没有了解涉案硫酸池所有人的情况,也没有向硫酸池所有人进行过追偿。

一审法院认为,《中华人民共和国社会保险法》第三十条第二款规定"医疗费用依法应当由第三人负担,第三人不支付或者无法确定第三人的,由基本医疗保险基金先行支付。基本医疗保险基金先行支付后,有权向第三人追偿"以及《社会保险基金先行支付暂行办法》(2011年,人力资源和社会保障部令第15号)第二条第二款规定"前款规定中应当由第三人支付的医疗费用,第三人不支付或者无法确定第三人的,在医疗费用结算时,个人可以向参保地社会保险经办机构书面申请基本医疗保险基金先行支付,并告知造成其伤病的原因和第三人不支付医疗费用或者无法确定第三人的情况"。根据上述法律、法规的规定,如果申请人的损害事故涉及第三人责任的,申请人要求由医疗保险基金先行支付的前提条件是第三人不支付或者无法确定第三人。本案中,涉案硫酸池应当存在权属人(即第三人),袁某向社保局申请医疗保险报销,要求由医疗保险基金先行支付,其应当提交第三人不支付医疗费用或无法确定第三人的证据,但袁某在诉讼中已明确从未尝试去确定第三人,更没有向第三人主张赔偿权利。因此,袁某在未去确定第三人或向第三人主张赔偿权利的情况下,要求由医疗保险基金先行支付其医疗费用,不符合《中华人民共和国社会保险法》及《社会保险基金先行支付暂行办法》关于医疗费用由医疗保险基金先行支付的规定,社保局作出的

第三章
基本医疗（生育）保险

"关于城乡居民基本医疗保险报销申请的告知"认定事实清楚，适用法律正确，程序合法。袁某的诉讼请求依据不足，不予支持。判决驳回袁某的诉讼请求。

袁某不服一审判决，上诉称，本案造成袁某伤害的硫酸池不存在权属人，其也不知道是否有权属人。社保局凭空想象有权属人，不支付其医疗费用，没有法律依据。一审认定有权属人属于事实不清，证据不足。

二审法院认为，袁某的伤害是因为掉落已经荒废、业主不明的硫酸池所致。我国社会保险法的立法目的，是为了让伤者得到及时的救治。根据《中华人民共和国社会保险法》第三十条第二款，社保局作为医疗保险基金的管理部门，应该按相关规定，在第三人不支付或者无法确定第三人的情况下，先行支付袁某的医疗费用，然后向第三人追偿。社保局要求袁某先向第三人追讨赔偿，向其发出"关于城乡居民基本医疗保险报销申请的告知"和不先行支付医疗费用不符合上述法律规定。据此，"关于城乡居民基本医疗保险报销申请的告知"应予以撤销，社保局应按相关的规定先行支付袁某的医疗费用。袁某上诉理由充分，予以支持。判决撤销一审判决；撤销社保局向袁某发出的"关于城乡居民基本医疗保险报销申请的告知"；判令社保局按相关法律规定为袁某先行支付医疗费用。

社保局不服二审判决，申请再审称，袁某不慎掉落硫酸池，由于硫酸池具有高度危险性，而硫酸池的权属人或管理人（使用人）没有对硫酸池进行围蔽或安装相关安全防护措施，其过错行为造成袁某受伤。因此，硫酸池的权属人或管理人（使用人）应对袁某的受伤承担相应的侵权责任，即本案中必然存在第三人责任。由于造成袁某受伤的硫酸池存在使用人，且硫酸池所在的土地亦必然存在权属人，即硫酸池能依法确认其权属人。而袁某在原审庭审中承认其在受伤住院后没有去了解涉案硫酸池的所有人，其受伤不符合无法确认第三人即侵权人的情况。另外，袁某在庭审时也明确确认其事后没有向涉案硫酸池所有人进行过索偿，即涉案硫酸池所有人没有向其明确表示不支付医疗费用，因此，袁某的情况也不符合第三人不支付医疗费用的情况。故其申请先行支付不符合《中华人民共和国社会保险法》第三十条第二款规定。二审法院认定应由社保局先行支付袁某的医疗费用，属于适用法律错误，请求予以撤销，依法再审。

再审法院认为，本案中袁某是因掉落涉案没有围蔽的硫酸池导致全身大面积烧伤,涉及第三人的责任,后袁某向社保局申请报销相关医疗费用。虽然袁某承认其在受伤后并没有去确认第三人,但社保局在受理袁某的申请后到涉案硫酸池调查,亦无法确定硫酸池的权属人即第三人。根据《中华人民共和国社会保险法》第三十条第二款规定,社保局作为医疗保险基金的管理部门,在本案无法确定第三人的情况下,应当先行支付袁某的医疗费用后再向第三人追偿。社保局向袁某发出本案被诉的"关于城乡居民基本医疗保险报销申请的告知",要求袁某先向第三人索偿,对袁某申请的医疗费用不予先行支付,不符合上述法律规定,应予撤销。裁定驳回再审申请。[一审:(2016)粤1802行初3号;二审:(2016)粤18行终90号;再审:(2016)粤行申1594号]

评析

一、基本医疗保险的先行支付与直接支付

《中华人民共和国社会保险法》第三十条第二款首次确立了我国基本医疗保险的先行支付制度,在维护医疗保险基金安全的背景下突出了对被保险人权利的保护,对于医疗保障制度的完善具有积极意义。

基本医疗保险的先行支付是与直接支付对应的。后者是基本医疗保险的第一性的义务,是本应由基本医疗保险承担的义务;前者则是基本医疗保险的第二性的义务,是基本医疗保险的垫付义务,属于补充保障。

基本医疗保险的基本目的是分散公民的伤病风险,提供社会化的医疗保障供给。其所承保的伤病风险,包含第三人责任所导致的伤害。即使可能是因为第三方的原因导致受害者的损害[①],社会保险也必须为受害者的利益而支付赔偿金。[②]即使涉及第三人侵权,医疗保险基金对受害人支付医疗费用的义务仍不能排除。

亦即,从风险分担和医疗保障社会化的视角来看,有第三人介入的伤病仍然属于基本医疗保险的承保范围。而每个人都应当为自己的行为承担责任,这是现

[①] 张景卫. 医保基金先行支付医疗费的侵权纠纷处理路径探析[J]. 法律适用, 2019(16): 94.
[②] [德] 乌尔里希·马格努斯. 社会保障法对侵权法的影响[M]. 李威娜译. 北京: 中国法制出版社, 2012: 349.

第三章
基本医疗（生育）保险

代社会的基石。当第三人造成基本医疗保险的被保险人伤害时，第三人应当依法对受害人/被保险人承担赔偿责任①，这既是《中华人民共和国侵权责任法》《中华人民共和国合同法》等法律的要求，也是正义原则的体现。社会保险制度是对受害人的一种基本社会保障，没有分散侵权人侵权责任的功能，第三人的侵权责任不能因为受害人获得社会保险的给付而减轻或免除。②但是，基于任何人"不能因为违法行为而获利"的原则，受害人/被保险人不能基于同一损害重复获得医疗给付。在人身损害赔偿纠纷案件中，社会保险制度不能减轻侵权人的责任，被侵权人也不能因侵权人的违法行为而获利。③那么，在必须"二选一"的情形下，首选的责任承担主体究竟应为第三人还是医疗保险基金？《中华人民共和国社会保险法》给出的立法选择是第三人赔偿优先，这是具有合理性的。虽然被保险人的此种伤病类型仍属于基本医疗保险的保障范围，但作为一项社会保障计划，医疗保险更多的是针对社会公众的社会风险提供基本的医疗保障。国际劳工大会2012年通过的《2012年社会保护底线建议书》重申社会保障权利是一项人权，对于防止和减少贫困、不平等、社会排斥和社会不安全，都是一个重要工具。社会保障的目的包括维持生活水平，消灭贫困或降低贫困程度，实现任何人或家庭的生活水平高于生活最低标准；保证人们不会由于社会风险的发生而使原有生活水平大幅度下降；减少不平等。④对于第三人应当承担医疗给付的伤病，只要第三人履行了其给付责任，基本医疗保险的保障目的即得以实现，无须首先介入；同时，基本医疗保险可以将此资金用于其他需要基本医疗保险直接保障的被保险人，可以发挥基本医疗保险制度更大的保障功能。从法律争议的处置程序

---

① 关于第三人责任类型，《中华人民共和国社会保险法》未作限定，仅强调"应当由第三人负担"，这是准确的。第三人责任并不限于侵权责任，合同、无因管理乃至刑事、行政行为都可能产生对被保险人的损害，都属于"应当由第三人负担"。

② 程新文. 关于当前民事审判工作中的若干具体问题 [M] //杜万华，最高人民法院民事审判第一庭. 民事审判指导与参考. 2015年第4辑（总第64辑）. 北京：人民法院出版社，2015：61.

③ 最高人民法院民一庭. 人身损害赔偿纠纷案件中社会医疗保险基金所支付医疗费的追偿方式 [M] //最高人民法院民事审判第一庭. 民事审判指导与参考. 2014年卷. 北京：人民法院出版社，2018：107.

④ [英] 尼古拉斯·巴尔. 福利国家经济学 [M]. 郑秉文，穆怀中等译. 北京：中国劳动社会保障出版社，2003：8-11. [英] 尼古拉斯·巴尔，大卫·怀恩斯. 福利经济学前沿问题 [M]. 贺晓波，王艺译. 北京：中国税务出版社，2000：24-32.

来看，这一赔偿/补偿顺序也是恰当的。如果由医疗保险基金首先介入承担第一性的给付义务，则必然要启动对第三人的追偿，同时又难以避免被保险人/受害人对第三人的索赔，法律程序更为复杂；而在现行处置程序中，可以通过被保险人/受害人对第三人的索赔一个程序解决全部争议，相对而言更为简洁。

但是，第三人承担的第一性医疗给付义务，由于第三人经济实力等客观因素，可能导致给付不能，也可能因为其主观原因而拒绝给付。当发生第三人给付不能或拒绝给付时，被保险人的医疗需求无法及时获得填补，此状况不符合基本医疗保险制度设立的目的，故此时需要基本医疗保险的介入。彼时，基本医疗保险虽然已经介入，但并不能因此免除第三人的给付义务，在此后的任何时间，医疗保险基金应穷尽一切手段向第三人追偿。是以，基本医疗保险的这一"提前"介入属于对第三人应为之给付的垫付，即先行支付。先行支付是根据法律规定，在法定情形下，社会保险基金对于应由第三人支付的医疗费用或伤害赔偿费用先行垫付的行为。[①] 社会保险人与侵权人之间的债务不属于同一层次，社会保险人仅为侵权人承担预先给付义务，也就是说，其仅为债权人承担了侵权人支付不能的风险。[②]

先行支付符合基本医疗保险制度设立的目的，同时也必须遵守基本医疗保险的制度规则。其保障对象必须是基本医疗保险的被保险人，未参加基本医疗保险者不得要求基本医疗保险先行支付；先行支付的支付范围必须符合基本医疗保险的政策规定。[③] 先行支付不仅适用于城镇职工基本医疗保险，亦适用于城乡居民基本医疗保险。

二、医疗保险基金先行支付的条件

由于医疗保险基金先行支付承担的是第二性给付义务，通常是在第三人拒绝给付或给付不能时始得适用，因此必须遵守一定的给付条件限制。

---

① 林嘉. 社会保险基金追偿权研究 [J]. 法学评论，2018（1）：91.
② 张定军. 连带债务研究——以德国法为主要考察对象 [M]. 北京：中国社会科学出版社，2010：233.
③ 沈焕根. 基本医疗保险先行支付及追偿机制探讨 [J]. 中国医疗保险，2011（8）：12.

第三章
基本医疗（生育）保险

《中华人民共和国社会保险法》第三十条第二款规定，医疗费用依法应当由第三人负担，第三人不支付或者无法确定第三人的，由基本医疗保险基金先行支付。基本医疗保险基金先行支付后，有权向第三人追偿。《社会保险基金先行支付暂行办法》第二条第二款规定，前款规定中应当由第三人支付的医疗费用，第三人不支付或者无法确定第三人的，在医疗费用结算时，个人可以向参保地社会保险经办机构书面申请基本医疗保险基金先行支付，并告知造成其伤病的原因和第三人不支付医疗费用或者无法确定第三人的情况。

据此，先行支付的基本条件是：

（1）受害人参加基本医疗保险，是基本医疗保险的被保险人，且在基本医疗保险的承保期限内。这是先行支付的前提条件。如果第三人造成的受害人的伤病发生于基本医疗保险的停效期间，基本医疗保险不承担当期保障义务，自然也不发生先行支付问题。有观点认为，实行先行支付的条件之一是足额缴纳了基本医疗保险费。[①] 作者认为，这一要求不妥。受害人只要参加了基本医疗保险且在承保期间内，基本医疗保险即负有支付医疗费用的义务；用人单位未足额缴纳基本医疗保险费，影响个人账户的划拨金额，亦会产生征收方面的法律责任，但这并不影响统筹基金的给付，不能因此拒绝先行支付。

（2）产生了第三人应当负担的医疗费用。产生了医疗费用是基本医疗保险的承保风险，没有医疗费用则不发生医疗保险基金给付问题，当然也不会产生先行支付。该医疗费用必须由第三人承担，才发生先行支付；如果不是由第三人承担，而是被保险人自己应当承担，则属于基本医疗保险的直接给付范畴，亦不适用先行支付。第三人承担该医疗费用的基础法律关系不限于侵权行为，基于合同等其他法律关系而导致第三人承担的医疗费用均可发生先行支付。

（3）第三人拒绝给付或给付不能。拒绝给付指第三人拒绝受害人的支付要求，一般为明示，也可以是默示。如对受害人要求的支付期限，第三人不予回应。给付不能指债务人客观上已经没有履行能力。[②] 这两种行为均属于先行支付

---

① 刘文华，白宁. 社会保险先行支付制度与实践 [J]. 中国劳动，2018（9）：47.
② 崔建远. 合同法 [M]. 北京：法律出版社，2010：286.

的原因行为。《中华人民共和国社会保险法》规定了两种先行支付的原因行为，即"第三人不支付"和"无法确定第三人"。"不支付"的含义不甚明了，究竟指客观上不予支付还是主观上支付不能，是否需要对第三人提起诉讼并经执行终结，无法从中推断出确定性结论。根据第三人主观上不予支付与客观上不能支付划分为拒绝给付与给付不能更具有合理性。根据这一分类，"无法确定第三人"属于给付不能。

（4）被保险人提出先行支付申请。社会保险待遇给付属于依申请的行政行为，被保险人及其受益人有申请并接受社会保险给付的权利，也有放弃社会保险待遇的权利，社会保险经办机构不能强制被保险人及其受益人接受社会保险待遇。基本医疗保险的直接给付通常采用直接结算，被保险人在接受诊疗服务时向医疗机构出示参保凭证如社会保障卡，表明了其欲享受医疗保险待遇的意图，应认为其提出了待遇享受申请，社会保险经办机构因此可以与医疗机构实行直接结算，而履行对被保险人的直接给付义务。在第三人负有医疗费用给付义务的情形下，无法默认被保险人申请先行支付，故应由被保险人提出申请。对于申请的形式，《社会保险基金先行支付暂行办法》规定采用书面申请，即要求采用要式行为。

三、"无法确定第三人"之确定及其举证责任

本案中，各方争议焦点在于，如何确定先行支付的原因为"无法确定第三人"。其核心在于，对于这一法律事实，应如何分配举证责任。在司法实践中，证明责任（举证责任）的分配和确定是至关重要的，它往往在很大程度上决定着诉讼的结果，如果证明责任分配有误，就会直接导致判决的错误。[①]

本案中，社会保险经办机构认为，硫酸池的权属人或管理人（使用人）应对袁某的受伤承担相应的侵权责任，即本案中必然存在第三人责任。袁某则认为，本案造成其伤害的硫酸池不存在权属人，其也不知道是否有权属人，社会保险经办机构凭空想象有权属人。是否存在第三人，双方都未提供证据支持。

---

① 何家弘. 司法证明方法与推定规则 [M]. 北京：法律出版社，2018：134.

第三章
基本医疗（生育）保险

一审法院认为，被保险人申请医疗保险报销，要求由医疗保险基金先行支付的，应当提交第三人不支付医疗费用或无法确定第三人的证据，但袁某在诉讼中已明确从未尝试去确定第三人，更没有向第三人主张赔偿权利，因此其主张不符合先行支付的规定。显然，一审法院认为，"无法确定第三人"应由袁某即被保险人一方承担举证责任。

二审法院直接认定硫酸池"已经荒废、业主不明"，但未陈述系依据何种证据确认的这一事实，也未明确谁对此承担举证责任。这一处理方式存在问题。在没有充分证据支持，亦未进行调查的情形下，法院直接确认硫酸池"已经荒废、业主不明"这一事实，依据不足。

再审法院认为，虽然袁某承认其在受伤后并没有去确认第三人，但社保局在受理袁某的申请后到涉案硫酸池调查，亦无法确定硫酸池的权属人即第三人，应当先行支付袁某的医疗费用。再审法院虽然也没有明确举证责任应如何分配，但从其表述来看，似乎倾向于认为应由社会保险经办机构承担举证责任，即社会保险经办机构应进行调查确定。

在一般意义上，举证责任可以等同于证明责任。证明责任是诉讼当事人在审判中向法庭提供证据证明其主张的案件事实的责任[1]，是一定的诉讼主体对其所主张、所认定的案件事实是否存在负有提出证据、运用证据加以证明的义务，主要解决"谁来证明"的问题。[2] 相对于民事诉讼"谁主张、谁举证"和刑事诉讼"公诉人承担证明责任"的共识，对于行政诉讼中是否存在证明责任分配的一般规则，仍存在一定争议。如举证责任分配"由法官针对具体争议点，考量多种因素来完成"。[3]

对于我国行政诉讼中举证责任的分配，1989 年《中华人民共和国行政诉讼法》第三十二条规定，被告对作出的具体行政行为负有举证责任，应当提供作出该具体行政行为的证据和所依据的规范性文件。《最高人民法院关于行政诉讼证据若干问题的规定》（法释〔2002〕21 号）第一条规定，根据《中华人民共和

---

[1] 何家弘. 司法证明方法与推定规则 [M]. 北京：法律出版社，2018：143.
[2] 陈光中. 证据法学（第 3 版）[M]. 北京：法律出版社，2015：325.
[3] 沈岿. 行政诉讼举证责任个性化研究之初步 [J]. 中外法学，2000（4）：74.

国行政诉讼法》第三十二条和第四十三条的规定，被告对作出的具体行政行为负有举证责任，应当在收到起诉状副本之日起 10 日内，提供据以作出被诉具体行政行为的全部证据和所依据的规范性文件；被告不提供或者无正当理由逾期提供证据的，视为被诉具体行政行为没有相应的证据。2014 年修订的《中华人民共和国行政诉讼法》第三十四条延续了这些规定，被告对作出的行政行为负有举证责任，应当提供作出该行政行为的证据和所依据的规范性文件；被告不提供或无正当理由逾期提供证据，视为没有相应证据。对此，我国行政法学界一般认为，我国在行政诉讼中，应由被告行政主体对其作出的行政行为的合法性承担证明责任。① 即证明行政行为所认定的基本事实清楚，适用行政法规范和行政规范性文件正确，符合法定程序，没有超过职权和滥用职权，或没有不履行、拖延履行法定职责，以及没有明显不当，如果被告不能证明或拒绝证明行政行为的合法性，将承担败诉的风险或不利后果。② 现行《中华人民共和国行政诉讼法》规定的证明责任分配规则最主要的缺陷是没有考虑不同行政行为类型的权力（权利）义务关系，忽视了不同行政行为类型所存在的本质的差异。在不同类型的行政诉讼中，举证责任的分配及具体内容都有所差异，不能一概而论。③ 对我国行政诉讼举证责任的分析，或许必须针对不同类型的诉讼形式一一展开。④ 其中，最根本的问题在于，没有考虑从秩序行政向福利行政转变的历史进程中，行政行为类型变化的本质差异。

就先行支付而言，有观点认为，宜要求工伤职工或受害人就其已向相关责任主体提出过支付的请求或第三人无法确定，提供适当的证据予以证明。⑤ 作者认为，这是不准确的。对于"第三人不支付"，由于申请人有义务寻求第三人支付、且可以找到第三人，不管是明确表示还是以行为表示，第三人通常也会作出同意支付还是不同意支付的表示，因此申请人应当提供此事实证据，初次举证责任应

---

① 姜明安. 行政法与行政诉讼法（第 6 版）[M]. 北京：北京大学出版社，2015：461-462.
② 叶必丰. 行政法与行政诉讼法（第 3 版）[M]. 北京：高等教育出版社，2015：210.
③ 杨海坤，章志远. 中国行政法基本理论研究 [M]. 北京：北京大学出版社，2004：574.
④ 杨伟东. 行政诉讼 [M] // 应松年. 当代中国行政法. 北京：中国方正出版社，2005：1798.
⑤ 钱伟兰，孟高飞. 试析社会保险经办机构追偿权的行使 [J]. 中国劳动，2011（8）：24.

第三章

基本医疗（生育）保险

当由申请人承担。对于"无法确定第三人"这一事实，如果第三人是完全不存在的，那么任何人都不能证明这一不存在的事实，无论是要求申请人还是社会保险经办机构对"第三人不存在"这一事实举证，都是违背自然规律的。

"无法确定第三人"这一事实可以分为两种情形，一是根本不知道第三人，包括对可能的第三人亦毫不知晓，行为人不能就不存在的事实承担举证责任，就此事实而言，申请人申请先行支付无须承担举证责任；如果社会保险经办机构否认该事实而拒绝给付，应当就存在第三人承担举证责任，如果其不能证明第三人的存在，则应当承担败诉后果。二是存在可能的第三人，但是由于法律关系、损害行为以及因果关系的复杂性，申请人无法确定谁是第三人。对于这种情形，申请人应当就可能涉及的第三人以及其已经对第三人的确定作了努力却依然无法确定的事实承担初次举证责任；社会保险经办机构否认该事实而拒绝给付，应当就第三人可以确定承担举证责任。

就本案而言，如果"袁某在某镇一家工厂捡垃圾时，不慎掉落于该厂的硫酸池，造成全身大面积烧伤，后由该单位员工将其送到医院进行抢救"这一事实是确定的，那么应属于第二种情形，即可能存在第三人。袁某应当向工厂寻求索赔并以此尝试确定第三人。由于袁某从未尝试去确定第三人，未尽到基本的举证义务，因此其"无法确定第三人"的主张不能成立。就此点而言，一审法院的判决具有合理性。但如果再审法院所述"社保局在受理袁某的申请后到涉案硫酸池调查，亦无法确定硫酸池的权属人即第三人"这一事实成立，亦即社会保险经办机构进行了调查，仍然不能确定第三人，那么虽然袁某没有尽到基本的举证义务，但是"无法确定第三人"这一事实已经确定，袁某的实体条件符合先行支付条件，则应予以先行支付。

鉴于社会保险经办机构的行政主体地位，为更准确地确定事实、更好地服务社会公众，宜明确社会保险经办机构对于先行支付的原因履行调查职责，综合考量申请人的举证义务与调查结果再作出是否先行支付的决定，这样可以减少社会保险经办机构的法律风险，更好地保障被保险人的权益。

保费补缴与生育保险待遇领取权的关系

🌐 裁判要旨

用人单位负有按时足额缴纳社会保险费的法定义务。先投保，后止损受益，是保险经营的一般法则。投保是对将来可能发生的险情进行的预设性投资保障，险情是否发生具有不确定性。投保应当在险情发生之前，而不能等险情发生后再去投保。劳动者生育前，用人单位未为其缴纳生育保险费，事后补缴属于事后投保。劳动者据此要求社会保险经办机构支付其生育保险待遇的诉讼请求没有法律依据。

⏱ 案情

刘某自2005年7月就职于某工业设备安装有限公司（本案以下简称安装公司）。安装公司曾经是省属国有企业，因为历史原因一直欠缴刘某的生育保险费。2012年12月21日刘某生育一女赵某。2015年4月，安装公司进行改制，同时为刘某补缴了自2007年1月至2015年12月的生育保险费及滞纳金。不久，刘某要求所属地社会保险经办机构支付其前述生育的生育保险待遇。社会保险经办机构告知刘某，根据《山东省企业职工生育保险规定》（2007年，山东省人民政府令第193号）第十条规定，所在单位按照规定参加生育保险并为职工连续足额缴费一年以上，才能享受生育保险待遇。根据《关于进一步做好生育保险工作有关问题的通知》（济政字〔2007〕64号）规定，享受生育保险待遇的条件是"女职工生育时，已按照规定参加生育保险并连续足额缴费12个月以上"。社会保险经办机构认为刘某生育女儿赵某时，单位未按时缴纳生育保险费，尽管单位于2015年4月进行了补缴，但仍不符合上述文件规定，所以未向刘某支付生育保险待遇。刘某认为，根据《中华人民共和国社会保险法》第五十四条第一款规定"用人单位已经缴纳生育保险费的，其职工享受生育保险待遇……所需资金从

第三章
基本医疗（生育）保险

生育保险基金中支付"，安装公司已为其补缴生育保险费，其应当享受生育保险待遇；《中华人民共和国劳动法》第七十三条第三款规定"劳动者享受社会保险待遇的条件和标准由法律、法规规定"，社会保险经办机构不予支付其生育保险待遇所依据的文件均系规章，不是法律、法规，社会保险经办机构行为违法。刘某提起行政诉讼，要求社会保险经办机构支付生育保险待遇。

审判

一审法院认为，对《中华人民共和国社会保险法》第五十四条的规定，首先应当立足于文义，即用人单位应当在职工享受生育保险待遇之前缴纳生育保险费。而根据《中华人民共和国社会保险法》第六十条第一款的规定，用人单位应当自行申报、按时足额缴纳社会保险费，非因不可抗力等法定事由不得缓缴、减免。因此，用人单位负有按时足额缴纳社会保险费的法定义务。《中华人民共和国社会保险法》第二条规定，国家建立基本养老保险、基本医疗保险、工伤保险、失业保险、生育保险等社会保险制度，保障公民在年老、疾病、工伤、失业、生育等情况下依法从国家和社会获得物质帮助的权利；第六十九条第一款规定，社会保险基金在保证安全的前提下，按照国务院规定投资运营实现保值增值。立法的本意是实现社会保险"广覆盖、保基本、多层次、可持续的方针"，使其与"经济社会发展水平相适应"，由此必须保证社会保险基金能够及时稳定地从国家、社会获得经费来源，并利用该经费进行投资运营实现保值增值。之所以要求用人单位按时、足额缴纳社会保险费，因为其是社会保险基金稳定来源的重要组成部分，在公民出现险情时，通过支付社会保险待遇进行再分配。对于本案双方争议的生育保险待遇，如果用人单位在职工生育后补缴生育保险费，则社会保险基金无法保证充分和可持续；在此前提下，如果要求社会保险经办机构为刘某缴费前的生育支付生育保险待遇，一是不利于体现社会保险广覆盖、可持续的方针；二是对按时、足额履行缴纳义务的主体不公平。因此，社会保险经办机构不予支付刘某生育保险待遇的决定，理由正当，于法有据。

关于社会保险经办机构适用依据是否正确。山东省人民政府令第193号和济政字〔2007〕64号文件规定要求一定的缴费期限，其目的在于防止出现补缴生育保险费后,立刻要求支付生育保险待遇的情况出现,与《中华人民共和国社会保险法》立法本意一致。社会保险经办机构以此作为其不予支付生育保险待遇的依据,适用法律并无不当,应予确认。判决驳回了刘某的诉讼请求。

刘某不服一审判决,上诉称,第一,一审判决适用法律错误。①一审判决立足于文义将《中华人民共和国社会保险法》第五十四条解释为,用人单位应在职工享受生育保险待遇之前缴纳生育保险费是刘某能够享受生育保险待遇的前提,该解释于法不合。②《中华人民共和国社会保险法》第十一章"法律责任"中并没有规定用人单位事后补缴或者被责令、强制征缴的,其职工不再享受生育保险待遇。③《中华人民共和国社会保险法》第二条规定国家建立社会保险制度,依法保障公民在年老、疾病、工伤、失业、生育等情况下从国家和社会获得物质保障的权利。刘某的用人单位补缴了生育保险费后,刘某却依然不能享受生育保险待遇,有违立法宗旨。④《中华人民共和国社会保险法》第六十九条第一款仅规定了社会保险基金的管理和运营,与本案无涉。⑤一审适用法律错误。《中华人民共和国劳动法》规定劳动者享受社会保险待遇的条件和标准由法律、法规规定。而社会保险经办机构据以作出行政行为的依据分别系政府规章与规范性文件。⑥一审法院在已有法律明确规定的情况下脱离法律,进行自由裁量,违法使用审判权。第二,社会保险经办机构作出不予支付刘某生育保险待遇的行政行为,于法无据。第三,社会保险经办机构依法应当向刘某支付生育保险待遇。《中华人民共和国社会保险法》并没有为领取生育保险待遇设定时间条件,无论是正常缴纳还是补缴、强制征缴,刘某都应当依法享受生育保险待遇。刘某所在单位在补缴生育保险费的同时,依法缴纳了滞纳金,对此应视为刘某在生育之前缴纳了生育保险费,其应享受生育保险待遇。

二审法院认为,先投保,后止损受益,是保险经营的一般法则。投保是对将来可能发生的险情进行的预设性投资保障,险情是否发生具有不确定性。投保应当在险情发生之前,而不能等险情已经发生后再去投保。无论是《中华人民共和国社会保险法》第五十四条,还是山东省人民政府令第193号以及济政字〔2007〕64号文件的规定,都与保险立法的本意一致。刘某生育前,用人单位一直没有为其缴纳生育保险费,其一次性补缴仍然属于事后投保,刘某据此要求社会保险经办机构支付其生育保险待遇的诉讼请求没有法律依据，不予支持。判决驳回上诉，维持原判。

刘某仍不服，申请再审称，《中华人民共和国宪法》《中华人民共和国社会保险法》均强调了社会保险的社会属性和基本保障功能，使得我国公民在特定情形下能够得到基本的社会保障。这是社会保险与商业保险的最大区别。正基于此，《中华人民共和国社会保险法》除规定用人单位自行缴纳社会保险费的一般情形外，对责令缴纳和强制缴纳社会保险费的特殊情形，并未规定职工不再享受社会保险待遇。由此表明，《中华人民共和国社会保险法》的立法本意是，凡是已经缴纳社会保险费的，则其均应享受社会保险待遇。原审判决社会保险经办机构不承担支付社会保险待遇责任，属于法律适用错误。

再审法院认为，根据《中华人民共和国社会保险法》第五十四条、第六十条规定，用人单位负有按时足额缴纳社会保险费的法定义务。先投保，后止损受益，是保险经营的一般法则。投保是对将来可能发生的险情进行的预设性投资保障，险情是否发生具有不确定性。投保应当在险情发生之前，而不能等险情已经发生后再去投保。地方政府规章与规范性文件与立法的本意一致。本案中，刘某生育前，用人单位一直没有为其缴纳生育保险费，虽然用人单位一次性补缴生育保险费并缴纳了滞纳金，但仍然属于事后投保。刘某据此要求社会保险经办机构支付其生育保险待遇的诉讼请求没有法律依据。裁定驳回再审申请。［一审：（2016）鲁0103行初14号；二审：（2016）鲁01行终353号；再审：（2017）鲁行申356号］

评析

一、生育保险待遇给付等待期规则

生育保险等待期系指，被保险人享受生育保险待遇需满足一定的生育保险费缴纳期限。这在地方政策中较为常见，有规定为6个月的，也有规定为12个月的。设立等待期主要是为了防止怀孕后才参加生育保险以及不属于参保单位职工而冒充享受生育保险待遇等道德风险。生育保险的保障事由是生育。在强调优生优育的今天,生育一般而言都是有计划的。如果不设置一定的等待期,可能会出现大量的"临时性"或"突击性"参保现象,会危及生育保险基金的可持续性。《中华人民共和国社会保险法》第五十四条第一款仅规定用人单位已经缴纳生育保险费的,生育保险待遇由生育保险基金支付,而未规定保护等待期在内的具体的享受生育保险待遇的条件。从《中华人民共和国社会保险法》的整体来看,其各项制度的真正实现必须依赖于下位法和规范性文件的补充。亦即,无论是基于《中华人民共和国社会保险法》的实现要求,还是基于我国生育保险制度的现实需求,均需要具体的法律规则予以补充。在没有行政法规和部委规章的背景下,由地方制定规章或颁布规范性文件进行补充是必然的选择。山东省人民政府令第193号和济政字〔2007〕64号文件均可以作为生育保险待遇给付特别是等待期规则的法律渊源。

二、社会保险缴费与待遇给付的关联性

一般认为,我国社会保障制度包括社会救助、社会保险、社会优抚、社会福利、慈善。社会保险遵循缴费与待遇相适应的原则。一方面,根据《中华人民共和国社会保险法》第四条"中华人民共和国境内的用人单位和个人依法缴纳社会保险费,有权查询缴费记录、个人权益记录,要求社会保险经办机构提供社会保险咨询等相关服务"的规定,缴纳社会保险费是享受社会保险待遇的基础条件,不缴费不能享受待遇。另一方面,为了实现社会公平,不要求待遇与缴费有严格的对应关系。正如本案中一审法院详细阐述的那样,用人单位应当在职工享受生育保险待遇之前缴纳生育保险费,这是由我国社会保险的基本模式所决定的。

三、补缴后生育保险基金不予支付生育保险待遇

补缴生育保险费以及缴纳滞纳金后,能否由生育保险基金支付补缴前的生育保险待遇,这是本案的争议核心。

就文义来看,《中华人民共和国社会保险法》第五十四条第一款规定"用人单位已经缴纳生育保险费"并未特指"在生育之前已经缴纳生育保险费",这里的"缴纳"没有排除"补缴"。比较而言,济政字〔2007〕64号文件明确规定

第三章
基本医疗（生育）保险

"女职工生育时，已按照规定参加生育保险并连续足额缴费 12 个月以上"，则排除了补缴享受生育保险待遇的情形。认为《中华人民共和国社会保险法》系规定生育之前需依法缴纳生育保险费才能由生育保险基金支付生育保险待遇，实际是基于该法的整体解释以及生育保险制度的目的解释而得出的。从目前的生育保险制度框架来看，这一解释是可以成立的。

但就未来立法改革而言，立法中是否应对此问题予以明确，是否进一步扩展生育保险基金的支出范围，值得探讨。可以参照的是，与《中华人民共和国社会保险法》同期颁布的《工伤保险条例》（修订版），改革了工伤保险给付制度——改革前该制度与上述生育保险基金支付制度相同。工伤保险待遇中最为重要的是定期给付制度如伤残津贴等，如果完全不能纳入工伤保险基金支付，而用人单位又存在给付不能的问题，会损害工伤人员及其遗属的权益，与社会保险制度的根本目的也不相符。因此，工伤保险新制度要求，用人单位补缴工伤保险费以及滞纳金后，用人单位补缴前发生的工伤在补缴后新发生的工伤保险待遇，由工伤保险基金支付，从而合理界分了基金与用人单位的给付责任。生育保险待遇包括生育医疗费用和生育津贴，生育津贴的领取期限有限，生育保险基金不予支付对个人权益影响不大；而生育医疗费用在特殊情形下可能发生长期、大额支付，如果生育保险基金不予支付可能最终会影响被保险人权益。因此，未来宜参照工伤保险模式，在用人单位补缴生育保险费并缴纳滞纳金后，新发生的生育保险待遇由生育保险基金支付。

四、生育保险费补缴的意义和功能

对本案可能会存在的质疑是，补缴生育保险费及缴纳滞纳金后，生育保险基金仍然不支付生育保险待遇，那么要求补缴生育保险费及缴纳滞纳金的意义何在，或者说理论基础是什么？

社会保险缴费有两个基本功能，一是保障被保险人及其受益人的基本权益；二是提供社会保险统筹基金来源，保障社会保险制度的可持续发展。以生育保险来说，即便用人单位没有女职工，也没有男职工的配偶存在生育需求，用人单位仍然有义务缴纳生育保险费，这正是社会保险缴费第二个功能的体现，是用人单位对于社会保险的社会责任的体现。基于这一功能和责任,用人单位的缴费属于强制性法律义务,如果用人单位未履行这一义务,即要承担补缴、滞纳金等法律责任。

五、生育保险基金拒绝支付后生育保险待遇的给付主体

在生育保险基金拒绝支付补缴前发生的生育所产生的费用的情形下,根据《中华人民共和国民法通则》第一百零六条"公民、法人违反合同或者不履行其他义务的,应当承担民事责任;公民、法人由于过错侵害国家的、集体的财产,侵害他人财产、人身的,应当承担民事责任"和《中华人民共和国侵权责任法》第六条"行为人因过错侵害他人民事权益,应当承担侵权责任"的规定,由于用人单位违反法律规定,未依法给劳动者缴纳生育保险费,对劳动者不能获得生育保险基金支付的生育保险待遇损失存在过错,应由用人单位承担赔偿责任,即应由用人单位作为生育保险待遇的给付主体。

第四章
工伤保险

非突发疾病发生死亡后果不应视同工伤

🌐 裁判要旨

突发疾病死亡或者在48小时之内经抢救无效死亡是《工伤保险条例》视同工伤条款的实质要素,主要体现在"突发"二字上,一般应理解为突然发作、情况危急,导致当时死亡或者需要立即送医院急救并在48小时内死亡的情形。非突发疾病,即便发生死亡后果也不应视同工伤。

🕐 案情

伍某(胡某之夫)系云阳县某能源公司一煤厂(本案以下简称煤厂)的工人,工作岗位为运煤工。2013年1月20日15时左右,伍某上班时因感觉身体不适提前下班,并向厂方请假后借款500元准备回家,因天色较晚,并未离厂。当日21时左右伍某大吐血被送到云阳县人民医院抢救,因抢救无效于次日23时左右死亡。

2013年1月25日,煤厂(甲方)与胡某(乙方)达成协议。主要内容为:一、甲方向乙方支付305 000元。二、如伍某认定为工亡,乙方应享受相应的工亡待遇，甲方扣出已支付的 305 000 元，如经申请伍某不能认定为工亡，不享受工亡待遇，甲方已支付乙方的 305 000 元作为伍某死亡的一次性补偿。三、甲方负责为乙方办理工亡认定申办事宜，乙方必须协助甲方为伍某办理工亡认定的事宜。

2013 年 1 月 26 日，煤厂向云阳县人社局提出工伤认定申请。2013 年 3 月 11 日，云阳县人社局作出"云人社伤险不予认决字（2013）5 号"不予认定工伤决定书，认为伍某的死亡，不符合《工伤保险条例》第十四条、第十五条认定工伤或者视同工伤的情形，决定不予认定或者视同工伤。胡某不服该决定，提起行政诉讼。

审判

胡某认为，伍某死亡符合《工伤保险条例》第十五条第一款第（一）项关于职工"在工作时间和工作岗位，突发疾病死亡或者在 48 小时之内经抢救无效死亡"视同工伤的规定，人社局的具体行政行为损害了伍某及其家属的合法权益。

人社局辩称，2013 年 1 月 20 日 21 时左右，伍某病情加剧，大吐血，厂方拨打"120"急救电话，将其送医院抢救无效后死亡，直接死亡原因是：上消化道出血致呼吸循环衰竭。伍某病史为：入院 10 月前在广东某医院被诊断为肝硬化。人社局在受理用人单位提交的工伤认定申请后进行了调查核实，认为根据《工伤保险条例》第十五条第一款第（一）项，职工在工作时间和工作岗位上突发疾病，应及时送工作岗位附近的医疗机构进行抢救。伍某上班时感觉身体不适没有及时到医院诊断，提前下班休息了几个小时后发生事故，不能证明其是在工作岗位上突发疾病死亡。其抢救和病史记录说明伍某有病在身，不能排除他在下班后因不当饮食而引起消化道出血抢救不及时死亡。肝硬化病人应遵医嘱，不能食用粗食，要吃精细的食物，以免引起消化不良而大出血。伍某死亡不符合《工伤保险条例》第十五条第一款第（一）项规定，不属于视同工伤。

一审法院经审理认为，根据《工伤保险条例》第十五条第一款第（一）项规定，被确认为视同工伤应同时符合三个要件：①在工作时间内；②在工作岗位上；③突发疾病死亡或者在 48 小时之内经抢救无效死亡。伍某虽然确有突发疾

第四章
工伤保险

病且在 48 小时内经抢救无效死亡的事实，但该事实并未发生在工作时间内和工作岗位上，人社局认为伍某死亡不符合工伤认定（视同工伤）范围，作出不予认定工伤（视同工伤）的结论，符合《工伤保险条例》的规定，胡某的诉讼请求不予支持。判决驳回胡某的诉讼请求。

胡某不服一审判决，以一审法院适用法律错误为由提起上诉。

二审法院经审理认为，《工伤保险条例》第十五条第一款第（一）项明确了职工适用该项规定被确认为视同工伤应同时符合三个要件：①在工作时间内；②在工作岗位上；③突发疾病死亡或者在 48 小时之内经抢救无效死亡。而突发疾病死亡或者在 48 小时之内经抢救无效死亡是视同工伤条款的实质要素，主要体现在"突发"二字上，一般应理解为突然发作、情况危急，导致当时死亡或者需要立即送医院急救并在 48 小时内死亡的情形。本案中，伍某在 2013 年 1 月 20 日 15 时左右上班时因感觉身体不适提前下班，后跟厂方请假并借款 500 元准备回家买药，因天色较晚未离厂，可见其时伍某虽然身体不舒服但并非属于突然发作、情况危急必须送医院急救，而当日 21 时左右因大吐血送到医院经抢救无效死亡。虽然确有突发疾病且在 48 小时内经抢救无效死亡的事实，但该事实并未发生在工作时间内和工作岗位上，人社局认为伍某的死亡不符合工伤认定（视同工伤）范围，作出不予认定工伤（视同工伤）的结论，符合《工伤保险条例》第十五条第一款第（一）项的规定。判决驳回上诉，维持原判。

胡某仍不服，向检察机关申请抗诉。2015 年 4 月 23 日，重庆市人民检察院作出"渝检行监（2015）50000000054 号"行政抗诉书。

重庆市人民检察院抗诉认为，该院审查认定的事实与二审法院认定的事实一致。但二审行政判决认定的基本事实缺乏证据证明，判决结果确有错误。理由是：本案争议的焦点系如何认定伍某突发疾病的时间点，也即其死亡情形是否符合视同工伤的问题。伍某突发疾病的起始时间点应为其感觉身体不适之时，即 2013 年 1 月 20 日 15 时左右。伍某的死亡情形符合《工伤保险条例》视同工伤的规定。首先，从本案的事实情况来看，伍某从 2013 年 1 月 20 日 15 时左右上班期间感觉身体不适，至当日 21 时大吐血仅间隔 6 个小时，至其被送往医院经抢救无效于次日 23 时左右死亡尚不足 48 小时。伍某从感觉身体不适，到病情加重送医,再到经抢救无效死亡,是一个连续的过程,符合突发疾病的发展规律。参照劳动和社会保障部《关于实施〈工伤保险条例〉若干问题的意见》(劳社部函〔2004〕256号)第三条"'突发疾病'包括各类疾病"的规定,"突发疾病"是指突然发生的各种类型的疾病。同时因病人个体体质的差异,其症状表现也各有异同。本案中伍某工作岗位为运煤工,工作的场所为乡镇煤矿,距离县城医院较远,在其感觉身体不适至被送往医院抢救这一期间并未离厂,也未再做其他任何事情,不能因为其暂时休息没有及时送医院抢救,就否认其系在"工作时间和工作岗位上"突发疾病的事实。其次,根据《工伤保险条例》第十五条第一款第(一)项的规定,视同工伤应当符合以下条件:①在工作时间和工作岗位上;②突发疾病死亡或者在48小时之内经抢救无效死亡。本案中,原审已经认定伍某系在2013年1月20日15时左右上班时因感觉身体不适而提前下班,故其符合上述"在工作时间和工作岗位上"之条件;又伍某从2013年1月20日21时许被送往医院抢救,至其于次日23时许死亡仅有26个小时,符合上述"在48小时之内经抢救无效死亡"之规定。因此,伍某的死亡情形符合《工伤保险条例》视同工伤的规定。二审行政判决认为伍某"虽然确有突发疾病且在48小时内经抢救无效死亡的事实,但该事实并未发生在工作时间和工作岗位上"系事实认定错误。综上所述,二审行政判决认定的基本事实缺乏证据证明,判决结果确有错误。

再审法院认为,本案争议焦点是对《工伤保险条例》第十五条第一款第(一)项规定如何理解与适用的问题。实为工伤与视为工伤不同,视为工伤必须满足法定要件。依照《工伤保险条例》第十五条第一款第(一)项规定,视同工伤的情形是在工作时间和工作岗位上,突发疾病死亡或者在48小时之内经抢救无效死亡的。即此条款视同工伤的情形应当同时满足以下三个条件:①在工作时间内;②在工作岗位上;③突发疾病死亡或者在48小时之内经抢救无效死亡。三个要件缺一不可,应当是一个连贯的过程,不应有中断。即视同工伤的工亡者,应当是在工作时间、工作岗位突发疾病死亡;或在工作时间、工作岗位突发疾病,立即就地抢救或送医院抢救并在48小时之内经抢救无效死亡。对该规定的"突发疾病"司法实践的理解是,这种疾病一旦发作,若不及时抢救,必然导致死亡。本案各方当事人对原审法院查明的事实均无争议，即"2013 年 1 月 20 日 15 时左右，伍××上班时因感觉身体不适提前下班，并向厂方请假后借款 500 元准备回家，因天色较晚，并未离厂。当日 21 时左右大吐血送到云阳县人民医院抢救，因抢救无效于 2013 年 1 月 21 日 23 时左右死亡"。从这一事实看，伍某因感觉身体不适提前下班，即在工作期间因身体不适，请假离开工作岗位，并向厂方借款准备回家，因天色较晚，而未离厂。这一事实说明，2013 年 1 月 20 日 15 时左右，伍某发病后，离开工作岗位，所发疾病未达到需立即抢救或送医院抢救的程度。伍某的情形不符合《工伤保险条例》第十五条第一款第（一）项规定中的三要件中的"在工作岗位上"的条件，也不符合"突发疾病在 48 小时之内经抢救无效死亡"的条件。经审查，重庆市人民检察院的抗诉理由不成立，依法不予主张。综上，原审判决认定事实清楚，适用法律正确。判决维持二审法院行政判决。〔一审：（2013）云法行初字第 00032 号；二审：（2013）渝二中法行终字第 00070 号；再审：（2015）渝高法行提字第 00008 号〕

评析

一、关于"突发疾病"规定的历史演进

对于疾病纳入工伤范畴要求"突发"的规定，始见于 1964 年全国总工会劳动保险部关于劳动保险问题的解答。其规定"在紧急情况下（如抢险、救灾、救人等），从事对企业或者社会有益的工作而造成疾病、负伤、残废或者死亡""革命军人在作战中负伤，或由于在战争的艰苦环境中造成的严重疾病（有可靠的组织证明）转入企业工作后，因旧病复发造成残废或者死亡"，有可靠证明，可以享受因工待遇。疾病在一定范围上可以进入工伤的范畴。但未明确什么情况下的疾病可以进入工伤范畴。

为解决这一问题，全国总工会劳动保险部《关于职工在工作时间工作地点突然发病死亡待遇如何处理问题的复函》（〔65〕险字第 760 号）规定，对于个别特殊情况，例如由于加班加点突击任务（包括开会）而突然发生急病死亡，或正在执行任务中，突然发病但没有条件离开工作岗位去进行治疗（如火车、轮船司

机等，发病不能进行抢救治疗）而造成死亡，或者患病后医师令其休息治疗，但本人为了工作坚持上班，而突然病变造成死亡，以及其他类似上述特殊情况，经职工群众讨论，党委同意，可以当作个别特殊问题，予以照顾，比照因工死亡待遇处理。

全国总工会生活保障部《关于执行〔65〕险字第760号文的复函》（〔82〕活字第193号）规定，对于特殊情况给予照顾的必须有以下几个前提：①由于工作确实需要而领导安排连续加班加点突击任务，突然发病造成死亡的；②在执行任务中突然发病，没有条件离开工作岗位（如火车司机、轮船司机等）去抢救治疗而死亡的；③职工患病并有医生证明需要休息，而由于非本人参加不能完成某项紧急任务，领导安排其带病坚持工作，突然发生病变死亡的。上述情况，经职工群众讨论，党委同意，可以作为特殊情况，比照因工死亡待遇处理。

1996年，劳动部颁布《企业职工工伤保险试行办法》（劳部发〔1996〕266号）开始在全国推行工伤保险制度。其中第八条规定，职工在生产工作的时间和区域内，由于不安全因素造成意外伤害的；由于工作紧张突发疾病造成死亡或经第一次抢救治疗后全部丧失劳动能力的；因公外出期间，由于工作原因，遭受交通事故或其他意外事故造成伤害或者失踪的；因突发疾病造成死亡或者经第一次抢救治疗后全部丧失劳动能力的，应当认定为工伤。

二、突发的界定及其必要性

这里所称的"突发疾病"，是指上班期间突然发生的任何种类的疾病。[①] 这一解释基本上是可以的。"突"为"急猝貌；突然"。[②] "突发"指"突然发作或发生"，而突然的意思是"在短促的时间里发生，出乎意外"。[③] 将突发限定为在发病之前无任何征兆的突然发生，如果存在提前已有医疗行为，在工作过程中，又感不适，不能认定为突发；如果存在慢性病，在工作过程中，因该病复发的，

[①] 国务院法制办公室，人力资源和社会保障部. 工伤保险条例释义与实务 [M]. 北京：中国劳动社会保障出版社，2011：89.

[②] 夏征农. 辞海 [M]. 上海：上海辞书出版社，2002：1695.

[③] 中国社会科学院语言研究所词典编辑室. 现代汉语词典 [M]. 北京：商务印书馆，2012：1316.

也不能认定为突发。① 突发不仅指时间上突然,而且有急促、没有预料的含义,其中又包含了疾病的凶险。因为轻微疾病如感冒,是可以预料的。"突发疾病"强调的是无论何种疾病,必须是突然发作,且发作后极短时间有很明显、很严重的症状表现,否则只能称是患了疾病。"48小时之内经抢救无效死亡"要求劳动者在突发疾病后应伴随抢救治疗,当然,不一定指在医院抢救治疗,应急处理也属于抢救的一种形式,只是其时间可以不计算在48小时之内。

在司法实践中,视同疾病工伤的构成,是否要求疾病"突发",存在截然相反的裁判观点。

有法院认为不应要求"突发"的情节,见下述案例。李某为公司保安员,2014年3月1日21时30分至次日5时30分为其巡逻值班时间。3月2日凌晨4时30分左右,李某因身体不适不能坚持巡逻,跟同事请假,并请求同事为其代一下班,同事答应后,李某随即回家,至5时左右上床休息,其妻发现李某状况不对,便拨打"120"急救中心电话求助,医院接到电话,立即赶往李某家对其实施救治。李某被送到医院,5时30分经抢救无效死亡。社会保险行政部门对其亲属的工伤认定申请,以"突发疾病死亡不是在工作时间、工作岗位"为由未予认定为工伤。其亲属不服,向市政府申请行政复议,市政府以"适用依据错误"为由,决定撤销社会保险行政部门的不予认定工伤决定。用人单位对此不服,遂向法院提起行政诉讼。一审法院认为,现有的证据证明李某在上班时感到身体不适,即请假回家,到家后,因病情加重经抢救无效死亡。显然,李某的死亡地点不是在工作岗位,而是死在自己家中,不符合《工伤保险条例》规定的视同工伤的情形,不得视同为工伤。判决撤销市政府的行政复议决定。李某家属对此不服,提起上诉。二审法院认为,李某系在上班时感到身体不适,请假回家后,因病情加重经抢救无效死亡。李某在上班时出现身体不适的症状,虽是请假回家休息,但是其不能马上意识到会突发致命性疾病,且其发病时为凌晨4时,也不方便就医。从其3月2日凌晨4时30分左右因身体不适请假回家,至5时

---

① 李红刚. 对工伤认定"突发疾病"和"48小时"及相关问题的思考[J]. 劳动保障世界,2016(12):13.

左右其妻拨打急救电话，直至被送到医院 5 时 30 分经抢救无效死亡，是一个持续发展的过程。如果将其请假回家休息、拨打"120"急救电话认定为其他的时空因素，割裂于工作时间、工作岗位，既不符合劳动法保护劳动者合法权利的基本原则，亦有悖人情。因此，市政府认为李某突发疾病死亡应当视同工伤，撤销社会保险行政部门不予认定工伤决定符合法律规定。一审判决认为李某的死亡地点不是在工作岗位，不符合视同工伤的情形的理由不符合法律规定，依法应予纠正。据此又撤销了一审判决，维持行政复议决定。①

在该案中，各方意见对立。用人单位、社会保险行政部门、一审法院认为不构成工伤；而死亡人员亲属、市政府、二审法院则认为构成工伤。二审法院认为此种情形构成工伤，其判决理由中虽然没有明确主张该视同工伤无需疾病突发，但实际隐含了这一主张。二审法院判决确认"李某上班时感到身体不适，回家后病情加重"的事实，并指出"李某在上班时出现身体不适的症状，虽是请假回家休息，但是其不能马上意识到会突发致命性疾病"，无论是前句中的"身体不适"，还是后句中的"突发"，都很清晰地表明前句中的"不适"并非突发疾病。二审法院实际认为，即便没有在工作时间和工作岗位上"突发疾病"，但只要有疾病表现（无论怎么轻微），只要其后（无论在哪里）在 48 小时之内经抢救无效死亡，都应当视同工伤。

作者认为，无论是社会保险行政部门还是一审法院，在分析该案不构成视同工伤时，理论上确实存在不当之处。社会保险行政部门否定工伤的理由是"突发疾病死亡不是在工作时间、工作岗位"，然而根据《工伤保险条例》第十五条规定，突发疾病视同工伤并不一定要求在工作时间内死于工作岗位上，还存在"48 小时"的情形。一审法院否定工伤的理由是"李某的死亡地点不是在工作岗位，而是死在自己家中"，但是，如果是在工作时间内、工作岗位上突发疾病，经医生抢救后在家中死亡，是否也不能认定为工伤，这是存在疑义的。

---

① （2015）湘高法行终字第 47 号行政判决书。

脑死亡能否作为突发疾病工伤的死亡标准

🌐 裁判要旨

幼儿失母，劳燕分飞，诚哉痛也。程某危重之际，家属基于深情挚爱而非利益计算，坚持抢救、不离不弃，符合社会伦理道德，显现内心情义良知。但是，死亡既是沉痛的生活命题，也是重大的法律命题，涉及个人多项权利的消灭，涉及多种法律关系发生终结、变动。死亡的认定标准、死亡时间的确定不仅仅影响到工伤的认定，还直接关联到其他诸多法律关系，如继承、婚姻、致人死亡类刑事犯罪等。如果仅仅出于保障职工权益的考虑，法院就在立法未明确确立脑死亡为死亡标准的情况下，径行否定本案中医疗机构采用的心肺死亡标准，而在工伤认定中直接确认脑死亡标准，无疑会有冲击我国目前各法律体系中死亡认定标准同一性之虞。

🕐 案情

2015年12月29日8时38分，程某在公司车间工作时晕倒，后被送入医院救治。医院诊断为：①右侧小脑出血破入脑室系统；②脑疝形成；③脑室积血；④脑积水；⑤吸入性肺炎。医院出具的"死亡记录"记载的死亡时间为2015年12月31日13时35分。其诊疗经过记载为：12月30日9时已基本脑死亡，预后极差，家属仍坚持积极药物抢救治疗，持续大剂量肾上腺维持血压；12月31日3时患者血压测不到，无自主呼吸，心跳存，家属仍不愿放弃治疗，至12月31日13时，患者出现心跳停止，血压测不出，大动脉搏动消失，持续抢救至13时35分，患者双侧瞳孔散大固定，血压测不出，心电监护仪上心电图呈一直线，无自主呼吸，全身发绀，宣布患者临床死亡。医院出具的"死亡医学证明书"载明程某死亡日期为"2015年12月31日"。2016年1月8日，程某公司向人社局提交工伤认定申请，提交了工伤认定申请表、医疗病历本、疾病诊断书、员工身份证、劳动关系证明、上下班工作记录卡、法医证明、证人证词。人社局受理申请后，依职权进行调查并制作了笔录，于2016年2月1日作出不予认定工伤决定书，认为程某在车间突发疾病，送医院抢救超过48小时死亡，不符合《广东省工伤保险条例》第九条、第十条规定，认定其不属于或不视同工伤。程某近亲属童某等不服，提起行政诉讼。

审判

一审法院认为，本案争议焦点为程某的死亡时间。童某等主张医院的抢救过程已经记载程某于2015年12月30日基本脑死亡，该时间应为死亡时间。人社局主张应以医院出具的"死亡记录"记载的死亡时间12月31日13时35分作为死亡时间。程某的死亡时间应以"死亡记录"记载为准。童某等主张以脑死亡为标准缺乏法律依据。人社局作出的工伤认定事实清楚、适用法律正确、程序合法。对童某等要求撤销不予认定工伤决定书，以及要求人社局对程某死亡重新作出工伤认定的诉讼请求不予支持。

童某等不服一审判决，提出上诉称，①童某等在一审提交了8份医学教材和脑死亡判定技术规范，并提交了7份广东省内两家中级人民法院判决及全国其他省份各级法院所作判决，可以证明脑死亡在医学界已被接受作为判断人死亡的标准，在司法审判实务中已被全国多数法院承认，裁决理由趋于一致，均认可48小时内脑死亡视同工伤，但一审法院对上列证据全部删除在判决之外，且没有任何评价和说明，这是违法裁判。②脑死亡属于事实问题，不是法律问题。因此，一审法院以脑死亡作为工伤认定标准缺乏法律依据为由驳回上诉，属于错判。③一审法院既然无法认定脑死亡是否可以作为临床死亡判断标准，则应接受童某等在一审提出的鉴定申请，将该问题提交医疗机构进行鉴定，但一审法院直接驳回鉴定申请，又不承认脑死亡的认定，原判不讲道理。④《脑死亡临床判定指南》对脑死亡的认定标准，确立了"有呼吸机介入，脑死亡即是死亡，没有呼吸机介入，心死亡等于死亡，中枢性呼吸死亡，无论心跳与否，都是一种死亡"的人死亡标准。《卫生法医学》认为脑死亡实际上就是人死亡，脑死即人死。《法医病理学》认为一旦发生脑死亡就可以停止临床抢救，无须考虑心脏是否停止，

第四章
工伤保险

均可宣告个体死亡。《神经外科学》认为脑死亡者无复生的可能，一旦脑死亡到来，就意味着机体已经死亡，生命终止。《颅脑损伤》认为，一旦肯定为脑死亡，所有复苏措施就应立即停止。本案程某于 2015 年 12 月 29 日 10 时 48 分进入医院抢救，"死亡记录"中明确记载 12 月 30 日 9 时其基本脑死亡，根据上述证据，脑死亡即人死亡，故程某的真正死亡时间是在 2015 年 12 月 30 日 9 时。⑤一审判决认为，死亡时间应以"死亡记录"记载的时间 12 月 31 日 13 时 35 分为准，则不应忽略"死亡记录"同样记载脑死亡的时间是 12 月 30 日 9 时。既然都以"死亡记录"为依据，就应以最早出现死亡状态的时间为准。⑥广州市中级人民法院（2014）穗中法行终字第 622 号判决理由认为"依据查明的事实可知，郭××在工作时间、工作岗位上突发疾病被送医急救，于 48 小时内被诊断为：小脑后下动脉瘤出血量大，压迫生命中枢，导致呼吸、心跳骤停，血压下降，无手术及转院治疗的指征，持续给予呼吸机辅助呼吸、升压药维持血压、脱水、抗感染等对症支持治疗。郭××突发疾病在 48 小时之内经抢救已被诊断为脑死亡，无手术及转院治疗价值；行政机关仅以郭××'死亡医学证明书'记载临床死亡时间距离发病时间超过 48 小时为由不认定郭××的死亡为工伤，与上述规定不符。"⑦韶关市中级人民法院（2015）韶中法行终字第 16 号判决理由认为"根据《工伤保险条例》的立法原意，脑死亡应当是人死亡的标准，对'48 小时'内死亡、'48 小时'后停止呼吸者应当认定为工伤；行政机关认为脑死亡不能作为死亡的判断标准，应对作出的具体行政行为负有举证责任，应当提供作出该具体行政行为的证据和所依据的规范性文件。"将脑死亡是否可以作为认定的标准，把举证责任交给行政机关，符合行政诉讼法关于行政机关对行政行为合法性的举证责任之规定，而一审法院不仅将该举证责任交给了童某等，而且又去掉了童某等所举的医学教材和脑死亡判定技术规范等依据不正确。⑧长沙市中级人民法院、常德市中级人民法院、赣州市中级人民法院、潍坊市中级人民法院等相关判决书都承认脑死亡作为 48 小时内死亡的认定标准。当全国多数法院已将劳动者在 48 小时内脑死亡作视同工伤的认定标准，深圳市法院是坚持不承认脑死亡，还是顺应全国多数法院的意见，将 48 小时内脑死亡作为工伤认定标准，从而与时代发展相接轨，遵从《工伤保险条例》维护劳动者合法权益的立法目的，则是本案上诉后二审法院需要重新考虑的问题。⑨从更长远的方面讲，当多数司法机关认同脑死亡即属于人死亡的判断标准，就可以让脑死亡成为将来立法的一部分，这会使很多濒临死亡绝境的患者，获得来自脑死亡者的器官捐助以重获新生，这是一项非常神圣的使命。

人社局答辩称，"死亡医学证明书"确认死亡时间是2015年12月31日，同时在"死亡记录"里第二段倒数第2行"持续抢救至13时35分"，最后的结论是"宣布患者临床死亡"。童某等谈到的脑死亡的时间，在"死亡记录"上记载为"12月30日9时已基本脑死亡"，但是"死亡医学证明书"作为治疗单位所出具的具有法律意义的证明，并没有采用脑死亡为病人死亡的标准。裁判文书上也有大量持有同一的标准以临床宣告死亡，即自然死亡作为死亡的标准。脑死亡并不是现行认定死亡的标准，国家卫生和计划卫生委员会办公室在2004年5月3日有一个公开的声明，称脑死亡是医学界提出的判定死亡的一种方式，与现行判定死亡的标准不同，实施脑死亡判断必须以相应的法律法规为前提条件，也就是只有通过立法以后方可实施。有人大代表曾经三年提出以脑死亡代替心死亡作为死亡判定标准，全国人大均回复称由于脑死亡和目前的相关法律有抵触，正式立法暂时还面临不少困难。前卫生部副部长黄洁夫说考虑各方面因素，我国目前不宜讨论脑死亡的立法。综上，一审判决正确。

二审法院认为，本案关于程某抢救的事实经过虽然清晰，但死亡时间的认定直接涉及死亡的判定标准。何为死亡，死亡标准如何，不但是一个法律问题，本质上更是一个医学问题，即医学上如何判断个体生命已经终结。特别是，我国相关法律法规中并未对死亡标准作出明确规定，在此情形下，无论法院还是工伤认定主管机关，都应尊重专业医疗机构的判断，因为法院、行政机关都远不如医疗机构具备专业知识，无法对此专业问题作出精准回答。本案中，医院出具的"死亡记录"虽然记载了程某于"12月30日9时已基本脑死亡"，但一方面，其用语是"基本脑死亡"，而基本脑死亡是否等同于已经脑死亡，难以判断；另一方面，更为重要的是，"死亡记录"中亦载明"持续抢救至13时35分……宣布患者临床死亡"，宣布程某临床死亡的主要依据是心电图呈直线、无自主呼吸，即心肺死亡，同时注明的死亡日期为"2015年12月31日13时35分"，该医院出具的"死亡医学证明书"记载的死亡日期亦与"死亡记录"一致。由此可见,医院作为专业医疗机构,在"基本脑死亡"与"宣布临床死亡"两个标准、两个时间中,仍然采用了以后者为死亡标准,以后者时间为死亡时间来作出程某死亡的最终判断。在该判断未明显与法律规定抵触亦未明显缺乏事实依据时,法院或工伤认定主管机关在职权范围内,皆不应当也不适宜对此予以否定。因此,人社局认定程某死亡时间为 2015 年 12 月 31 日 13 时 35 分,死亡时间距离发病时间已超过 48 小时,认定程某不属于或不视同工伤,认定事实清楚、适用法律正确,程序亦符合法律规定。

童某等虽提交了多份医学教材复印件及脑死亡判定技术规范,但不足以证明脑死亡已是我国法定的死亡标准,或已是我国医学界已统一采用确凿无疑的死亡标准,即不足以否定"死亡记录"及"死亡医学证明书"有关死亡日期的最终记载。童某等提交了多份其他省市法院认可脑死亡的行政判决;人社局亦在二审中补充提交了数份其他法院不认同脑死亡的判决供合议庭参考。确实,传统的死亡标准是心肺死亡,随着呼吸机等生命支持措施的广泛应用,脑死亡逐步走入医学视野,甚至部分国家进行了相关立法,然而目前在我国,脑死亡并未成为法定死亡标准,甚至在医学界也仍然存在相当争议。正是如此,不同法院在不同个案中基于不同考量作出了不同判断,不同法院不同判决中所呈现出的不同判决理由都予以合议庭相当启发,本判决亦是合议庭在认真研习考量之后所得。坦诚而言,亦希冀死亡标准问题能早日以立法明确,从而能就脑死亡这一类问题在全国范围内得以统一认识对待。

童某等亦主张以脑死亡作为工伤认定标准是遵从《工伤保险条例》保障职工权益立法目的,认为被诉工伤认定行为、一审判决没有考量人性伦理道德。幼儿失母,劳燕分飞,诚哉痛也。程某危重之际,家属基于深情挚爱而非利益计算,坚持抢救、不离不弃,符合社会伦理道德,显现内心情义良知,法院充分肯定。但是,死亡既是沉痛的生活命题,也是重大的法律命题,涉及个人多项权利的消灭,涉及多种法律关系发生终结、变动。死亡的认定标准、死亡时间的确定不仅仅影响到工伤的认定,还直接关联到其他诸多法律关系,如继承、婚姻、致人死亡类刑事犯罪等。如果仅仅出于保障职工权益的考虑,法院就在立法未明确确立脑死亡为死亡标准的情况下，径行否定本案中医疗机构采用的心肺死亡标准，而在工伤认定中直接确认脑死亡标准，无疑会有冲击我国目前各法律体系中死亡认定标准同一性之虞。综上，童某等上诉请求不能成立，判决驳回上诉，维持原判。

童某等仍不服，向广东省高级人民法院申请再审称，①原审认为"基本脑死亡是否等同于已经脑死亡，难以判断"。基本脑死亡实际上就是脑死亡的意思，相当于原则性已认定该患者已经脑死亡，没有继续抢救挽回生命的价值，冠以"基本"两字不过是表达医学专业上的谨慎态度，并不改变脑死亡的事实。原审法院拒绝童某等提出的医学鉴定申请，又以"难以判断"为由不予认可，无非是故意纠缠于文字的细节表述，而作出对童某等不利的判决。②原审法院认为医院在"基本脑死亡"与"宣布临床死亡"两个标准、两个时间中，仍然采用了以后者为死亡标准，"在该判断未明显与法律规定抵触亦未明显缺乏事实依据时，法院或工伤认定主管机关在职权范围内，皆不应也不适宜对此予以否定"。原审的此项判断纯属推理性猜测，无视"死亡记录"中所载程某在脑死亡出现后家属连续两次不愿意放弃治疗的事实。因此，宣布临床死亡的时间并非程某真正死亡的时间，这足以说明医院的后续抢救只是无效抢救，与立法规定积极有效抢救后的死亡后果截然不同。程某的死亡时间首先是一个事实问题，其次才是法律适用问题，对这个问题人社局负有法定的查明义务，作为对行政行为合法性审查的原审法院，对程某死亡的具体事实也应予以事实查明，不应单纯采信或者过度依赖医疗机构出具的"死亡医学证明书"的证明效力。③原审法院认为，童某等提交的多份医学教材和脑死亡判定技术规范均不足以证明脑死亡已是我国医学界统一采用的死亡标准。脑死亡是否得以作为人体死亡的判断依据，本属于行政机关在工伤认定时应当查明的事实，不属于童某等的举证范围。当童某等已初步举证证明脑死亡在临床实践中使用的事实，其余部分应由行政机关举证反驳。原审法院要求童某等予以证明，难言公正。④原审法院认为"在工伤认定中直接确认脑死亡标准，无疑会有冲击我国目前各法律体系中死亡认定标准同一性之虞"，对此完全不能认同，职工权益并非平等的普通民事权益，工伤待遇对职工权益的保障是国家特殊立法保障的对象，属于国家提供的公共社会福利的一部分。本案存在两种死亡时间，如何选择自然应以有利于国家对国民提供公共福利保障为优先原则。并且，国家立法虽未明确确立脑死亡的法律标准，但也未明确禁止不得适用脑死亡，在此情况下，法院应尊重脑死亡的客观事实，在工伤保障领域率先认可脑死亡的判断标准。⑤同一法律事实和法律关系，一个省内出现了两种截然不同的判决，对此省法院应统一裁判规则。

再审法院认为，本案系工伤认定纠纷。程某于2015年12月31日13时35分经医院抢救无效死亡的事实，有医院出具的"死亡记录"和"死亡医学证明书"证明。人社局依据该"死亡记录"和"死亡医学证明书"记录和证明内容，认定程某从突发疾病到送医院抢救无效死亡已超过了48小时，且该情形不符合《广东省工伤保险条例》第九条、第十条第一款第（一）项关于"工伤"或者"视同工伤"的条件，并据此作出程某的死亡不属于工伤或者视同工伤的决定，认定事实清楚，适用法律正确，程序合法。裁定驳回再审申请。[一审：（2016）粤0308行初413号；二审：（2016）粤03行终639号；再审：（2017）粤行申38号]

评析

本案再审法院支持了一、二审判决结果，判决理由强调应依据医院出具的"死亡记录"和"死亡医学证明书"，没有进一步展开。以"死亡记录"和"死亡医学证明书"为判决依据，亦即同意一、二审判决理由。本案二审判决说理充分，情理交融，值得支持。

一、死亡医学证明书是医疗机构出具的关于人口死亡的法定证明

卫生部、公安部、民政部《关于使用〈出生医学证明书〉、〈死亡医学证明书〉和加强死因统计工作的通知》（卫统发〔1992〕1号）规定，从1993年1月1日起，所有已经开展居民病伤死亡原因登记报告的市、县医疗卫生机构必须使用全国统一制定的死亡医学证明书，作为人口死亡的医学证明。国家卫生计生委、公安部、民政部《关于进一步规范人口死亡医学证明和信息登记管理工作的通知》（国卫规划发〔2013〕57号）规定，人口死亡医学证明是医疗卫生机构出

具的、说明居民死亡及其原因的医学证明；居民死亡医学证明（推断）书是进行户籍注销、殡葬等人口管理的凭证，由卫生计生、公安、民政部门共同管理。由此可见，医疗机构出具的人口死亡医学证明即死亡医学证明书，是关于人口死亡的法定文书，而医疗机构在其他诊疗、病案等中记录或口头陈述的死亡情况，均非法定文书，不能对抗死亡医学证明书。

二、在我国迄今为止，"脑死亡说"仍然主要是学说理论，而非医学界已统一采用确凿无疑的死亡标准

二审法院认定"不足以证明脑死亡已是我国医学界统一采用的死亡标准"是一常识性客观事实。2018年中国死亡人口为993万人。以"脑死亡"作为人口死亡判断标准的案例（即便在采用"脑死亡说"的工伤认定案例中，医疗、公安、民政、统计也应当都是采用"心跳停止说"而非"脑死亡说"），相对于993万的数字，可以忽略不计。换言之，脑死亡是否已是我国医学界统一采用的死亡标准，不言自明。

反之，"心跳停止说"仍然是医学界的统一的死亡标准。这突出反映在，除《人体器官移植条例》所规范的活体器官移植外，即便是在采用"脑死亡说"的工伤认定案例中，医疗机构出具的死亡医学证明书几乎均采用了"心跳停止说"。即使医疗机构在诊疗、病案等中记录或口头陈述存在脑死亡，但最终正式对外宣布的患者死亡时间，表现为死亡医学证明书所记载的死亡时间，均采用的是"心跳停止说"。本案亦如此。从死亡医学证明书统一采用"心跳停止说"来看，该说仍然是医学界的统一的死亡标准。现有学说争论尚未能挑战"心跳停止说"的法律地位。

三、对死亡的判定标准无立法的明确规定，但这绝不意味着司法机关可以随意采纳某种判定标准

目前，我国立法上确实未对何谓死亡即死亡的判定标准作出明确规定，但是这绝不意味着司法机关可以自行其是、随意确定死亡标准。死亡标准不仅对个人及利害关系人影响重大，甚至能决定其他公民的生与死，对于法律的正义实现、

第四章
工伤保险

社会秩序的稳定均具有重要意义。

就我国司法实践看,在大量涉及公民死亡判定标准的刑事和民事案件中,以及涉及人员死亡的行政案件中,司法机关并无争议。如果是医疗机构确定,几乎都是采用死亡医学证明书,而该证明书几乎都是采用"心跳停止说"。亦即,除了工伤认定案件中对此存在较大争议外,其他案件对于死亡的判定标准几乎不存在争议。由此亦表明在工伤认定中,司法机关采纳另一套死亡判定标准是不正当的。

"心跳停止说"又称"综合标准说",是我国刑法中判定死亡的通用标准。脑死亡的认定标准还具有不明确性,有的人虽然被医院宣告脑死亡,后来却恢复了健康,因此,在通常情况下,我国目前仍宜采取"综合标准说",即自发呼吸停止、心脏跳动停止、瞳孔反射机能停止。① 我国实践中仍以心脏停止跳动为生命终结的标志,任何人的生命权利在出生后和死亡前都受到刑法保护,不因对象的条件不同而有所区别。②

死亡标准对于确定行为的性质和罪行轻重具有重要影响。如果以脑死亡作为标准确定受害人已经死亡,那么行为人实施"伤害"尸体的行为仅构成毁坏尸体罪,刑事责任相对较轻;而在同一事实中,如果采用"心跳停止说"确定受害人尚未死亡,则行为人杀害受害人则构成故意杀人罪,可能要被判处死刑。因此在刑事案件死亡判定标准是确定的,不能采用不同的标准。

在民事案件中,司法实践对于死亡标准亦殆无疑义。关于死亡的时间,原则上以心脏跳动停止(呼吸断绝)为判断基准,唯自尸体摘取器官施行移植手术,其死亡得依脑死判定之。③ 在我国,一般是以心跳和呼吸均告停止为自然人的生理死亡时间。④

在工伤认定行政案件中采纳"脑死亡说"必然引发司法实践和社会实践的混

---

① 张明楷. 刑法学 [M]. 北京:法律出版社,2016:847.
② 高铭暄,马克昌. 刑法学(第五版) [M]. 北京:北京大学出版社,高等教育出版社,2011:461.
③ 王泽鉴. 民法总则 [M]. 北京:北京大学出版社,2009:115.
④ 申卫星. 民法学 [M]. 北京:北京大学出版社,2013:69.

乱和冲突，会引发诸多无法调和的社会冲突，违背基本的社会认知。

基于医疗机构的死亡判定意见，可以确定，公安、民政等其他政府部门及其他社会主体均会以心跳停止确定的死亡时间作为涉案公民的死亡时间。那么如果有死者近亲属或其他利害关系人对该公民的户籍注销时间等提起诉讼，同一法院、同一法官也会以脑死亡为由撤销公安机关以及其他行政主体的行政行为吗？更进一步说，法院在其他所有的涉及公民死亡的案件中，均采纳脑死亡判定标准吗？几乎可以肯定，法院不会这么做。这就意味着一个人被法院判决死亡了两次！中间没有复活！这是何其荒谬！不同法院，特别是同一法院、同一法官，在判断自然人是否死亡时，采用不同标准、得出不同结论，是不当的。

从生命消亡的意义上，每个人只有一条命，死亡后不可能再次死亡；如果一个人"死亡"后再次死亡，前面的"死亡"就不是死亡。这也正是目前在工伤认定中采用"脑死亡说"的逻辑悖论：一旦采用该说，就意味着一个人死亡（脑死亡）后，在并未复活的情形下，又再次死亡（心跳停止）。这是无法成立的。

法治的基本要求是"同样事实，同样处置"，违背这一原则，必然侵害和践踏法治。对于死亡如此重要的事实，不管立法有没有明确规定，死亡均应秉持同一处断标准，否则是对法治原则的违背，是对正义和公正的背离。

作为例外，《人体器官移植条例》规定进行活体器官移植时，采用脑死亡标准，故不应将脑死亡者作为杀人罪的对象。

四、认为《工伤保险条例》立法本意在于保护劳动者的合法权益并依此主张"脑死亡说"违背法律解释论和法律原理

在支持"脑死亡说"的案例中，司法机关的主要理由是《工伤保险条例》立法本意在于保护劳动者的合法权益，因此在立法未作明确规定时，应按对劳动者有利的方式处置。

首先，这一立法目的概括不符合法律目的理论，是错误的。法院的这一解释方式被称为目的解释，但是，法院对目的解释的适用违背目的解释的方法及其理论。任何法律均保护劳动者的合法权益，即便《中华人民共和国刑法》《中华

人民共和国公司法》亦如此。难道我们可以说《中华人民共和国刑法》《中华人民共和国公司法》不保护劳动者合法权益吗？那么对于涉及劳动者权益问题，《中华人民共和国刑法》《中华人民共和国公司法》未作明确规定的，就可以按照有利于劳动者的原则作解释吗？显然是不能的。目的解释，不能用法律的一般价值作为具体规范的立法目的。

其次，在其他任何部门法的法律适用的目的解释中，均无如此宽泛地适用法的一般目的的。作为一种解释方法，目的解释有其一般的范式和理论，在各部门法中是通用的。在工伤保险法律适用的目的解释中，必须符合目的解释方法的基本要求。

最后，在法律没有明确规定时，以作为保护个人权益为出发点，导致侵害法治，损害法律的平等、公平与正义，这本身就是非正义的，它虽然使个案中个人利益得以最大化，却是以牺牲多数人、更为长久的人员的正当权益为代价的，即便从功利主义考量，也是不合理的。

采用何种死亡判定标准，与工伤保险无关；工伤保险也不可能要求必须采用"脑死亡说"。"脑死亡说"也不一定对劳动者有利。如果劳动者在12月31日脑死亡，在1月1日心跳停止，而两者都发生在"48小时内"，现实中以后者为死亡时间更有利于待遇享受者。但无论如何，利益只有经由立法设定为权利才是应当被保护的。

五、关于举证责任

从举证责任角度来说，社会保险行政部门只需要证明应采用死亡医学证明书记载的死亡时间即可，无需证明医疗机构正式采用何种死亡标准学说。当然，在本案中，行政机关实际上已经证明了不应采用"脑死亡说"。

六、统一裁判规则

"统一裁判规则"这一观点是正确的。在突发疾病工伤案件中，以及在关于自然人的死亡判定标准上，有的判决采用"脑死亡说"，有的判决采用"心跳停止说"。此种混乱，不仅导致了法律适用的困惑，无法实现法律的社会评价和指引功能，也严重损害了法律的尊严，应当统一裁判规则。但基于这一观点，并不能得出必须统一采用"脑死亡说"。统一采用"心跳停止说"也是统一裁判规则。当然，相对于统一裁判规则，对突发疾病工伤本身的反思与重构也非常必要。

在家中（宿舍）突发疾病死亡不属于工伤
（附：在家"工作"猝死视同工伤）

案例一 在家中突发疾病死亡不属于工伤

裁判要旨

《工伤保险条例》第十五条和第十四条的关系，二者虽然都是关于职工工伤构成要件的具体规定，但侧重有所不同。第十四条侧重强调因工作原因导致的伤亡，该类伤亡的发生与工作有直接关系，属于通常意义上的因工伤亡，而第十五条规定的因工伤亡是基于扩大职工权益保障范围的目的，将部分与工作没有直接关联，但因特殊原因需要通过社会保险予以保障的伤亡，视同为工伤。因视同工伤属于通常意义上因工伤亡之外的扩大保护，故对视同工伤的判定，应当严格掌握，不宜对视同条件随意扩大解释，不合理扩大视同工伤的保护范围。具体而言，在对因突发疾病视同工伤的认定上，应当从严适用工作时间、工作岗位、突发疾病和48小时内死亡四个重要条件，尤其是疾病发生的时间和地点是否属于日常的工作时间和工作岗位，或者特殊情形下合理延伸的工作时间和工作岗位。

第四章
工伤保险

案情

易某原系学校副校长，2014年8月21日，经县教育部门调整，调往某中学任教。8月24日，易某到某中学上班。9月7日至9月15日，其因急性阑尾炎在县人民医院住院治疗并手术，期间向中学请假7天（9月9日至9月15日）。9月16日至9月26日，易某返回中学上班，但因术后身体一直不适，经中学教导主任批准允许其上课结束后回家休息。9月21日，易某因切口处疼痛到县人民医院就诊，诊断为急性上呼吸道感染，医生给予抗炎输液治疗后返校上课。9月25日，易某因切口大量脓液喷出，再次到县人民医院就诊，医院给予扩开切口下段清创，放置引流换药处理，并开了5天的大换药处方，每天给予清创换药。9月25日至9月27日，易某连续三天到医院给切口换药。9月27日，中学开运动会，易某在家休息。9月28日凌晨0时35分，易某经抢救无效在家死亡。县人民医院出具死亡医学证明书，内容为院前死亡。2014年12月11日，易某妻子管某申请工伤认定，张掖市人社局依法受理后于12月15日向中学送达了"甘肃省职工工伤认定调查举证通知书"。12月16日，中学向张掖市人社局提交了易某死亡情况的说明、易某9月9日至9月15日请假批复、易某提交的上课结束后在家休息的申请、学校年级组9月份考勤记录等相关证据材料。张掖市人社局于12月22日作出不予认定工伤决定书，认定易某死亡不属于工伤。管某不服，申请行政复议，复议机构维持了不予认定工伤决定。管某仍不服，提起行政诉讼。

嘉峪关市中级人民法院于2015年7月27日作出"（2015）嘉行初字第5号"行政判决书，认为张掖市人社局作出的不予认定工伤决定书并无不当，判决驳回管某的诉讼请求。管某不服，向甘肃省高级人民法院提起上诉，甘肃省高级人民法院于2015年12月14日作出"（2015）甘行终字第219号"行政判决书，认为张掖市人社局作出的不予认定工伤决定书认定事实不清，主要证据不足，判决予以撤销并责令张掖市人社局重新作出行政行为。张掖市人社局重新启动工伤认定程序，依职权进行了相关调查。2016年4月15日，张掖市人社局再次作出不予认定工伤决定书，对易某于2014年9月28日0时35分许在家死亡不予认定为工伤或视同工伤。管某不服，于5月12日向嘉峪关市中级人民法院提起行政诉讼。

9月26日，嘉峪关市中级人民法院作出"（2016）甘02行初15号"行政判决书，以认定事实不清，主要证据不足为由，判决撤销不予认定工伤决定书，并责令张掖市人社局重新作出行政行为。后双方均未上诉，该判决生效。张掖市人社局第三次启动工伤认定程序，依法分别向管某及第三人中学送达了"甘肃省职工工伤认定申请补充证据通知书""甘肃省职工工伤认定调查举证通知书"，要求管某提供2014年9月26日其丈夫易某是否在工作时间、工作岗位突发疾病的证明和医疗机构接诊或抢救的证明材料，要求中学对易某2014年9月26日上下班具体工作情况及当天是否在工作时间、工作岗位突发疾病的情况进行说明举证。管某逾期未提交证据，中学提交了关于易某认定工伤一案举证情况的说明。2016年11月28日，张掖市人社局第三次作出不予认定工伤决定书。

就县人民医院是否存在诊疗过错，与易某死亡是否存在因果关系及责任问题，2014年10月31日，管某委托司法医学鉴定所进行鉴定，司法鉴定意见书鉴定结论为：县人民医院对易某的诊疗行为存在过错并与易某死亡之间存在因果关系，是导致易某死亡的主要原因，医疗过错在损害后果中的责任比例宜为75%。在管某等人诉县人民医院医疗损害赔偿纠纷一案中，该鉴定书已经张掖市中级人民法院"（2015）张中终字第981号"生效民事判决书确认作为判决依据。

管某不服张掖市人社局第三次作出的不予认定工伤决定书，提起行政诉讼。

审判

一审法院认为，《工伤保险条例》第十五条第一款第（一）项规定，职工在工作时间和工作岗位，突发疾病死亡或者在48小时之内经抢救无效死亡的，视同工伤。"突发疾病"包括自身疾病在内的各类疾病。视同工伤情形的突发疾病要从明显体现疾病发生或者自身疾病加重的突然性、及时救治的必要性、工作中断的紧迫性等突发性特点来考量。"48小时"的起算，根据劳动和社会保障部《关于实施〈工伤保险条例〉若干问题的意见》（劳社部函〔2004〕256号）第三条规定，"48小时"的起算时间，以医疗机构的初次诊断时间作为突发疾病的起算时间。没有及时送医救治的，以突发疾病离开单位时为起算点。关于易某是否存在"工作时间、工作岗位、突发疾病"的问题，首先，《中华人民共和国行政诉讼法》第四十九条规定,提起诉讼应当有具体的诉讼请求和事实根据;《最高人民法院关于行政诉讼证据若干问题的规定》(法释〔2002〕21号)第四条第一款规定,公民、法人或者其他组织向人民法院起诉时,应当提供其符合起诉条件的相应的证据材料。管某诉称,易某2014年9月26日晚被第三人中学安排晚自习,但无证据证实,中学也不认可,对管某所称易某是在2014年9月26日晚自习期间突发疾病的主张,不予采信。管某陈述及其提交的证据与张掖市人社局依据职权调取的证据、第三人中学的陈述及提交的证据相互印证,除了因阑尾炎术后并发症引起的持续性不适外,易某在2014年9月26日上班期间没有发生其他疾病突发以及术后并发症,也没有以较快速度发作的现象,且9月27日上午休息期间正常到县人民医院进行就诊换药事实清楚。张掖市人社局认定易某不属于在工作时间、工作岗位突发疾病的事实证据充分,并无不当。管某未能提交证据证实易某是在工作时间、工作岗位突发疾病的事实,即使其从下班时间2014年9月26日离开工作岗位至2014年9月28日0时35分在家中死亡,期间虽未超过48小时,但其情形不符合《工伤保险条例》第十五条第一款第(一)项视同工伤的要件。张掖市人社局作出的不予认定工伤决定书事实清楚,证据充分,适用法律正确,程序合法。判决驳回管某的诉讼请求。

管某不服一审判决,上诉称,张掖市人社局以同一事实和理由作出与原行政行为相同的决定,程序违法;一审对"工作时间、工作岗位、突发疾病"的理解有误,导致错判,请求撤销一审判决,责令张掖市人社局重新作出行政行为,或以程序严重违法为由发回重审。张掖市人社局答辩称,本案事实清楚,证据确凿,具体行政行为无误。易某在家突发疾病的时间、地点并非在校工作时间、工作岗位,且县人民医院已承担了医疗事故的赔偿责任。管某不能为其主张提供相应证据,申请工伤和多次申诉的理由及庭审说辞前后不一,自相矛盾。

二审法院认为,《工伤保险条例》第十五条第一款第(一)项规定主要是针对在工作时间、工作岗位上突发疾病,不能坚持工作,需要紧急到医院进行抢救的情况而设定的。如果是在回家之后再到医院救治或突发疾病死亡的,则不属于该条款规定的适用范围。本案认定易某死亡是否属于"视同工伤"情形的关键在于其死亡时间和地点的认定。管某提交的工伤认定申请书及易某住院病历、县人民医院门诊留观病历、死亡医学证明书、医疗事故申诉书、司法鉴定意见书,张掖市人社局调取的管某调查笔录两份、县人民医院为易某阑尾炎术后伤口清创换药医生的调查笔录、第三人中学提交的易某2014年9月26日在校工作情况的说明和证明、易某2014年9月26日晚自习是否到校的情况说明和证明、张掖市中级人民法院"(2015)张中民终字第981号"民事判决书,以及易某2014年9月9日至9月15日请假批复、易某于2014年9月16日上班后向学校提出"我因手术不适,申请在上课结束后的时间在家休息"的请假申请、年级组9月份考勤记录、2014年学校秋季田径运动会工作人员安排、2014年"十一"前后周末错时放假安排的通知及情况说明等,这些证据能够相互印证,证明易某除了因阑尾炎切除术后引起的持续性不适外,2014年9月26日上班时没有突发疾病,9月27日学校正常上班时请假在家休息并且去医院换药的事实。而管某对易某在9月26日上完晚自习后突发疾病死亡的主张没有提供证据,中学则举证证明当晚没有安排易某工作,且有同组多名教师证明其没有上晚自习。对于易某的死亡,鉴定结论是:县人民医院对易某的诊疗行为存在过错并与易某的死亡之间存在因果关系,是导致易某死亡的主要原因,该事实已被生效判决所确认。因此,2014年9月16日至9月26日,易某在工作时间、工作岗位因阑尾炎切除术后身体一直不适但并未死亡,不属于"在工作时间和工作岗位,突发疾病死亡的"情形;2014年9月28日凌晨0时35分,易某经抢救无效在家死亡,但不在工作时间和工作岗位,亦不属于"在工作时间和工作岗位,突发疾病在48小时内经抢救无效死亡"的情形。易某在家休息期间突发疾病,经抢救无效死亡,虽然该不幸后果令人同情,但不属于《工伤保险条例》第十五条第一款第(一)项规定的视同工伤的情形。张掖市人社局虽曾因事实不清被先后两次责令重新作出行政行为,但此次重新作出的不予认定工伤决定书于法有据,所认定的事实能够满足法定事实要件,所依据的证据之间能够形成不间断的证据链,事实清楚,程序合法。管某的上诉理由与本案查明的事实不符,不予支持。判决驳回上诉,维持原判。

  管某仍不服,向最高人民法院申请再审。

  再审法院认为,《工伤保险条例》第十五条第一款第(一)项规定的正确适用,应当首先明确《工伤保险条例》第十五条和第十四条的关系,二者虽然都是关于职工工伤构成要件的具体规定，但侧重有所不同。第十四条侧重强调因工作原因导致的伤亡，该类伤亡的发生与工作有直接关系，属于通常意义上的因工伤亡，而第十五条规定的因工伤亡是基于扩大职工权益保障范围的目的，将部分与工作没有直接关联，但因特殊原因需要通过社会保险予以保障的伤亡，视同为工伤。因视同工伤属于通常意义上因工伤亡之外的扩大保护，故对视同工伤的判定，应当严格掌握，不宜对视同条件随意扩大解释，不合理扩大视同工伤的保护范围。具体而言，在对因突发疾病视同工伤的认定上，应当从严适用工作时间、工作岗位、突发疾病和48小时内死亡四个重要条件，尤其是疾病发生的时间和地点是否属于日常的工作时间和工作岗位，或者特殊情形下合理延伸的工作时间和工作岗位。本案中，易某因2014年9月7日至9月15日急性阑尾炎术后引起连续性不适，曾于2014年9月21日和9月25日两次到医院就诊，医生给其开了5天的换药处方，9月25日至9月27日，易某连续三天到医院给切口换药。9月27日，易某在家休息，后于9月28日凌晨0时35分经抢救无效死亡。易某疾病发作的时间和地点，既非日常工作的学校和教学时间，也非合理延伸的工作时间和工作岗位，故不属于《工伤保险条例》第十五条第一款第（一）项规定的情形，张掖市人社局作出不予认定工伤决定书，原审判决驳回管某的诉讼请求，并无不当。管某提出原审判决对"工作时间、工作岗位、突发疾病"理解错误导致错判的申请再审理由不能成立。

关于管某提出二审书面审理违反法定程序的问题。依据《中华人民共和国行政诉讼法》第八十六条的规定，人民法院对上诉案件，合议庭认为不需要开庭审理的，可以不开庭审理，故本案二审未开庭并不违反法定程序。关于管某提出张掖市人社局以同一事实和理由作出与原行政行为相同的行政行为违法的问题。《中华人民共和国行政诉讼法》第七十一条规定，人民法院判决被告重新作出行政行为的，被告不得以同一的事实和理由作出与原行政行为基本相同的行政行为。该法条规定目的是防止行政机关不积极纠正原行为中存在的违法情形，以消极的重复作为不履行人民法院生效判决。本案中，张掖市人社局之前作出的不予认定工伤决定书被人民法院撤销后，重新启动工伤认定程序，经过重新调查核实证据，作出本案被诉不予认定工伤决定书，不违反上述法律规定。裁定驳回管某的再审申请。[一审：(2017) 甘 02 行初 1 号；二审：(2018) 甘行终 310 号；再审：(2018) 最高法行申 7403 号]

案例二　在宿舍突发疾病死亡不属于工伤

裁判要旨

> 劳动者回到公寓休息期间猝死，既非在工作时间也非在工作岗位死亡，故不属于《工伤保险条例》第十五条第一款第（一）项以及《最高人民法院关于审理工伤保险行政案件若干问题的规定》（法释〔2014〕9 号）第四条规定的情形。

案情

朱某是某公司倒班岗位员工，李某系其妻子。某公司生产运行与休息模式为：倒班人员生产运行采用四班倒六班方式，其中早班 7 时 40 分到 11 时 40 分，白班 11 时 40 分到 17 时 40 分，小夜班 17 时 40 分到 23 时 40 分，大夜班 23 时 40 分到次日 7 时 40 分。为方便倒班员工休息，公司为倒班员工在福利区安排公寓，朱某的公寓在果园小区 31 栋 4 单元，朱某住一楼，同班组的公某住四楼，荣某住五楼。2015 年 3 月 5 日 14 时，朱某从嘉峪关市兰泽园乘坐倒班车进生产厂区上小夜班，23 时 20 分下小夜班，3 月 6 日 0 时 40 分左右，与同事毛某、公某、荣某一起回公寓，0 时 50 分左右荣某给朱某打电话询问其是否回到公寓，朱某在电话里表示已经回到公寓，荣某也听到朱某是在公寓一楼接听电话。

朱某应于 3 月 6 日上白班，当日早晨 10 时 15 分左右，荣某、公某下楼时曾敲朱某的房门，但无人应答。10 时 30 分乘车进生产厂区上白班时，未见朱某上车，毛某等人打朱某的电话但无人接听。到达生产厂区以后，毛某和公某就朱某没来上班的情况向车间领导王某、杨某作了汇报，车间领导即安排杨某某去查看。中午 12 时左右，杨某某来到公寓打开房门，发现朱某斜躺在床上，裤子穿了一半，眼镜在脸上戴着，就像睡着一样。杨某某叫了其几声但没有应答，遂即拨打了"120"和"110"电话。医院出具的居民死亡医学证明书载明朱某死亡原因为猝死。甘肃矿区公安局刑事警察支队接警后派员到现场，经查验，现场门锁完好，死者仰卧于床上，室内无明显翻动及其他可疑痕迹，尸表检验也未见明显外伤，综合医学证明及调查情况，认定朱某死亡排除他杀及自杀可能性，系意外猝死。2014年9月25日，朱某之妻李某向矿区人社局申请工伤认定，矿区人社局在李某补正材料后于10月13日受理申请。随后矿区人社局进行了相关的调查核实工作，于2014年12月3日作出不予认定工伤决定书。李某不服该决定，申请行政复议，行政复议对该决定予以维持。李某遂于2015年3月18日提起行政诉讼，要求撤销不予认定工伤决定书，认定朱某死亡属于工伤。

审判

一审法院认为，行政机关作出行政行为应当享有相应的行政职权，遵守法定的行政程序，准确认定事实，正确适用法律。关于矿区人社局作出的行政行为是否符合法定程序的问题。《工伤保险条例》第十九条规定，社会保险行政部门受理工伤认定申请后，根据审核需要可以对事故伤害进行调查核实，用人单位、职工、工会组织、医疗机构以及有关部门应当予以协助。矿区人社局受理李某的工伤认定申请后，在申请人和用人单位提交证据材料的基础上，进行了相关的调查核实工作，医院提供了居民死亡医学证明书，甘肃矿区公安局刑事警察支队提供了朱某猝死的现场查看笔录，矿区人社局在法定期限内作出了不予认定工伤的行政决定，行政程序并无不当。李某认为仅依据《工伤保险条例》不够，还应按照《工伤认定办法》（2011年，人力资源和社会保障部令第8号）执行，本案中有关部门调查核实工作不到位，材料不全，工伤认定过程中没有尽到职责，对时间地点无法确定，对第一现场不明确，没有组织开庭，但对其主张没有提供相关证据支持。

本案朱某死亡是否在工作时间、工作地点以及是否因工作原因导致是各方当事人的争议焦点。

第一，关于朱某的死亡时间。从公司提供的两地生产运行与休息模式以及朱某死亡经过报告来看，3月5日14时至15时30分，是朱某从嘉峪关生活区到矿区上班时间，应属于上班途中；从15时30分至16时40分，朱某在矿区福利区休息，属于休息和自由活动时间；16时40分至17时30分，朱某再次乘车前往生产厂区并到食堂吃饭，应为正式上班前的准备时间；17时40分至23时20分为正式上小夜班时间。李某主张朱某从3月5日14时从嘉峪关上车时起就属于上班时间，与事实不符。23时20分下小夜班后，朱某再次乘车离开生产厂区前往福利区，于3月6日0时40分左右，与同事毛某、公某、荣某一起从生产厂区回到福利区，0时50分左右，朱某回到公寓。从整个过程来看，朱某在3月5日14时嘉峪关上车起至3月6日0时50分下小夜班回到公寓期间都是一切正常的，朱某死亡的时间是在下班回到公寓之后，而不是在上班期间。从朱某23时20分下小夜班到其于次日11时40分上白班，中间间隔时间长达12小时20分钟，因此该期间为职工生理需要的正常的休息睡眠时间，并不是工作期间的短暂休息。李某认为朱某与公司存在劳动关系，朱某的家在嘉峪关市，朱某上班的时间应从其坐上矿区交通车时开始认定，上车后就由公司管理，休息也属于工作时间，属于工作中休息，其主张与事实不符，亦缺乏法律依据。

第二，关于朱某的死亡地点。朱某在3月6日0时50分下班回到果园小区31栋4单元一楼公寓后正常睡眠期间死亡，死亡地点位于矿区福利区，而不在生产厂区。福利区为职工上班前及下班后的休息及自由活动的场所，而非上班正常进行工作生产的场所。因此，朱某死亡的地点并非工作地点。李某提交的视频资料不能证明朱某是在公寓之外的地点死亡。矿区人社局提交的两张朱某死亡时的现场照片虽不能作为证据使用，但可以进一步佐证矿区人社局提交的证据，证实朱某的死亡地点是在福利区公寓，李某主张朱某死亡的地点只要在厂区就应属于工作地点，与事实不符。

第三，关于朱某的死亡原因。朱某在3月6日0时50分下班回到公寓休息期间死亡，该休息期间长达12小时20分钟，是职工生理需要的正常的休息睡眠时间，并不是工作期间的短暂休息。同时，医院诊断证明朱某的死亡为猝死；矿区公安局出具的现场查看笔录也排除他杀及自杀的可能，系意外猝死，因此，朱某在公寓休息睡眠期间死亡与工作无关，李某主张朱某死亡是出于工作原因与事实不符。

关于矿区人社局作出的行政行为适用法律是否正确的问题。矿区人社局作出不予认定工伤决定书适用《工伤保险条例》第十四条、第十五条,李某对所适用的法律没有异议,但认为矿区人社局对所适用的法律依据应在举证期限内提出,矿区人社局没有在举证期限内提出,系举证不能。《工伤保险条例》系行政法规,虽然矿区人社局在举证期限内未提交作出行政行为的法律依据,但其作出的不予认定工伤认定书已明确表述作出行政行为的依据是《工伤保险条例》第十四条、第十五条,因此,不能认定矿区人社局作出行政行为没有法律依据。

综上,朱某在下小夜班后,在晚上矿区福利区公寓内正常休息睡眠期间死亡,不符合《工伤保险条例》第十四条、第十五条规定的应当认定为工伤或视同工伤的情形。矿区人社局作出的不予认定工伤决定书证据确凿、适用法律法规正确,符合法定程序。判决驳回李某的诉讼请求。

李某不服,向甘肃省高级人民法院提起上诉。甘肃省高级人民法院以基本相同的事实和理由判决驳回上诉,维持原判。

李某仍不服,向最高人民法院申请再审称,①原审法院依据2015年5月1日实施的《中华人民共和国行政诉讼法》进行裁判,适用法律错误;②原审判决、裁定认定事实的主要证据不足,认定朱某死在单位公寓没有合法有效的证据证明;③朱某死亡与其履行工作职责相关,是因工作原因在工作时间和涉及的合理区域内受到的伤害,应当认定为工伤。

再审法院认为,《工伤保险条例》第十五条第一款第(一)项规定,职工在工作时间和工作岗位,突发疾病死亡或者在48小时之内经抢救无效死亡的,视同工伤。本案中,公司工作两地生产运行与休息模式、朱某死亡经过报告、相关证人证言,以及公安机关对朱某死亡案现场查看笔录等证据可以证明,朱某系下小夜班后回到公寓休息期间猝死,既非在工作时间也非在工作岗位死亡,故不属于《工伤保险条例》第十五条第一款第(一)项以及《最高人民法院关于审理工伤保险行政案件若干问题的规定》第四条规定的情形。李某认为公安机关对朱某死亡案的现场查看笔录违法,但未提供相关证据也未提供其他有效证据推翻该证据证明的事实,故对该主张不予支持。至于李某认为原审法院适用新修订的行政诉讼法错误的问题,由于本案判决作出于新修订的行政诉讼法实施后,故原审法院引用新修订的行政诉讼法的相关条款并无不当。裁定驳回再审申请。[一审:(2015)矿行初字第3号;二审:(2015)甘行终字第157号;再审:(2016)最高法行申1418号]

案例三 在家"工作"猝死视同工伤

裁判要旨

职工为了单位的利益,在家加班工作期间,也应当属于"工作时间和工作岗位"。在职工发病和死亡是否发生在工作时间、工作岗位上缺乏相关证据证明、难以确定的情况下,根据工伤认定倾向性保护职工合法权益的原则,应当作出有利于职工的肯定性的事实推定,而非否定性的事实认定。

案情

冯某系琼山中学教师,担任该校高中部数学课教学和高中班主任工作。2011年11月15日晚,冯某任教的366、367两个班级进行测验考试。考试结束后,冯某回到家中。次日早上七时左右,同校老师在冯某家中发现其身体状况异常,立刻拨打"120"急救中心电话,医护人员到场进行抢救,冯某终因抢救无效死亡。2011年12月20日,琼山人民医院出具居民死亡医学证明书,证明冯某因突发心肌梗塞,于2011年11月16日在家中死亡,发病到死亡的大概时间间隔为"不详"。"抢救记录"上记载:"抢救时间段为2011年11月16日8时31分至9时32分","到达现场时患者已无心跳、呼吸"。2011年12月15日,琼山中学以冯某因长期工作劳累过度,在工作时间、工作岗位突发心肌梗塞死亡为由,向海口市人社局提出申请,要求认定冯某为因工死亡。2011年12月13日,琼山中学数学组证明:"2011年11月15日晚,从20时30分至22时30分进行考试,冯老师连夜评完两个班学生的数学试卷,并进行试卷分析,因每周三为我校数学

第四章
工伤保险

教学研究时间"。2012年6月26日,琼山中学教师王某、陈某证明:"事发当晚发现冯某行为异常,看见他偶尔用手摁一摁胸口,脸色不好"。2013年3月11日,琼山中学出具书面证明:"2011年11月15日晚上,从20时30分到22时30分进行考试,为及时了解学生的学习状况,该老师连夜评完两个班学生的数学试卷(107份),并进行试卷分析。每次测试完毕都是当晚批卷,这是常规工作……。"庭审中,证人黄某、胡某亦证实:"冯某在2011年11月15日晚修期间,精神比往常差,气色苍白。"

海口市人社局在受理工伤认定申请后于2012年5月23日作出不予认定工伤决定书,对冯某因病死亡不认定为工伤。冯某妻子俞某不服,申请行政复议。海南省人社厅维持了不予认定工伤的决定。俞某不服,提起行政诉讼。海口市秀英区人民法院判决驳回俞某的诉讼请求。俞某不服并提起上诉,海口市中级人民法院于2013年5月8日作出"(2013)海中法行终字第47号"行政判决,以工伤认定事实不清为由,判决撤销一审判决,撤销不予认定工伤决定书,责令海口市人社局重新作出行政行为。海口市人社局不服并申请再审,海口市中级人民法院于2013年8月16日作出"(2013)海中法行监字第28号"驳回再审申请通知书,驳回其再审申请。海口市人社局仍不服,继续申诉。海南省高级人民法院于2014年2月14日作出"(2013)琼行监字第69号"驳回再审申请通知书,驳回其申请。

2015年1月17日,海口市人社局重新作出不予认定工伤决定书,认定事实如下:"2011年11月16日上午8时20分许,冯某被其同事韦某发现在家趴卧床上,呼之不应,急拨'120'呼叫抢救。经'120'到场抢救约1小时,于当日9时32分宣告临床死亡。经查明:①2011年11月15日晚修期间,冯某约晚上10时带女儿离校回家;②冯某发病时已上床休息;③2011年11月16日上午学校并无安排数学教研活动;④学校规定,不得利用晚修时间上课或考试;⑤学校领导否认安排教师通宵改卷或要求任课教师必须当天改完作业或试卷,晚上进行考试不是学校安排的活动。冯某发病不在工作时间内,也不在工作岗位上,不符合《工伤保险条例》第十四条、第十五条认定工伤或视同工伤的情形,决定不予认定为工伤或视同工伤。"俞某不服,申请行政复议,海南省人社厅维持了不予认定工伤的决定。俞某仍不服，于 2016 年 5 月 16 日向海口市中级人民法院提起行政诉讼，请求撤销不予认定工伤决定书和复议决定，认定冯某属于工伤。

审判

一审法院认为，琼山人民医院"抢救记录"上记载抢救情况是"到达现场时患者已无心跳、呼吸"，居民死亡医学证明书上对冯某发病到死亡的大概时间间隔一栏上记载为"不详"，海口市人社局仅凭冯某同事陈述到家中看见冯某卧于床上，认定冯某发病时已上床休息，明显证据不足。海口市人社局未提交琼山中学的相关规章制度，仅以琼山中学校长调查陈述认定"学校规定，不得利用晚修时间上课或考试"，故冯某晚上安排测试不是工作时间，事实认定依据不足。海口市人社局对冯某连夜工作与突发疾病是否存在因果关系，是否因长时间工作劳累造成心肌梗塞死亡等问题均未予认定，作出不予认定工伤决定书，认定部分事实不清，证据不充分，判决撤销不予认定工伤决定书和复议决定，责令海口市人社局重新作出工伤认定。

海口市人社局不服，提起上诉。

二审法院认为，病亡视同工伤需满足三个条件，即工作时间、工作岗位、突发疾病死亡或 48 小时内经抢救无效死亡。冯某组织晚修测验及批改试卷即使不是学校的硬性要求，但与其工作明显相关，且符合中小学教师的职业特点，应属于工作时间和工作岗位的延伸。突发疾病发病到死亡有一个持续的阶段和过程，如冯某这样的"猝死"，也有从不明显到明显的发病至死亡的过程。琼山中学教师王某、陈某及冯某学生证明，冯某在 2011 年 11 月 15 日晚修期间已有身体不适的表现，理应认定冯某于 2011 年 11 月 15 日晚修期间已开始发病。冯某在琼山人民医院医护人员到达时已无心跳和呼吸，其属于突发疾病死亡的情况，而不是《工伤保险条例》第十五条第一款第（一）项中"突发疾病在 48 小时之内经抢救无效死亡"的情况。判决驳回上诉，维持原判。

海口市人社局仍不服，向最高人民法院申请再审称，①经海口市人社局重新调查核实，冯某身体状况良好，并无证据证明其在工作期间发病，且医疗机构初次诊断时间不在 11 月 15 日晚修期间。②冯某系在家中死亡，并非死于工作岗

第四章
工伤保险

位，一、二审扩大工作时间、工作地点的范围不当。③根据《工伤保险条例》及相关规定，在工作岗位发病，未送医院抢救回家休息及其他因疾病死亡的情形，只能按照病亡对待，不应认定为工伤。请求撤销一、二审判决，维持不予认定工伤决定书。

海南省人社厅答辩称，①冯某系在家中死亡，不符合视同工伤情形。②冯某回家批改试卷并非学校安排的工作，不应认定为工作时间、工作岗位。③冯某于当日未有就诊记录，而是直接回家，不属于突发疾病。琼山中学主张其劳累过度，亦不属于工伤或视同工伤的情形。请求撤销一、二审判决，维持不予认定工伤决定书。

再审法院认为，《工伤保险条例》第十五条第一款第（一）项规定，职工在工作时间和工作岗位，突发疾病死亡或者在48小时之内经抢救无效死亡的，视同工伤。该项规定视同工伤包括两种情形：一是在工作时间、工作岗位上，突发疾病死亡；二是在工作时间、工作岗位上，突发疾病，48小时内经抢救无效死亡。未经抢救死亡，可能存在两种情形：一是突发疾病，来不及抢救即已经死亡；二是发病时，没有其他人员在场，丧失抢救机会死亡。无论是经抢救无效死亡，还是未经抢救死亡，视为工伤的关键都在于，必须是在"工作时间和工作岗位"上突发疾病死亡。通常理解，"工作时间和工作岗位"应当是指单位规定的上班时间和上班地点。同时，职工为了单位的利益，在家加班工作期间，也应当属于"工作时间和工作岗位"。主要理由是：第一，根据《工伤保险条例》第一条规定，制定和实施该条例的目的在于对"因工作遭受事故伤害或者患职业病的职工获得医疗救治和经济补偿"。因此，理解"工作时间和工作岗位"，首先应当要看职工是否为了单位的利益从事本职工作。在单位规定的工作时间和地点突发疾病死亡视同工伤，为了单位的利益，将工作带回家，占用个人时间继续工作，其间突发疾病死亡，其权利也应当受到保护，只有这样理解，才符合倾斜保护职工权利的工伤认定的立法目的。第二，《工伤保险条例》第十四条第（一）项、第（二）项、第（三）项认定工伤时的法定条件是"工作时间和工作场所"，而第十五条视同工伤时使用的是"工作时间和工作岗位"，相对于"工作场所"而言，"工作岗位"强调更多的不是工作的处所和位置，而是岗位职责、工作任务。职工在家加班工作，就是为了完成岗位职责，应当属于第十五条规定的"工作时间和工作岗位"。第三，视同工伤是法律规范对工伤认定的扩大保护，的确不宜将其范围再进一步做扩大理解。但是，应当注意的是，条例第十五条将"工作场所"替换为"工作岗位"，本身就是法律规范对工作地点范围的进一步拓展，将"工作岗位"理解为包括在家加班工作，是对法律条文的正常理解，不是扩大解释。本案中，冯某被发现时已经没有呼吸和心跳，属于深夜在家发病，无人发现、未经抢救死亡的情形，不属于经抢救无效48小时内死亡的情形。虽然冯某在家中死亡，但从本案查明的事实可以看出，冯某在被发现死亡的前一天晚10时许，组织学生晚修测验回家，连夜评完两个班学生的数学试卷，并进行试卷分析，显然是为学校的利益，在回家后利用个人休息时间，加班从事教学岗位职责工作，属于在家加班工作的情形。是否能够认定冯某属于工伤，关键是看其发病、死亡是否发生在在家加班工作期间。冯某的居民死亡医学证明书对其发病至死亡的时间认定为"不详"，这就造成冯某的发病时间究竟是在加班工作期间，还是在已上床睡觉期间难以判断。海口市人社局根据冯某的同事第二天一早发现其趴卧床上的陈述，认定"冯某发病时已上床休息"，正如一、二审所述，这一认定显然是缺乏充分证据予以支持的。趴卧床上，有可能是在发病后，身体不适倒卧床上，并非一定是上床睡觉后发病死亡。在职工发病和死亡是否发生在工作时间、工作岗位上缺乏相关证据证明、难以确定的情况下，根据工伤认定倾向性保护职工合法权益的原则，应当作出有利于职工的肯定性的事实推定，而非否定性的事实认定。因此，一、二审判决以事实不清、主要证据不足为由，撤销不予认定工伤决定书，判决理由和结果均无不当。海口市人社局申请再审的理由，均是建立在不认可在家加班工作期间应当认定为"工作时间、工作岗位"这一前提之下，其主张与工伤认定的立法精神不符，缺乏事实根据，不予支持。根据《工伤保险条例》第十六条规定，符合第十四条认定工伤或者第十五条视同工伤法定条件的，排除认定或视同工伤的是故意犯罪、醉酒或者吸毒、自残或者自杀三种情形。职工发生伤亡事故，是否存在违反单位相关规章制度的情形，并不是工伤认定应当考虑的因素。海口市人社局在认定事实时，强调学校规定不得利用晚修时间上课或考试、学校领导否认安排教师通宵改卷或要求任课老师必须当

第四章
工伤保险

天改完作业或试卷等事实，不属于工伤认定应当考虑的因素，海口市人社局的上述事实认定不妥，予以指正。综上，裁定驳回再审申请。[一审：（2016）琼01行初180号；二审：（2017）琼行终82号；再审：（2017）最高法行申6467号]

评析

一、关于发病时间与地点的认定

这三起案例的共同点之一是，最高人民法院实际均确认劳动者系在家中发病并死亡。在第一起案例中，最高人民法院认为"9月27日，易某在家休息期间，于9月28日凌晨0时35分经抢救无效死亡。易某疾病发作的时间和地点，既非日常工作的学校和教学时间，也非合理延伸的工作时间和工作岗位"，实际认为易某是在家中休息期间发病并死亡的；在第二起案例中，最高人民法院认为"朱某系下小夜班后回到公寓休息期间猝死，既非在工作时间也非在工作岗位死亡"，即认为朱某是在公寓（宿舍）休息期间发病并死亡的；在第三起案例中，最高人民法院认为"是否能够认定冯某属于工伤，关键是看其发病、死亡是否发生在在家加班工作期间"，显然对于"在家中发病"这一事实，最高人民法院予以确认，关于此事实，最高人民法院和人社行政部门的意见是相同的。

这一事实的确认，具有非常重要的意义。

在第二起案例中，朱某之妻李某并无证据证明朱某在进入公寓前（工作期间）存在身体不适发病的现象，事实认定不存在争议。而在第一起案例中，在死亡前20余天，易某进行了急性阑尾炎手术，并发生其他感染而在持续治疗中，这意味着易某在工作期间也会存在身体不适，但一、二审法院和最高人民法院未认定此不适为《工伤保险条例》第十五条第一款第（一）项视同工伤中的发病，这实质意味着仅仅考虑发病是不够的，还需要考虑是否"突发"，下文详述。

在第三起案例中，冯某之妻俞某提交了较多的证据证明冯某在学校工作期间即已"发病"，包括①单位教师（同事）王某、陈某证明"事发当晚发现冯某行为异常，看见他偶尔用手摁一摁胸口，脸色不好"；②证人黄某、胡某庭审中亦证实，"冯某在2011年11月15日晚修期间，精神比往常差，气色苍白"；③教师王某、陈某及冯某学生证明,"冯某在 2011 年 11 月 15 日晚修期间已有身体不适的表现"。二审法院因此认为"理应认定冯某于 2011 年 11 月 15 日晚修期间已开始发病"。但是,最高人民法院没有对这一事实确认,不仅没有涉及这一事实,而且通过确认"在家中发病",实际上否定了一、二审法院认定的这一事实。从结果方面来,这或许是最高人民法院倾向于认为,"在工作岗位上发病回家后死亡不得视同工伤"。① 即如果一旦认定冯某系在学校工作期间发病,回家后死亡,则不应当视同工伤。进一步来说,最高人民法院认为,《工伤保险条例》第十五条第一款第(一)项关于"职工在工作时间和工作岗位,突发疾病死亡或者在 48 小时之内经抢救无效死亡的,视同工伤"之规定,包括了两种视同工伤的情形:一是在工作时间、工作岗位上,突发疾病死亡;二是在工作时间、工作岗位上,突发疾病,48 小时内经抢救无效死亡。与第一种情形相比,第二种情形没有直接在工作岗位上死亡,中间可能介入非工作时间和工作岗位因素,从而导致是否视同工伤的复杂化。

但不论如何,至少在证据法上这对于工伤认定事实的判断来说,很有价值。除非在单位死亡或者从单位去医疗机构死亡——从而判定系在工作时间、工作岗位"突发疾病"是比较容易的,在此情形下甚至不需要提供发病证据即可推断突然发病,但是在离开单位后且没有去医疗机构而死亡的,很难有充分的证据证明劳动者突然发病,最多是如第三起案例情形,由同事证明(用人单位的证明本质上就是同事的证明,因为用人单位证明的内容来源于同事的陈述),而证人证言的证明力较低,如果没有其他证据佐证,仅有证人证言,即便在行政和民事案件中,也通常难以成立。最高人民法院在第三起案例中,没有根据证人证言而采纳劳动者工作时间和地点"发病"的观点,具有较强的实践和参照价值。

二、对于疾病是否需要考虑"突发"

在实践中,多数司法机关仅仅根据劳动者在工作期间"感到不适",即认定

---

① 参见代秋燕诉河北省人力资源和社会保障厅工伤行政确认案,最高人民法院(2017)最高法行申 3687 号行政裁定。

其发病,如果劳动者在 48 小时内死亡,即认为其应视同工伤。① 在第一起案例中,易某死亡前患有疾病且在持续治疗中,这必然意味着易某在工作期间也会存在身体不适,但一、二审法院和最高人民法院未认定此不适为《工伤保险条例》第十五条第一款第(一)项视同工伤中的发病,这实质意味着仅仅考虑发病是不够的,还需要考虑是否"突发"。虽然最高人民法院尚未明确"发病"不等于"突发疾病",但从其对该案的事实判定分析,或许能够对其对于"突发疾病"的判定尺度管窥一二。

在第一起案例中,最高人民法院明确"因视同工伤属于通常意义上因工伤亡之外的扩大保护,故对视同工伤的判定,应当严格掌握,不宜对视同条件随意扩大解释,不合理扩大视同工伤的保护范围。具体而言,在对因突发疾病视同工伤的认定上,应当从严适用工作时间、工作岗位、突发疾病和 48 小时内死亡四个重要条件"。在最高人民法院维持的这一案件中,一审法院强调"视同工伤情形的突发疾病要从明显体现疾病发生或者自身疾病加重的突然性、及时救治的必要性、工作中断的紧迫性等突发性特点来考量"。在类似案件中,最高人民法院也强调了"突发疾病"。② 在该起案件中,二审法院强调"该条款主要是针对职工在工作时间工作岗位上,突发疾病死亡,或者是突发疾病、病情危重、不能坚持工作,需要紧急到医院进行抢救的情况而设定的"。

将"感到不适"或"发病"等同于"突发疾病",首先不符合文义解释。从文义来看,"发病"和"突发疾病"存在明显的不同,将"突发疾病"理解为"发病",对条款含义作了扩大解释,是不恰当的。正如最高人民法院的上述分

---

① 如九江市新一菜场农贸发展有限公司诉九江市浔阳区人力资源和社会保障局、九江市人民政府劳动社会保障行政确认纠纷案,江西省九江市中级人民法院"(2018)赣 04 行终 12 号"行政判决认为:廖某属上班时间感到身体不适离岗回家,其情形……视同工伤;陈俊宇诉北京市通州区人力资源和社会保障局工伤认定案,北京市第三中级人民法院"(2018)京 03 行终 572 号"行政判决认为:仅以陈某存在发病后感到身体不适的情况下返回家中的行为为由,径行拒绝进行工伤认定……有悖于《工伤保险条例》中保障劳动者的权益的立法目的;张海花诉阳泉市郊区人力资源和社会保障局行政确认案,山西省阳泉市中级人民法院"(2019)晋 03 行终 14 号"行政判决认为:张某在工作时间及工作岗位突发疾病感觉身体不适……其符合视同工伤的情形。

② 代秋燕诉河北省人力资源和社会保障厅工伤行政确认案,最高人民法院(2017)最高法行申 3687 号行政裁定。

析，此种扩大解释不符合《工伤保险条例》第十五条第一款第（一）项规定的目的，应当进行从严而不是从宽解释。

三、为单位利益是否等于履行工作职责

第三起案例审判结果之所以和前两起案例大相径庭，主要原因在于，在第三起案例中，最高人民法院认为，劳动者是在"工作时间和工作岗位"上发病死亡的。最高人民法院认为，职工为了单位的利益，在家加班工作期间，也应当属于"工作时间和工作岗位"，并列举了三项理由：第一，理解"工作时间和工作岗位"，首先应当要看职工是否为了单位的利益从事本职工作。在单位规定的工作时间和地点突发疾病死亡视同工伤，为了单位的利益，将工作带回家，占用个人时间继续工作，其间突发疾病死亡，其权利也应当受到保护，只有这样理解，才符合倾斜保护职工权利的工伤认定的立法目的。第二，相对于"工作场所"而言，"工作岗位"强调更多的不是工作的处所和位置，而是岗位职责、工作任务。职工在家加班工作，就是为了完成岗位职责，应当属于"工作时间和工作岗位"。第三，《工伤保险条例》第十五条将"工作场所"替换为"工作岗位"，本身就是法律规范对工作地点范围的进一步拓展，将"工作岗位"理解为包括在家加班工作，是对法律条文的正常理解，不是扩大解释。

作者认为，上述论证并非没有问题。第一，如果对于"在家加班工作期间，应当属于工作时间和工作岗位"进行论证，那么对于"在单位工作或加班工作期间，应当属于工作时间和工作岗位"是否也应当进行论证？很显然，后者并不需要论证，也从未有人对此进行论证，这是显而易见、理所当然的。只要在从事工作，所涉及的时间和岗位皆为工作时间和工作岗位。不存在有工作，却无工作时间和工作岗位的情形。法院实际上直接假定了一个事实"在家工作"，然后基于该假定事实来论证本案存在工作时间和工作岗位。后两点理由亦构建于此点之上。但由于其基础事实是假定的，其论证不具备事实基础，因此其论证无法成立。第二，"将工作带回家，占用个人时间继续工作"存在同样的问题，即已经假定个人所从事的行为为"工作"，进而论证"工作"为工作。可是"工作"真的是工作吗？此点不需要论证吗？事实恐非如此。以该案来说，假定冯某确定当

晚将试卷带回了家且确定在家中批完了试卷，这确定就是工作吗？或者说，这一"工作"是《工伤保险条例》第十四条、第十五条所规定的工作吗？如果回答"是"，那么直接产生的问题包括：①用人单位是否应当为此支付加班工资？按照"将工作带回家，占用个人时间继续工作……其权利也应当受到保护"这一逻辑，用人单位应当支付加班工资。那么法院会支持支付加班工资吗？支持多久的加班工资？1个小时还是10个小时？再结合"根据工伤认定倾向性保护职工合法权益的原则，应当作出有利于职工的肯定性的事实推定"这一观点，是不是职工主张10个小时的加班工资就应当支持？用人单位会支持吗？②这就意味着在家的所有时间除非能够排除，否则都应当属于工作时间、工作岗位，当然也属于工作场所。由于在工作时间和工作场所因工作原因受到的伤害都是工伤，那么在家中因工作原因受到的伤害当然也都是工伤。③在家中如此，不在家中当然也应当如此。那么是不是只要个人声称是为了单位利益，就都应当认定为工伤或视同工伤，申言之，绝大部分伤害或死亡都应当认定为工伤或视同工伤吗（尽管它们事实上与工作风马牛不相及）？第三，为了单位利益，所从事的行为就属于工作吗？那么教师在家备课、在家读书是不是都是工作？如此类推，是不是所有的脑力劳动者在家学习都属于工作，都要支付加班工资？体力劳动者在家进行锻炼都属于工作，都要支付加班工资？而且，谁也不能说体力劳动者就不需要学习、体力劳动者学习不是为了单位利益，那么任何学习是不是都属于工作，都应当支付工资？毫无疑问，终极答案只能、必然是否定的。

为了单位利益并不都是工作，也不能都作为工作。这一观点仅仅是工作界定的理论之一，并不完全符合现实。

四、"在家工作"的事实如何证明

第三起案例以及类似案件裁判的最大问题在于，如何确定劳动者在家中从事"工作"（姑且不论该"工作"是否就是劳动者正常工作）？在第三起案例中，最高人民法院对这一事实问题的判定未进行分析，而是直接确认了这一事实，一、二审法院亦未对这一事实的确定进行阐述。因此，三级法院究竟依据什么确认了这一重要事实，不得而言。结合案情来看，主要证据包括：①冯某之妻的陈述。

②中学数学组证明:"2011年11月15日晚,从20时30分至22时30分进行考试,冯老师连夜评完两个班学生的数学试卷,并进行试卷分析,因每周三为我校数学教学研究时间"。③2013年3月11日,琼山中学出具书面证明:"2011年11月15日晚上,从20时30分到22时30分进行考试,为及时了解学生的学习状况,该老师连夜评完两个班学生的数学试卷(107份),并进行试卷分析。每次测试完毕都是当晚批卷,这是常规工作……"证据一为工伤认定申请人的陈述,其证明力可以视为零。证据二、三的证人未陪同冯某回家,亦没有留宿于冯某家中,根本没有看到或听到"冯老师连夜评完两个班学生的数学试卷",且其证言内容与事实不符——海口市人社局调查到第二天并未进行数学教学研究;至于22时30分考试结束后,连夜批卷"这是常规工作",除了极其特殊情形需要连夜批卷,通常情况下不符合教学规律和教学要求。因此,最高人民法院认定的事实"组织学生晚修测验回家,连夜评完两个班学生的数学试卷,并进行试卷分析",谨慎地说,没有较为充分的证据支持。

事实上,在此类案件中,最大的事实问题即在于,如何认定劳动者在家中"工作"?如果要求工伤认定申请人(劳动者)一方举证,通常无法举证而必然败诉。或许只存在唯一的可能性,该劳动者在家中有不间断的视频——会有这样的证据吗?如果要求社会保险行政部门举证,只能出现第三起案例中最高人民法院主张的"在职工发病和死亡是否发生在工作时间、工作岗位上缺乏相关证据证明、难以确定的情况下,根据工伤认定倾向性保护职工合法权益的原则,应当作出有利于职工的肯定性的事实推定,而非否定性的事实认定"。这样的举证责任分配只会导致一种结果:劳动者在家中发病死亡的都应当视同工伤——没有例外。而且,这一举证责任分配,与最高人民法院在前两起案例中的举证责任观点截然相反。若按照这一举证责任分配,前两起案例亦均应当视同为工伤。

工作时"突发疾病"回家（宿舍）之后死亡能否视同工伤

案例一　工作时身体不适回家后再到医院救治或突发疾病死亡不视同工伤

🌐 裁判要旨

《工伤保险条例》第十五条第一款第（一）项规定，职工在工作时间和工作岗位，突发疾病死亡或者在48小时之内经抢救无效死亡的，视同工伤。该条款主要是针对在工作时间、工作岗位上突发疾病，不能坚持工作，需要紧急到医院进行抢救的情况而设定的。

🕐 案情

张某生前是北京铁路局石家庄工务段职工，从事汽车司机工作。2014年4月27日，因在单位值班时身体不适，于18时30分左右向办公室主任请假，到家后吃了止疼药感觉好些，上床休息。其妻代某做好晚饭后因张某已经睡着就没有叫醒他吃饭和去医院检查。次日早晨6时左右，代某做完早饭后，见张某还没起床，仔细查看发现其没反应，赶紧拨打急救中心"120"电话。6时40分左右，急救车赶到，医护人员检查后，告知张某已经死亡。2014年5月29日，代某就张某死亡一事，向河北省人社厅提出工伤认定申请。河北省人社厅受理后，于2014年8月8日作出不予认定工伤决定书，并送达代某。代某不服，申请行政复议后被维持，遂提起行政诉讼。

审判

一审法院认为,《工伤保险条例》第十五条第一款第(一)项规定,职工在工作时间和工作岗位,突发疾病死亡或者在48小时之内经抢救无效死亡的,视同工伤。其规定了视同工伤的两种情形。本案张某是在工作时间和工作岗位身体不适,并未在工作时间和工作岗位突发疾病死亡,也未在工作时间和工作岗位突发疾病被送往医疗机构经48小时抢救无效死亡。张某在工作时间和工作岗位身体不适请假回家休息,后被发现死亡,虽然其从身体不适请假回到家中休息至其被发现死亡在48小时之内,但并不符合上述规定。故河北省人社厅作出不予认定工伤决定书,认定事实清楚,适用法律、法规正确,程序合法,依法应予维持。判决驳回代某的诉讼请求。

代某不服一审判决,向河北省高级人民法院提起上诉。

二审法院认为,《工伤保险条例》第十五条第一款第(一)项规定,职工在工作时间和工作岗位,突发疾病死亡或者在48小时之内经抢救无效死亡的,视同工伤。该条款主要是针对职工在工作时间、工作岗位上,突发疾病死亡,或者是突发疾病、病情危重、不能坚持工作,需要紧急到医院进行抢救的情况而设定的,其中发病、抢救、死亡为一连续完整的不间断的过程,发病与抢救、抢救与死亡之间有紧密的先后顺序和逻辑联系。本案中,张某在工作时间和工作岗位上感觉身体不适,请假后回家休息,次日早晨被发现死亡。上述情形不属于在工作时间、工作岗位上突发疾病死亡,也不属于在工作时间、工作岗位上突发疾病直接送医院经抢救无效死亡。因此张某死亡的情形不符合上述规定。判决驳回上诉,维持一审判决。

代某仍不服,向最高人民法院申请再审称,一、二审判决认定主要事实不清。张某的突发疾病发生在工作时间和工作岗位,其病情恶化导致死亡与其2014年4月27日在工作时间、工作岗位上突发疾病存在连续性和因果关系。一、二审开庭审理过程中,河北省人社厅承认作出工伤认定的结论是基于申请人提供的书面材料,对于张某的具体工作状况、段长司机工作的特殊性、事发当时是否加班、在单位身体不适的具体表现情况等并没有进行调查核实,河北省人社厅仅根据书面材料认定的事实不可能全面客观。一、二审法院及河北省人社厅对于《工伤保险条例》第十五条第一款的理解有误,适用法律的前提错误,得出的结论必然错误。河北省人社厅作出的不予认定工伤决定书有悖劳动法律规范的立法宗旨,且与《关于印发〈河北省工伤案例分析会议纪要〉的通知》(冀劳社办〔2006〕137号)相矛盾。请求撤销二审判决,责令河北省人社厅重新作出工伤认定决定。

再审法院认为,《工伤保险条例》第十五条第一款第(一)项规定主要是针对在工作时间、工作岗位上突发疾病,不能坚持工作,需要紧急到医院进行抢救的情况而设定的。如果是在回家之后再到医院救治或突发疾病死亡的,就不属于这一条款规定的适用范围。本案中,张某在工作时间和工作岗位感到身体不适,请假回家后卧床休息,至次日被家人发现、经抢救无效死亡。虽然该不幸后果值得同情,但并不属于《工伤保险条例》上述规定的视同工伤情形,河北省人社厅作出不予认定工伤决定书于法有据。一、二审法院认定事实清楚,适用法律、法规并无不当。至于代某提出河北省人社厅作出的不予认定工伤决定书与其下发的冀劳社办〔2006〕137号文件相矛盾的问题,该文件仅为河北省工伤案例分析会议纪要,不具有普遍约束力,故该申请再审理由不予支持。裁定驳回代某的再审申请。[一审:(2015)石行初字第00002号;二审:(2015)冀行终字第78号;再审:(2017)最高法行申3687号]

案例二 工作时身体不适回宿舍后再到医院抢救死亡不满足视同工伤要件

🌐 裁判要旨

《工伤保险条例》第十五条第一款第(一)项是针对在工作时间、工作岗位突发疾病,不能坚持工作,需要立即进行救治而设计的。"视同工伤"必须同时满足工作时间、工作岗位、突发疾病以及死亡或径直送医院抢救无效在

> 48小时内死亡的要件。唐某虽然系在工作时间、工作岗位自感身体不适，但未直接送医院抢救，而系回宿舍休息后送医院抢救并在医院抢救无效后死亡，该情形不满足视同工伤的要件。

案情

唐某系某厂员工。2014年6月9日凌晨1时，唐某在宿舍休息时，因头痛剧烈难忍，被送往医院医治，经医院抢救无效于凌晨3时死亡。2014年6月11日该厂向人社局申请工伤认定，申报材料称2014年6月8日唐某加班过程中感到身体不适，回宿舍休息期间头痛加剧，后送医院经抢救无效死亡。人社局受理前后派员对该厂员工潘某、袁某、梁某（唐某妻子）、尤某进行了相关调查，袁某、梁某反映唐某在2014年6月8日晚加班过程中感到头部不适，在20时30分至21时期间结束了工作回到宿舍休息，次日凌晨0时或1时左右因头痛加剧被送至医院救治。人社局依据调查材料认定唐某非工作时间和非工作岗位突发疾病抢救无效死亡，故依照《工伤保险条例》第十五条第一款第（一）项规定，作出不予认定工伤决定书。梁某不服，提起行政诉讼。

庭审中法院查明唐某系心血管疾病导致死亡，用人单位给予了死者家属82 000元的死亡补偿。

审判

一审法院认为，导致唐某死亡的原因，非职业病伤害而是自身的心血管疾病。因病死亡被视同工亡的，《工伤保险条例》规定了"工作时间和工作岗位"两项前提，显然唐某并不满足在工作时间死于工作岗位之上，也并未出现在工作时间及工作岗位即开始的医疗抢救，人社局据此作出行政决定并无不当，判决驳回梁某的诉讼请求。

梁某不服一审判决，提起上诉。

二审法院认为，本案虽有证据证明唐某在加班时即已感到头部不适，但当时并未立即送往医院抢救，且不能确定唐某加班时头部不适即表明其已突发疾病，故人社局认为唐某死亡情形不符合《工伤保险条例》第十五条规定的视同工伤的情形,作出不予认定工伤决定书并无不当。判决驳回上诉,维持原判。

梁某仍不服,向湖南省高级人民法院申请再审。

再审法院认为,双方对事实无异议,实际仅是对唐某的死亡情形是否构成视同工伤存在异议。工伤保险属于社会保障范畴,在体现人文关怀的同时需考虑社会承受能力和社会公平。视同工伤是例外情形,《工伤保险条例》第十五条第一款第(一)项是针对在工作时间、工作岗位突发疾病,不能坚持工作,需要立即进行救治而设计的。故视同工伤必须同时满足工作时间、工作岗位、突发疾病以及死亡或径直送医院抢救无效在48小时内死亡的要件。唐某虽然系在工作时间、工作岗位自感身体不适,但未直接送医院抢救,而系回宿舍休息后送医院抢救并在医院抢救无效后死亡,该情形不满足视同工伤的要件,人社局作出不予认定工伤决定书并无不当。裁定驳回再审申请。[一审:(2014)楼行初字第38号;二审:(2016)湘06行终30号;再审:(2016)湘行申1037号]

案例三　工作时身体不适回家后病情加重死亡视同工伤

🌐 裁判要旨

依据居民死亡医学证明书显示,陈某死亡原因系心源性猝死。参考医学上关于心脏骤停、心源性猝死等症状描述,可以认定陈某胸闷难受的发病与其心源性猝死之间在过程上存在连续性,逻辑上具有因果关系。陈某虽在家中死亡,但其确系在工作时间和工作岗位突发疾病,因对病情的严重性未进行正确判断,选择回家休息并预备请家人陪同就医,合乎正常人的生活情理。虽没有直接从工作岗位到医院救治,但是从其发病到死亡时间尚不足2小时,符合在48小时内经抢救无效死亡的结果,符合《工伤保险条例》视同工伤条款的规定。

案情

陈某系某厂的原法定代表人、经理，2017年2月1日订立书面劳动合同。陈某在2017年11月7日7时30分到工厂上班后，突然感到胸闷不舒服，向公司员工沈某说了此事，然后从工厂返回家中，准备叫其妻子俞某陪他一起去医院。8时30分左右，陈某到家，拿杯子喝了几口水，咳嗽了一声，感到呼吸不畅、憋气。9时许俞某叫物业和朋友拨打"120"急救电话，医护人员赶到发现其已停止心跳，经抢救无效死亡，死因为心源性猝死。2017年12月1日，用人单位向人社局提出工伤认定申请，以陈某在上班期间突发疾病并经抢救无效死亡为由，申请认定工伤。人社局于2017年12月8日受理工伤认定申请。2017年12月26日，人社局向用人单位职工沈某及俞某调查核实相关情况。经二人证实，陈某每天早上7时30分到厂里上班，2017年11月7日早上7时40分左右陈某因胸闷难受离开单位并于上午9时之前到家，约20分钟后拨打"120"急救电话，经抢救无效死亡。根据调查情况，人社局认为，陈某受到的伤害，不符合《工伤保险条例》第十四条、第十五条认定工伤或者视同工伤的情形，于2018年1月19日作出决定，不予认定或视同工伤。陈某家属不服，提起行政诉讼。

审判

一审法院认为，根据《工伤保险条例》第十五条第一款第（一）项规定，职工死亡若视同为工伤应当同时满足如下两个要件：其一，职工突发疾病的时间和地点为在工作时间及工作岗位上；其二，发生职工突发疾病死亡或者在48小时内经抢救无效死亡的结果。具体到本案，由查明的事实可知，陈某在7时30分到工厂上班，7时40分左右因胸闷难受离开单位并于上午9时之前到家，约20分钟后心跳停止。据此，陈某虽在家中死亡，但其是在工作时间和工作岗位突发疾病的，返家后病情加重最终导致死亡，符合前述要件一。同时，陈某从其发病到死亡时间约2小时，发生了在48小时内经抢救无效死亡的结果，符合前述要件二。基于此，陈某之死符合上述视同工伤的情形。

本案中，人社局辩称陈某系在工作岗位感觉身体不适返回家中且在家中发生

第四章
工伤保险

心源性猝死，不符合《北京市工伤认定办法》第十一条规定的"在工作岗位上死亡或者从工作岗位上直接送往医院抢救并在 48 小时内死亡的情形"，不能视同工伤。对此，第一，《工伤保险条例》系为了保障因工作遭受事故伤害或者患职业病的职工获得医疗救治和经济补偿，促进工伤预防和职业康复，分散用人单位的工伤风险而制定，其中给予工伤或视同工伤职工以救治和补偿，是工伤保险制度最初也是最核心的立法宗旨。第二，工伤认定主管机关在处理视同工伤认定案件中，应当基于《工伤保险条例》的立法本意，全面、准确地适用《工伤保险条例》第十五条第一款第（一）项及《北京市工伤认定办法》，结合所涉案件的具体情况，依法进行工伤认定，切实维护职工的合法权益。第三，《工伤保险条例》第十五条第一款第（一）项并未限定职工突发疾病死亡的地点必须在工作岗位或者医院内，亦未要求职工发病后必须由单位直接送往医院抢救且在 48 小时内死亡才属于视同工伤的情形，在此情况下，人社局机械地理解并适用《北京市工伤认定办法》中的规定，限缩了上位法规定的视同工伤的情形，显属不当。基于此，陈某之死应认定为视同工伤情形，对人社局的该项抗辩主张，不予支持。判决撤销人社局作出的被诉决定；责令人社局于一审判决生效后 60 日内重新作出行政行为。

人社局不服一审判决，提起上诉，主要事实和理由为：第一，关于《工伤保险条例》的立法宗旨，确系为了保障因工作遭受事故伤害或患职业病的职工获得医疗救治和经济补偿，促进工伤预防和职业康复，分散用人单位的工伤风险。但是需要明确的是，工伤保险的重点是保"伤"，而不是保"病"。因此，因病死亡视同工伤属于工伤认定中的一种特殊而非一般的情形，对于特殊情形应当从严掌握，对其限制性条件"工作时间"和"工作岗位"不应作过于宽泛的解读。本案中，陈某在家发生心源性猝死，不符合在特殊情形下认定工伤中"工作岗位"的限制条件。第二，《工伤保险条例》规定的"在工作时间和工作岗位"是"突发疾病死亡或者在 48 小时内经抢救无效死亡"情形下认定视同工伤的限定条件，且两个条件需同时满足，缺一不可。第三，依法行政是行政法的基本原则，行政机关应当严格依照依法行政这一基本原则行使职权。人社局作出不予认定工伤决定，正是行政机关尊重依法行政基本原则的体现。一审法院对于法律规定的扩大解释，对于本案陈某家属权益诉求的实现并没有法律依据的支持，不能产生良好的法律效果。另，最高人民法院（2017）最高法行申 3687 号案件亦明确"请假回家后再到医院救治或突发疾病死亡的不能视同工伤"的观点。请求依法撤销一审判决，改判驳回陈某家属的诉讼请求。

  二审法院认为，工伤保险制度旨在保障因工作遭受事故伤害或者患职业病的职工获得医疗救治和经济补偿，但为最大限度保障劳动者的权益，《工伤保险条例》第十五条规定了视同工伤的情形，同时对视同工伤的条件作了较为严格的规定。本案中，陈某死亡情形符合该规定。工伤认定主管机关在处理工伤认定案件中，应在充分理解《工伤保险条例》第十五条视同工伤条款的立法本意的基础上，结合案件的具体情况来具体分析，而不应增设或者限缩违反上位法规定的适用条件，不应在上位法没有规定的情况下适用限制和减损职工权利的附加条件。根据《工伤保险条例》第十五条第一款第（一）项的规定，职工突发疾病的时间和地点为在工作时间和工作岗位上，是视同工伤的前置条件。在此前置条件下，满足突发疾病死亡或者在 48 小时内经抢救无效死亡的结果，即属于视同工伤的情形。该规定并没有限定突发疾病死亡的地点必须在工作岗位或者医院内，也没有要求职工发病后必须由单位直接送往医院抢救且在 48 小时内死亡才属于视同工伤的情形。

  本案中，依据居民死亡医学证明书显示，陈某死亡原因系心源性猝死。参考医学上关于心脏骤停、心源性猝死等症状描述，可以认定陈某胸闷难受的发病与其心源性猝死之间在过程上存在连续性，逻辑上具有因果关系。陈某虽在家中死亡，但其确系在工作时间和工作岗位突发疾病，因对病情的严重性未进行正确判断，选择回家休息并预备请家人陪同就医，合乎正常人的生活情理。虽没有直接从工作岗位到医院救治，但是从其发病到死亡时间尚不足 2 小时，符合在 48 小时内经抢救无效死亡的结果，符合《工伤保险条例》视同工伤条款的规定。且在没有其他证据证明死亡结果的发生可能存在其他原因的情况下，如果仅以陈某存在发病后感到身体不适的情况下返回家中的行为为由，径行拒绝进行工伤认定，否定了其发病后作出的合乎情理的行为，事实上限缩了《工伤保险条例》规定的适用条件，不利于劳动者在工作岗位上突发疾病后当即进行的自我调整与自救，

第四章
工伤保险

有悖于《工伤保险条例》中保障劳动者的权益的立法目的。因此对人社局的主张不予支持。判决驳回上诉,维持一审判决。[一审:(2018)京0112行初87号,二审:(2018)京03行终572号]

评析

关于在工作时间和工作岗位上身体不适(发病),回到家中/宿舍中死亡或经抢救无效死亡,是否符合《工伤保险条例》第十五条第一款第(一)项之规定,即应视同为工伤,在司法实践中观点对立,相关案例整理如下:

观点	案例名称	裁判法院	案号
不应视同为工伤	代某某诉河北省人社厅工伤行政确认案	最高人民法院	(2017)最高法行申3687号
	陈某诉邢台市人社局、第三人清河县县直第一小学工伤行政认定案	河北省邢台市中级人民法院	(2018)冀05行终123号
	梁某某诉岳阳市人社局不予工伤认定纠纷案	湖南省高级人民法院	(2016)湘行申1037号
	陈某某等诉长沙市人社局、第三人长沙市雨花区久美神话健康生活会所工伤认定纠纷案	湖南省高级人民法院	(2016)湘行申864号
	罗某某诉张家界市人社局、湖南省人社厅、第三人张家界市公共汽车公司工伤认定案	湖南省高级人民法院	(2017)湘行申79号
	廖某某诉长沙市人社局工伤认定决定案	湖南省高级人民法院	(2017)湘行申323号
	郭某某诉万载县人社局、第三人国家税务总局万载县税务局工伤行政确认案	江西省宜春市中级人民法院	(2018)赣09行终120号
应视同为工伤	九江市新一菜场农贸发展有限公司诉九江市浔阳区人社局、九江市人民政府劳动保障行政确认纠纷案	江西省九江市中级人民法院	(2018)赣04行终12号
	张某某诉阳泉市郊区人社局行政确认案	阳泉市中级人民法院	(2019)晋03行终14号
	陈某某诉北京市通州区人社局工伤认定案	北京市第三中级人民法院	(2018)京03行终572号

一、"同案不同判"与"同样事实,同样处置"

司法机关对于上述案件截然相反的裁判意见和裁判结果凸显了"同案不同判"的司法尴尬境地,这一状况与"同样事实,同样处置"的法治要求背道而驰。《最高人民法院关于建立法律适用分歧解决机制的实施办法》(法发〔2019〕23号)提出,对于最高人民法院审判委员会关于法律适用分歧作出的决定,最高人民法院各业务部门、地方各级人民法院和各专门人民法院在审判与执行工作中应当参照执行。这一文件的出台能否解决"同案不同判"的状况,不容乐观。

对于相关案例,如果说最高人民法院(2017)最高法行申3687号裁定作出之前,地方司法机关"同案不同判"尚"情有可原",那么在该裁定作出后,地方司法机关仍然"同案不同判"就不可理喻了。虽然中国属于成文法国家,但就全球而言,如同代表性的成文法国家(德国、法国、日本)的司法判例,最高人民法院的司法判例已经越来越具有法律适用意义。在我国,早在2010年,最高人民法院即已制定指导案例制度,规定"最高人民法院发布的指导性案例,各级人民法院审判类似案例时应当参照"。[①] 最高人民法院的判例具有"应当参照"的价值,来源于"同样事实,同样处置"的法治要求。即,对每一个人和社会主体必须一视同仁,提供平等保护,并为人们行为提供统一的评价标准和裁判预期。同时,也来源于最高人民法院所享有的最终审判权之权威。在理论上,由于所有案件都可以最终向最高人民法院申请再审,因此与最高人民法院对立的裁判案件,最终都应当被最高人民法院撤销、改判。在最高人民法院已经对类似案件作出裁判,且该裁判理由及依据没有明显不当的情形下,地方法院依然作出截然相反的裁判,法发〔2019〕23号是否能彻底解决这一问题?

但无论如何,最高人民法院的努力是值得赞同和支持的,"同案不同判"的司法状况应当改变。从司法实践来看,针对与(2017)最高法行申3687号裁定观点相左的裁判,社会保险行政部门或者用人单位应当据理力争,穷尽法律救济,而不是一遇到法院的不同裁判,即断然接受并遵从。

---

① 《最高人民法院关于案例指导工作的规定》(法发〔2010〕51号)。

二、对立观点之比较

（一）认为不应视同工伤

最高人民法院认为，《工伤保险条例》第十五条第一款第（一）项规定主要是针对在工作时间、工作岗位上突发疾病，不能坚持工作，需要紧急到医院进行抢救的情况而设定的。如果是在回家之后再到医院救治或突发疾病死亡的，就不属于这一条规定的适用范围。[①]

湖南省高级人民法院认为，工伤保险属于社会保障范畴，在体现人文关怀的同时需考虑社会承受能力和社会公平。视同工伤是例外情形，《工伤保险条例》第十五条第一款第（一）项是针对在工作时间、工作岗位突发疾病，不能坚持工作，需要立即进行救治而设计的。故视同工伤必须同时满足工作时间、工作岗位、突发疾病以及死亡或径直送医院抢救无效在48小时内死亡的要件。[②]

（二）认为应当视同工伤

陈某虽在家中死亡，但其确系在工作时间和工作岗位突发疾病，因对病情的严重性未进行正确判断，选择回家休息并预备请家人陪同就医，合乎正常人的生活情理。虽没有直接从工作岗位到医院救治，但是从其发病到死亡时间尚不足2小时，符合在48小时内经抢救无效死亡的结果，符合《工伤保险条例》视同工伤条款的规定。如果仅以陈某存在发病后感到身体不适的情况下返回家中的行为为由，径行拒绝进行工伤认定，否定了其发病后作出的合乎情理的行为，事实上限缩了《工伤保险条例》规定的适用条件，不利于劳动者在工作岗位上突发疾病后当即进行的自我调整与自救，有悖于《工伤保险条例》中保障劳动者的权益的立法目的。[③]

张某在工作时间及工作岗位突发疾病感觉身体不适，基于普通民众对疾病的非专业认识，张某并未察觉到自身情况需要紧急救治，因恰逢午饭时间张某将村医生叫至家中为其医治，后情况危急经120急救中心将其送入医院进行抢救，于

[①] （2017）最高法行申3687号行政裁定。
[②] （2016）湘行申1037号行政裁定。
[③] （2018）京03行终572号行政判决。

下午被下达病危通知书，后死亡。纵观其从12时20分在工作岗位自感发病到15时被医院下达病危通知书的过程，发病于工作时间及工作岗位上，发病、抢救、死亡并未间断，发病与抢救、抢救与死亡之间有紧密的先后顺序和逻辑顺序，其符合视同工伤的情形。①

对比以上对立观点，主要分歧点在于：①在48小时之内经抢救无效死亡是否包含从工作岗位到家（宿舍）后病亡以及再到医疗机构后病亡的情形；②此种病亡情形是否符合《工伤保险条例》第十五条第一款第（一）项的规定；③是否符合《工伤保险条例》保障劳动者权益的立法目的；④在工作单位不适后回家是否符合人的生活情理，是否影响疾病视同工伤的成立；⑤发病过程的连续性是否影响疾病视同工伤的成立。

三、突发疾病视同工伤构成要件中死亡时空条件的限制

《工伤保险条例》第十五条第一款第（一）项规定，职工在工作时间和工作岗位，突发疾病死亡或者在48小时之内经抢救无效死亡的，应视同工伤。对于此工伤情形，该条款限定了此种工伤的具体条件包括突发疾病以及死亡，与条例第十四条、第十五条其他工伤/视同工伤条款均未作此限定存在显著差异，由此表明，条例对于疾病工伤的构成要件要求比其他条款更为严苛。这应当成为理解和分析疾病工伤构成要件以及事实判断的立法和法理基础。

（一）疾病工伤的构成要件

工作时"发病"回家/宿舍之后死亡能否视同工伤，首先要看此种情形是否符合疾病工伤的构成要件。因此，准确界定疾病工伤的构成要件是对此种事实进行法律判断的基础性前提。

关于疾病工伤的构成要件，最具代表性的"四要件说"当属最高人民法院主张的工作时间、工作岗位、突发疾病和48小时内死亡。②湖南省高级人民法院将第4个要件改为"死亡或径直送医院抢救无效在48小时内死亡"。在工作时间、

---

① （2019）晋03行终14号行政判决。
② （2018）最高法行申7403号行政裁定。

第四章
工伤保险

工作岗位、突发疾病当场死亡包括在"48小时内死亡"之内；对于"径直送医院抢救无效在48小时内死亡"，从《工伤保险》条款文义来看，尚无"径直"字样。工作时"发病"回家/宿舍后死亡之情形，显然符合前两个要件；对于是否符合"突发疾病"之要件，"视同工伤否定论"对此未作具体分析，但由于该观点认为该种情形不符合这4个构成要件，则可能认为不属于"突发疾病"之要件，"视同工伤肯定论"则对此完全未涉及；对于"48小时内死亡"之要件，"视同工伤肯定论"明确认为符合，"视同工伤否定论"则未对此予以明确。

如果将"48小时内死亡"作为构成要件之一，那么对于工作时"发病"回家/宿舍后死亡之情形，其死亡之结果符合该要件，如果确系"疾病突发"或"突发疾病"，那么就完全符合疾病工伤之构成要件，应予认定工伤。从此点来看，最高人民法院在（2017）最高法行申3687号和（2018）最高法行申7403号行政裁定中的裁判观点存在矛盾。

作者认为，疾病工伤构成要件包括三个因素，即①在工作时间、工作岗位上突发疾病；②当场或送医疗机构抢救在48小时内死亡；③突发疾病和死亡之间存在因果关系。"工作时间""工作岗位"并非突发疾病工伤的独立构成要件。[①] 工伤是对劳动者在工作中导致的伤病属性的界定，疾病可以作为其对象，而"工作时间""工作岗位"则不能。"工作时间""工作岗位"是对突发疾病的限制和要求，必须依附于突发之疾病，而非独立存在的因素，不应作为突发疾病工伤的构成要件。正如最高人民法院以及其他司法机关的观点一样，死亡是疾病工伤的核心内容，此类工伤界定的并非"疾病"，而是"死亡"这一特定状态或后果，因此死亡属于疾病工伤的构成要件之一。对于突发疾病和死亡之间的因果关系，几乎所有的司法裁判以及研究均未关注此点，实为重要缺失。《工伤保险条例》第十五条第一款第（一）项强调了"突发疾病死亡或者在48小时之内经抢救无效死亡"，对于前半段而言，虽未明确死亡是突发疾病的结果，但从语词的无缝衔接来看，将死亡理解为突发疾病的自然后果，更符合其语词意蕴；后半段则更为明确，即强调了死亡是抢救无效的后果，换言之，如果死亡不是抢救无效的后

---

① 向春华，张军. 典型工伤保险案例解析 [M]. 北京：中国劳动社会保障出版社，2017：135.

果，而是其他因素介入的后果，如被第三人杀死，则不应当视同为工伤。申言之，如果劳动者的死亡与其突发疾病之间无因果关系，而是被其他人仇杀等原因致死，则不应当视同为工伤。因此，突发疾病和死亡之间的因果关系系疾病工伤的构成要件之一。

（二）《工伤保险条例》第十五条第一款第（一）项立法目的解析

在第一起和第二起案例中，最高人民法院和湖南省高级人民法院以及类似的"视同工伤否定论"观点均认为，该条款系针对在工作时间、工作岗位上突发疾病，不能坚持工作，需要紧急到医院进行抢救/救治的情况而设定的。这一观点比较准确地揭示了疾病工伤的特征及其目的。

一般而言，疾病是人体自身的代谢、功能、结构的变化，受遗传、环境、机体变化、自然以及非自然等多种因素影响，与工作关联性不大，更没有法律上的关联。将一定范围的疾病纳入工伤保障范围，有特定的现实及历史背景。首先，现代工伤法律均认为职业病属于工伤范围，而职业病本质上仍然属于疾病，在一定程度上扩大疾病的工伤覆盖范围，与职业病理论具有相似性。职业病虽然属于疾病，但基于概率论以及相当因果关系理论，通常认为其系工作所致——职业病的构成要求必须具有相应的职业病危害接触史，现场危害调查与评价进一步强化了此种因果关系。非职业病的普通疾病，虽然无法从概率论上支持其与工作的关联性，但是就特定个案从疾病的形成原因来看，如长时间、高强度工作/加班，确实有可能造成该疾病的形成。因此，在特定背景下，疾病有可能与工作之间存在因果联系，确定工伤的范围需要考虑此类疾病。其次，从历史背景来看，《企业职工工伤保险试行办法》（劳部发〔1996〕266号）就将"由于工作紧张突发疾病造成死亡或经第一次抢救治疗后全部丧失劳动能力"的情形纳入工伤。基于工伤类型的历史延续性，需要考虑疾病工伤的界定范围及其保障。最后，从我国现实背景看，长期超时工作等状况依然比较普遍，如果完全不将特定情形的疾病纳入工伤保障范围，可能会遭到民意的不满。

虽然基于诸种因素的考虑，要将特定情形的疾病纳入工伤保障范围，但正因为予以工伤保障的只能是特定情形的疾病，因此需要将该类疾病限定为特定情形。《工伤保险条例》第十五条第一款第（一）项对此种疾病作了工作时间和工作岗位突发、死亡或者在48小时之内经抢救无效死亡两大要件,并在实质上要求两大要件之间的因果关系,正是此限定要求的体现。"视同工伤否定论"认为该条款系针对在工作时间、工作岗位上突发疾病,不能坚持工作,需要紧急到医院进行抢救/救治的情形,具有合理性。这一限定强调劳动者疾病的突发性、紧急性,这一疾病特性与工作具有形式上的关联性,即就形式而言,在工作中疾病发生得越突然、越紧急,其与工作的关联性越强;越不突然、越不紧急,其与工作的关联性越弱。从实践来看,如果允许将工作时显现或表现出疾病的职工在离开工作回家/宿舍后死亡的情形视同为工伤,那么基于逻辑推理,去任何地方发生的死亡,只要在48小时内,就都应当视同为工伤,这必然会弱化死亡与工作的关联性,使得众多与工作没有因果联系的死亡得以进入工伤保障范围。例如,在工作时感觉身体不适,当日17时下班后与同事、朋友聚餐饮酒至第二日凌晨1时,第二日仍然身体不适请病假在家休息。第二日22时疾病恶化送医院抢救无效后在48小时内死亡。如果不要求必须工作时当场死亡或者从单位直接送医疗机构,那么此种情形仍符合视同工伤要件。相比于从单位直接送医院(第1日17时),这一情形晚送医院29小时(第2日22时),这一时段甚至可以进一步拉长。一方面,该时段越长,其死亡与工作的因果关联性越低;另一方面,离开单位后的时间越长,涉及的地点越多,发病的原因就越复发,亦即工作作为疾病的发病原因的可能性就越低,越来越多的非工伤被纳入工伤保障范围,这不符合工伤保险制度的目的。

当然,仅以时间和空间上的不同区分确定是否视同工伤也具有不合理性。该不合理性主要体现在,这仅仅是形式上的推论,未从本质上考虑工作是否真正为疾病的发病和死亡的原因。但是,立法选择的解决方案往往并非最优解决方案,工作是否为特定疾病的根本性发病原因,即使最杰出的医疗专家也许都不能确定,因此从形式上界定工作与疾病的关联性是具有可操作性的,这一立法模式是可取的。如对于"过劳死",承认其为工伤的,如日本,通常也要在形式上对其关联性进行限定。

(三)《工伤保险条例》的立法目的解析

"视同工伤肯定论"观点之一是,认为将疾病工伤限制于工作时当场死亡或从工作场所直接送医疗机构后死亡，有悖于《工伤保险条例》中保障劳动者的权益的立法目的。这一观点非常具有普遍性。当司法机关推翻不予认定或视同工伤认定结论时，往往均采用这一理由，而主张依剧《工伤保险条例》保障劳动者权益之立法目的应将相应伤病亡认定或视同为工伤。如最高人民法院在某案例中认为："根据《工伤保险条例》第一条规定，制定和实施该条例的目的在于对'因工作遭受事故伤害或者患职业病的职工获得医疗救治和经济补偿'，因此……为了单位的利益，将工作带回家，占用个人时间继续工作，其间突发疾病死亡，其权利也应当受到保护，只有这样理解，才符合倾斜保护职工权利的工伤认定立法目的。"①《工伤保险条例》第一条确实规定了该条例的立法目的，但其规定过于抽象，且未能准确揭示工伤保险的本质内涵，很难将其作为工伤认定的根本原则。简单的逻辑是，如果以"保障劳动者权益"或者"倾斜保护职工权利"为由，将某种伤病亡纳入工伤范围，那么是不是可以将所有的伤病亡都纳入工伤范围呢？答案显然是否定的。由此可见，以《工伤保险条例》第一条作为请求权基础难以成立。

以本文涉及的核心问题即工作时"突发疾病"回家/宿舍之后死亡能否视同工伤来说，此种情形之死亡，应当将其纳入工伤保障范围吗？从工伤即工作伤害的基本涵义来看，并不存在应当之说；此情形之死亡，就概率论来看，不太可能是工作所致——道理很简单，只要有工作的人病亡，其通常都会在工作时感到身体不适，如果认为其死亡是工作所致，则意味着存在雇佣关系的人病亡，绝大多数都应当属于工伤。这显然有悖社会常识。既然绝大多数离开工作单位的人的病亡，与工作无因果联系，自然不应当纳入工伤保障范围。因此，劳动者在此种情形下死亡，并不存在应受保障之工伤权利，连利益亦谈不上。既无应然权利，自无实然权利。即便依据《工伤保险条例》第一条规定，亦无法将其纳入工伤保障范围。

简单地将《工伤保险条例》第一条规定作为工伤保险的立法目的，是对目的解释论的简化处理，并不符合目的解释论的要求。应当深入探求工伤保险制度的

---

① （2017）最高法行申 6467 号行政裁定。

前世今生、我国建立工伤保险制度的基本考量、工伤保险具体规则的含义与目的、明定规范、细析法理，才有可能掌握具体规则的立法目的，并在存在法律漏洞时填补漏洞，更好地适用法律。

（四）生活情理对疾病视同工伤成立的影响

"视同工伤肯定论"的另一观点是，劳动者确系在工作时间和工作岗位突发疾病，因对病情的严重性未进行正确判断，选择回家休息并预备请家人陪同就医，合乎正常人的生活情理；如果仅以劳动者存在发病后感到身体不适的情况下返回家中的行为为由，径行拒绝进行工伤认定，否定了其发病后作出的合乎情理的行为，也不利于劳动者在工作岗位上突发疾病后当即进行的自我调整与自救。

首先，任何立法都不能保证法律规则与情理完全同一。立法与情理存在一定的背离是常见的。因为立法是通过立法程序制定的统一规则，而情理则具有主观性，不同人、不同群体对同一事物的认知都会存在不同认识。其次，即便情理更具有合理性，立法存在一定的不足，也不能否定立法而以情理作为法律适用的依据，如此，必然走向法治的对立面。例如，《中华人民共和国刑法》规定，已满16周岁的人犯罪，应当负刑事责任；已满14周岁不满16周岁的人，犯故意杀人、故意伤害致人重伤或者死亡、强奸、抢劫、贩卖毒品、放火、爆炸、投毒罪的，应当负刑事责任。亦即，未满14周岁者，绝对不应当承担刑事责任，哪怕只相差1天。为何早出生1天就应当把"牢底坐穿"，而晚1天出生就可以"逍遥自在"不受刑事制裁？1天之差，就是一生的自由，这符合情理吗？能以情理推翻这一法律规则吗？

工作时身体不适，选择回家还是直接去医院，人们会根据自身的主观感受作出合理选择。如果疼痛难忍，自会感受到疾病的凶猛而选择去医院；如果没那么凶猛，则会选择回家。选择回家通常体现了疾病的非突发性。基于现行的法律规则，每个人都可以选择在身体不适时立即去医院，以防备可能的48小时的死亡后果——虽然这一可能性是极低的。作为理性的、具有完全民事行为能力的自然人，我们应当尊重其选择。

从立法政策来说，回家以后发生的死亡，并不存在应当获得工伤保险保障的权益——应然的视角，因此不将其纳入《工伤保险条例》第十五条第一款第

(一)项规定的视同工伤范围,并无不妥。

(五)发病过程的连续性是否影响疾病视同工伤的成立

"视同工伤肯定论"还认为,发病、抢救、死亡未间断,发病与抢救、抢救与死亡之间有紧密的先后顺序和逻辑顺序,因此发病于工作时间及工作岗位上而回家之后发生死亡的,应予视同工伤。作者认为,任何疾病都是一个过程,但这和其应否认定或视同工伤,没有因果联系。在工作时突发疾病成为植物人,10年后死亡,其发病、抢救、死亡同样是连续的过程,难道这10年后的死亡也应当视同为工伤?即便在贯彻实质关联性的国家,这一死亡多数也不能纳入工伤保障范围——非工作所致。职业病同样是连续的发展过程,诊断鉴定为职业病之前劳动者的身体并非没有任何症状或问题,为何只有诊断鉴定为职业病才能纳入工伤保障范围,而之前阶段并不能纳入工伤保障范围?又为何无须等待其继续发展?无论是普通疾病还是职业病,何种情形才能纳入工伤保障范围,应由立法规则进行设定,与疾病形成或发展的连续性没有关系。将疾病形成或发展的连续性用于论证工伤的成立或不成立,似为"画蛇添足"。

下班途中单方交通事故伤害应由申请人承担举证不利的后果

裁判要旨

受伤职工认为其在交通事故中无责任或非本人主要责任,应当提供证据加以证明,即职工对于其符合工伤认定的情形承担初步举证责任,该举证不属于用人单位举证责任倒置的范围,亦不属于行政诉讼中被诉行政机关应当承担举证责任倒置的范围。

第四章
工伤保险

◷ 案情

2014年10月26日17时30分,山东省威海市某建筑公司(本案以下简称建筑公司)职工刘某驾驶摩托车下班回家。10月27日8时许交警部门接到群众报警电话,称在初村镇莘子村南公路发生一起摩托车掉沟事故。交警部门经调查确认,机动车驾驶人刘某持证驾驶摩托车顺锦山路由东向西行驶至肇事点处,与路北桥头相撞后翻入桥下。2014年11月19日,交警部门出具交通事故证明,载明:现有的证据无法证实肇事的具体时间,现场勘查及司法鉴定中未查处违法行为,机动车驾驶人刘某属于驾驶二轮摩托车单方肇事死亡。

2014年11月12日,建筑公司应刘某家属要求,向威海市人社局提出工伤认定申请,威海市人社局经过调查取证后于2014年12月17日正式受理,2015年2月4日作出不予认定工伤决定书,认定刘某系非因工死亡。刘某家属对此工伤认定结论不服,向环翠区人民法院提起行政诉讼。一审法院判决撤销威海市人社局作出的不予认定工伤决定书。威海市人社局不服,向威海市中级人民法院提出上诉,二审法院作出判决,驳回上诉,维持原判。

随后威海市人社局又对该案进行了再次调查,补充相关证据后,再次作出不予认定工伤决定书,认定刘某系非因工死亡。刘某家属遂再次向环翠区人民法院提起行政诉讼。

◷ 审判

一审法院认为,《工伤保险条例》第十四条第(六)项规定,职工在上下班途中,受到非本人主要责任的交通事故或者城市轨道交通、客运轮渡、火车事故伤害的应当认定为工伤。该规定从责任划分上仅排除了在事故中负主要责任或全部责任的受伤害职工享受工伤保险待遇的情形,但并未排除事故责任无法认定情况下受伤害职工可以享受工伤保险待遇的权利。本案中刘某在下班途中发生单方事故,有权机构并没有出具事故责任认定书,威海市人社局在没有证据证明刘某在事故中负主要责任或全部责任的情况下,推定刘某负主要责任或全部责任而不予认定工伤,事实不清,证据不足,应当予以撤销。判决撤销威海市人社局作出的不予认定工伤决定书。

威海市人社局对一审判决不服，提起上诉。

二审法院认为，《最高人民法院关于审理工伤保险行政案件若干问题的规定》（法释〔2014〕9号）第一条第一款、第二款规定，人民法院审理工伤认定行政案件，在认定是否存在《工伤保险条例》第十四条第六项"本人主要责任"、第十六条第二项"醉酒或者吸毒"和第十六条第三项"自残或者自杀"等情形时，应当以有权机构出具的事故责任认定、结论性意见和人民法院生效裁决等法律文书为依据，但有相反证据足以推翻事故责任认定书和结论性意见的除外。前款法律文书不存在或者内容不明确，社会保险行政部门就前款事实作出认定的，人民法院应当结合其提供的相关证据依法进行审查。本案中各方当事人对刘某系下班途中发生交通事故这一事实均无异议，争议的焦点问题是刘某在交通事故中是否承担非主要责任。对此，有权机构未出具事故责任认定书，威海市人社局提交了威海市公安局交警支队第四大队出具的交通事故证明，但该交通事故证明不足以认定刘某在交通事故中负有主要或全部责任，威海市人社局据此作出不予认定工伤决定，证据不足，上诉理由不当，不予支持。判决驳回上诉，责令威海市人社局重新作出工伤认定决定。

在二审庭审中，威海市人社局得知刘某家属曾就刘某死亡一案在威海市火炬高技术产业开发区（本案以下简称高技区）法院提起过民事诉讼，被告为当地公路管理部门。其诉讼请求是要求公路管理部门按照事故损失50%予以赔偿，主张公路管理部门赔偿其30万元。后该民事案件经高技区法院调解，公路管理部门赔偿其2万元。威海市人社局在到高技区法院查阅案卷和调查取证后，第三次作出不予认定工伤决定书。

刘某家属不服，继续提起行政诉讼。

在再审程序中，一审法院认为，工伤认定过程中，认定职工在上下班途中是否受到非本人主要责任交通事故伤害，原则上应当以公安部门出具的交通事故责任认定书、结论性意见和人民法院生效判决等法律文书为依据。当存在既无公安部门出具的责任认定意见，又无人民法院生效裁决文书的特殊情形时，虽不能排除受伤害职工享受工伤保险待遇的可能性，但受伤害职工认为其在交通事故中无责任或非本人主要责任的，应当提供证据加以证明，即职工对于其符合工伤认定的情形承担初步举证责任，该举证不属于用人单位举证责任倒置的范围，亦不属于行政诉讼中被诉行政机关应当承担举证责任倒置的范围。本案中，对于刘某所发生的交通事故，交警部门出具的交通事故证明，未对事故责任作出认定，但载明刘某发生交通事故并未有与其他车辆刮碰的痕迹。而在刘某家属提起的民事赔偿诉讼中，根据高技区法院庭审查明的事实，亦不能证明由于其他外力介入导致刘某发生交通事故并死亡。因此，在刘某家属未能完成其初步的举证责任情况下，刘某受伤情形不符合《工伤保险条例》第十四条第（六）项规定之情形。威海市人社局在调查核定的基础上，据此认定刘某死亡不符合非本人主要责任的限制条件，进而作出非因工死亡的工伤认定并无不当，刘某家属的诉讼请求理由不当，不予支持。判决驳回刘某家属的诉讼请求。

刘某家属不服一审判决，提起上诉。

二审法院认为，本案争议的焦点问题是刘某在交通事故中是否承担非本人主要责任。事故责任认定原则上应当以有权机构出具的事故责任认定书、结论性意见和人民法院生效裁决等法律文书为依据，没有上述依据的，社会保险行政部门有权结合相关证据进行认定。本案中交警部门未出具事故责任认定书，刘某家属提起民事诉讼调解结案，法院未出具裁决文书，威海市人社局提供威海市公安局交警支队第四大队出具的交通事故证明及民事调解书予以证实刘某负主要责任。经审查，交通事故证明载明刘某发生交通事故并未有与其他车辆剐碰的痕迹，系单方肇事；刘某家属在高技区法院的民事诉讼案件以调解结案，亦不能证明由于其他外力介入导致刘某发生交通事故并死亡。故威海市人社局在调查核实的基础上，认定刘某发生交通事故不属于"非本人主要责任"，进而作出非因工死亡的工伤认定并无不当。判决驳回上诉，维持原判。[一审：（2017）鲁1002行初1号；二审：（2017）鲁10行终79号]

评析

本案历经两次审理，结果迥异。虽然在再次工伤认定中，人社部门补充了证据，但是案件事实并无改变，根本原因在于对法律的理解有变化。

一、证明对象是"刘某负主要责任或全部责任",还是"非刘某主要责任"

在本案原审中,法院认为威海市人社局在没有证据证明刘某在事故中负主要责任或全部责任的情况下,推定"刘某负主要责任或全部责任"而不予认定工伤,事实不清,证据不足,故应撤销其不予认定工伤决定书。而在再审中,法院则认为威海市人社局在调查核实的基础上,据此认定刘某死亡不符合"非本人主要责任"的限制条件,进而作出非因工死亡的工伤认定并无不当。亦即,在原审中,法院要求证明的对象是,在该单方交通事故中,"刘某负主要责任或全部责任";而在再审中,法院要求证明的对象则是,在该单方交通事故中,"刘某负非本人主要责任"。表面上没有大的区别,且十分拗口,实际上大有玄机。

根据《工伤保险条例》第十四条第(六)项规定,职工在上下班途中,受到非本人主要责任的交通事故伤害的,应当认定为工伤。根据这一规定,可以引申出,受到"本人主要责任和全部责任的交通事故伤害的",不应当认定为工伤。前者为立法本身规定,后者则为引申解释。在一般情形即交警等部门对交通事故责任作了明确划分时,两者含义相同。如认定受伤害职工一方承担主要责任,则不符合受到"非本人主要责任的交通事故伤害的"情形,不应当认定为工伤;或者认定受伤害职工受到"本人主要责任的交通事故伤害的",不应当认定为工伤。两者结论相同。但是对于本案类似情形,两者就完全不同了。如果要求证明刘某属于受到"非本人主要责任的交通事故伤害",因为无法证明,导致不符合该条款,不应当认定工伤;如果要求证明刘某不属于受到"本人主要责任和全部责任的交通事故伤害",也无法证明,那么就应当认定为工伤。从最基本的文义解释出发,上述引申解释不符合条例含义;条例该条款规定是明晰的,不需要"画蛇添足"。

二、举证责任分配是核心

对证明对象作不同区分,根源在于对举证责任的分配。如果要求工伤认定部门完全承担举证责任,就会要求工伤认定部门排除全部可能,这显然是无法做到的；如果要求申请人承担初步的、基本的举证责任，则要坚持以"非本人主要责任"作为证明对象。对此，作者认为，再审程序中法院的意见是正确的，即受伤害职工认为其在交通事故中无责任或非本人主要责任，应当提供证据加以证明，在刘某家属未能完成其初步举证责任的情况下，刘某受伤情形不符合应当认定为工伤的情形。

五级、六级伤残人员不应补足养老金与伤残津贴差额

裁判要旨

虽然《中华人民共和国社会保险法》第四十条"工伤职工符合领取基本养老金条件的，停发伤残津贴，享受基本养老保险待遇。基本养老保险待遇低于伤残津贴的，从工伤保险基金中补足差额"，概括地阐明了工伤职工在退休后所享有的待遇，但《工伤保险条例》作了细化规定，第三十六条对五级、六级工伤职工退休后享受待遇中未规定补足差额项，故社会保险经办机构认为六级工伤职工不符合从工伤保险基金中补足养老金低于伤残津贴差额的条件，不应从工伤保险基金支付该差额的主张成立。

案情

2013年11月27日，张某经阜新市劳动能力鉴定委员会办公室鉴定，被评定为致残程度六级。2015年4月1日，张某退休，因认为养老金低于伤残津贴，向阜新市医疗保险管理中心（本案以下简称医保中心）提出从工伤保险基金中补足养老金低于伤残津贴差额的申请。医保中心认为张某不符合给付条件，未予办

理。张某遂提起行政诉讼。

审判

一审法院认为，依据《中华人民共和国社会保险法》第八条、《工伤保险条例》第五条的规定，社会保险行政部门按照国务院有关规定设立的社会保险经办机构，提供社会保险服务，负责社会保险登记、个人权益记录、社会保险待遇支付等工作，故医保中心具有给付社会保险待遇的法定职权。《中华人民共和国社会保险法》第四十条规定"工伤职工符合领取基本养老金条件的，停发伤残津贴，享受基本养老保险待遇。基本养老保险待遇低于伤残津贴的，从工伤保险基金中补足差额"，概括地阐明了工伤职工在退休后所享有的待遇，但《工伤保险条例》第三十五条第一款第（三）项规定"职工因工致残被鉴定为一级至四级伤残的，保留劳动关系，退出工作岗位，享受以下待遇：……（三）工伤职工达到退休年龄并办理退休手续后，停发伤残津贴，按照国家有关规定享受基本养老保险待遇。基本养老保险待遇低于伤残津贴的，由工伤保险基金补足差额"，具体细化了一级至四级工伤职工在退休后享有补足差额的待遇，同时《工伤保险条例》第三十六条对五级、六级工伤职工退休后享受待遇中未规定补足差额项。因此医保中心认为张某系六级工伤职工，不符合从工伤保险基金中补足养老金低于伤残津贴差额条件，要求给付理由不成立的主张，予以采纳。判决驳回张某的诉讼请求。

张某不服一审判决，上诉称，①医保中心的行政行为违背了《中华人民共和国社会保险法》保护作为弱势群体一方合法权益的立法宗旨，给予弱者补差更符合立法本意。②《中华人民共和国社会保险法》第四十条规定了退休后伤残津贴和基本养老保险待遇的衔接。一审法院不适用《中华人民共和国社会保险法》第四十条规定，《中华人民共和国社会保险法》法律效力等级高于《工伤保险条例》。一审法院不依事实判决。③有充分法律依据及证据证明诉讼请求医保中心从工伤保险基金中补足养老金低于伤残津贴的差额是合理、合法的。

医保中心答辩称，一审法院判决正确。医保中心是依法成立的社会保险经办机构，不具有审批职工退休的法定职权。某集团五级、六级工伤职工因不服辽宁

第四章
工伤保险

省人社厅作出的退休审批行为,向沈阳市两级法院提起行政诉讼,沈阳市两级法院经审理后均认为辽宁省人社厅作出的职工退休待遇审批行政行为属于法定职权,而且,行政相对人提出的请求不符合《中华人民共和国社会保险法》第四十条规定的条件,辽宁省人社厅按照国家破产政策批准张某等人提前退休,其行政行为并无不当,不能适用《中华人民共和国社会保险法》第四十条规定。根据《工伤保险条例》第三十六条规定,被鉴定为五级、六级伤残的职工由企业安排适当工作,难以安排工作的,可按本人工资70%、60%给付伤残津贴。本案不适用《中华人民共和国社会保险法》第四十条规定。张某是由辽宁省人社厅按照企业破产政策办理的提前退休,虽然其享受基本养老保险待遇,但是张某并非达到法定退休年龄,且退休待遇审批是辽宁省人社厅的法定职权。按照《工伤保险条例》第三十五条规定,医保中心只负责按月给付一级至四级工伤职工伤残津贴的经办业务。只有一级至四级工伤职工达到法定退休年龄并办理退休手续后,停发伤残津贴,按照国家有关规定享受基本养老保险待遇,基本养老保险待遇低于伤残津贴的,方由工伤保险基金补足差额。根据本案事实,医保中心并不承担五级、六级工伤职工政策性提前退休补差的法定义务。同时,《中华人民共和国社会保险法》实施后,国家已不再批准企业政策性破产,《中华人民共和国社会保险法》第四十条颁布背景没有考虑国家政策性破产的情形。按《中华人民共和国社会保险法》的规定,五级、六级工伤职工没有达到法定退休年龄时不能办理退休手续,不符合领取基本养老金的条件。故医保中心不存在对张某给付伤残津贴补差的法定义务。

二审法院认为,虽然《中华人民共和国社会保险法》第四十条"工伤职工符合领取基本养老金条件的,停发伤残津贴,享受基本养老保险待遇。基本养老保险待遇低于伤残津贴的,从工伤保险基金中补足差额",但《工伤保险条例》第三十六条对五级、六级工伤职工退休后享受待遇中未规定补足差额项,故医保中心认为张某系六级工伤职工,不符合从工伤保险基金中补足养老金低于伤残津贴差额条件,要求给付理由不成立的主张,一审法院予以采纳正确,应予支持。判决驳回上诉,维持原判。[一审:(2015)阜细行初字第00027号;二审:(2016)辽09行终17号]

评析

一、《工伤保险条例》第三十六条与《中华人民共和国社会保险法》第四十条是否冲突

从《中华人民共和国社会保险法》第四十条规定的文义解释来看，其条文并未将"从工伤保险基金中补足差额"特别限定为一级至四级工伤职工。但是，文义解释并非唯一的法律解释方法，而需要与其他解释方法结合使用；从《中华人民共和国社会保险法》整体来看，仅有该法的规定，并不一定可以适用。

五级、六级工伤职工与一级至四级工伤职工享受的伤残津贴在性质上并不完全相同。一级至四级工伤职工享受的伤残津贴是因完全丧失劳动能力而获得的替代性收入；而五级、六级工伤职工的伤残津贴，并非因为劳动能力的丧失而是因为用人单位无法安排合适的工作所致。因此前者属于工伤保险基金的责任，应由工伤保险基金支付；后者则主要属于用人单位的责任，应由用人单位支付。正因为如此，五级、六级工伤职工享受的伤残津贴被称为在职伤残津贴。从这一区别出发，将"由工伤保险基金补足养老金与伤残津贴的差额"限制为一级至四级工伤职工，更符合《中华人民共和国社会保险法》的目的。即立法对于一级至四级工伤职工的保障与对五级、六级工伤职工的保障存在本质的差别，在"补差"问题上这一差别同样存在。

更为关键的是，从《中华人民共和国社会保险法》与《工伤保险条例》等法律、法规和规章的关系来看，《中华人民共和国社会保险法》更多属于原则性规范，需要依靠《工伤保险条例》等配套法规和规章才可以真正实施。因此仅仅从上位法和下位法来理解两者的关系是远远不够的。除非《工伤保险条例》的规定明确与《中华人民共和国社会保险法》的规定相冲突，例如若《中华人民共和国社会保险法》明确规定一级至六级工伤职工均应当补足养老金与伤残津贴的差额，否则即便两者的规定有差别，也不应当理解为冲突，而应当将《工伤保险条例》理解为对《中华人民共和国社会保险法》的细化，在具体实施中应主要适用《工伤保险条例》。因此在本案中，社会保险经办机构与法院依据《工伤保

险条例》驳回张某的诉讼请求是合法、恰当的。

鉴于《中华人民共和国社会保险法》这一规定容易引起歧义,建议在未来修订时应予修正,采用与《工伤保险条例》相同的表述。

二、五级、六级工伤退休职工是否应当补足养老金与在职伤残津贴的差额

除了法条的适用外,还需要进一步在理论上探讨五级、六级工伤退休职工是否应当补足养老金与在职伤残津贴的差额。作者认为不宜如此规定。

五级、六级工伤职工享受的伤残津贴是用人单位的责任,是对用人单位的工资支付责任的替代。若由工伤保险基金负责补足养老金与伤残津贴的差额,实际上是由工伤保险基金承担了用人单位的这一责任。从目前对工伤保险基金与用人单位各自的工伤责任的划分来看,由工伤保险基金承担这一责任缺乏充分的理由。

从实际操作来看,此"补差"不具有可行性。由于在职伤残津贴由用人单位负责发放,若用人单位,或者工伤职工与用人单位"合谋",极有可能通过大幅度提高退休前的在职伤残津贴标准,从而挤占、套取工伤保险基金。以用人单位自由决定的伤残津贴作为"补差"基数,具有极大的不确定性,不符合法律规则设置的要求。

三、提前退休人员可否要求补足养老金与伤残津贴的差额

本案中还涉及一个问题,提前退休人员可否要求补足养老金与伤残津贴的差额?虽然本案是针对五级、六级工伤职工来说的,但是对一级至四级工伤职工同样存在该类问题。《工伤保险条例》未对退休的含义予以明确,而特殊工种等退休,虽然名义称为"提前退休",但实际上仍属于法定退休形式,属于退休的一种类型。考虑伤残津贴的基础性保障功能,一级至四级工伤职工可以不选择提前退休,而待达到法定退休年龄时再予核算,因此可以不按提前退休时的养老金标准"补差"。

断保后工伤保险责任主体的确定

裁判要旨

因用人单位在工伤职工工伤事故发生前未按时缴纳工伤保险费，因此，工伤保险经办机构拒绝从工伤保险基金支付一次性伤残补助金，认定事实清楚，适用法律正确，程序亦无不当。工伤职工要求工伤保险经办机构支付一次性伤残补助金的理由不能成立。

案情

费某于2010年2月24日开始在某煤矿工作。2014年8月29日，经鉴定，费某罹患煤工尘肺壹期。2014年11月5日，费某被认定为工伤。2015年3月3日，费某被鉴定为七级伤残，无生活自理障碍。费某工作期间，所在用人单位为其参加了工伤保险，但2014年1月、3月、4月、7月、8月单位未缴纳工伤保险费共计316 682元，单位于2014年9月17日将此前欠缴的工伤保险费予以补缴。2015年6月20日，费某向所在地工伤保险经办机构提出要求工伤保险基金支付一次性伤残补助金的申请，工伤保险经办机构于2015年6月23日作出回复，以费某的请求不符合《重庆市工伤保险实施办法》第五十一条的规定为由，不予支付一次性伤残补助金。费某为此起诉至法院，要求工伤保险经办机构支付一次性伤残补助金55 276元。

审判

一审法院认为，费某于2014年8月29日被诊断并鉴定为煤工尘肺壹期，并于2014年11月5日被认定为工伤，职业病诊断时已属超过法定退休年龄的劳动者，认定工伤后相关的赔偿责任应由用人单位承担，不适用《中华人民共和国社会保险法》和《工伤保险条例》的有关规定。工伤保险经办机构根据《重庆市

第四章
工伤保险

工伤保险实施办法》第五十一条的规定回复费某，工伤保险基金不予支付一次性伤残补助金，其不予支付的理由欠妥，但回复工伤保险基金不予支付一次性伤残补助金并无不当，故费某申请工伤保险经办机构支付一次性伤残补助金的理由不成立。判决驳回了费某的诉讼请求。

费某不服一审判决，提起上诉称，用人单位未按时足额缴纳工伤保险费，社会保险费征收部门应依据《中华人民共和国社会保险法》的规定追缴，不能影响职工享受工伤保险待遇。一审法院认定费某超过法定退休年龄，在工作中受伤不能适用《工伤保险条例》和《重庆市工伤保险实施办法》错误，不符合《最高人民法院行政审判庭关于离退休人员与现工作单位之间是否构成劳动关系以及工作时间内受伤是否适用〈工伤保险条例〉问题的答复》（〔2007〕行他字第6号）的规定。请求二审法院撤销一审判决，依法判决工伤保险经办机构支付费某一次性伤残补助金。

工伤保险经办机构答辩称，一审法院认定事实清楚，适用法律正确，审判程序合法；费某于2014年8月29日被诊断为煤工尘肺壹期，职业病诊断时已达到法定退休年龄；费某所在单位在2014年8月就欠缴工伤保险费，请求二审法院驳回费某的请求，维持原判。

经费某申请，一审法院依职权向重庆市合川区地方税务局调取了如下证据，用以证明费某所在单位不欠工伤保险费：延期缴纳社会保险费协议；煤矿关于延期缴纳社会保险费协议的补充说明；重庆市合川区地方税务局作出的煤矿工伤保险费缴至2015年7月，无欠费的证明。

工伤保险经办机构提供了费某所在单位欠缴工伤保险费的相应证据：原重庆市合川区医疗工伤生育保险局作出的证明费某所在单位在2014年8月拖欠工伤保险费，后于2014年9月补缴的情况说明；费某的起诉状，证明其所在单位在2014年8月未按时缴纳工伤保险费。

二审法院认为，《工伤保险条例》第六十二条第二款、第三款规定，依照条例规定应当参加工伤保险而未参加工伤保险的用人单位职工发生工伤的，由该用人单位按照条例规定的工伤保险待遇项目和标准支付费用。用人单位参加工伤保险并补缴应当缴纳的工伤保险费、滞纳金后，由工伤保险基金和用人单位依照条例的规定支付新发生的费用。同时,《重庆市工伤保险实施办法》第五十一条规定,用人单位应当参加工伤保险而未参加,或少报、漏报参保职工以及未按时足额缴纳工伤保险费的,按以下办法办理:2011年1月1日后受伤的工伤职工及工亡职工的供养亲属,按《工伤保险条例》第六十二条规定,用人单位补缴工伤保险费和滞纳金后的次月起,新发生的除一次性工亡补助金、一次性丧葬补助金和一次性伤残补助金外的应由工伤保险基金支付的工伤保险待遇由工伤保险基金支付。费某于2014年11月5日被认定为工伤,其时虽达到法定退休年龄,但并未办理退休手续亦未享受退休待遇,应当按照《工伤保险条例》和《重庆市工伤保险实施办法》的规定执行,对于其工伤涉及的相关待遇由用人单位补缴工伤保险费和滞纳金后的次月起,新发生的一次性伤残补助金外的工伤保险待遇由工伤保险基金支付。本案中,因用人单位在2014年8月未按时缴纳工伤保险费,工伤保险经办机构根据上述规定作出工伤保险基金不予支付一次性伤残补助金的决定,认定事实清楚,适用法律正确,程序亦无不当。判决驳回上诉,维持原判。

[一审:(2015)合法行初字第00099号;二审:(2016)渝01行终213号]

评析

一、断保后发生的工伤,应由用人单位支付工伤保险待遇

《工伤保险条例》第六十二条第二款规定,依照条例规定应当参加工伤保险而未参加工伤保险的用人单位职工发生工伤的,由该用人单位按照条例规定的工伤保险待遇项目和标准支付费用。用人单位为职工办理参加工伤保险手续,包括申报该职工的具体信息、缴纳工伤保险费,是该职工与工伤保险经办机构建立工伤保险关系的两个基本条件。只有工伤保险关系成立以后,工伤保险经办机构才负有从工伤保险基金中支付相应待遇的义务。用人单位自始未缴纳工伤保险费,工伤保险关系自然无从建立,工伤保险经办机构不负有支付待遇的义务。一旦发生断保即用人单位停止缴纳工伤保险费,则自断保之日起,劳动者与工伤保险经办机构之间不能产生新的工伤保险关系。劳动者在断保之后所发生的工伤,同样适用前述规定,应由用人单位支付全部工伤保险待遇。

二、补缴后可将新发生费用纳入工伤保险基金支付

为了更好地保护工伤职工及其供养亲属的权益,《工伤保险条例》第六十二条第三款规定,用人单位参加工伤保险并补缴应当缴纳的工伤保险费、滞纳金后,由工伤保险基金和用人单位依照条例的规定支付新发生的费用。《重庆市工伤保险实施办法》作了进一步明确,其第五十一条规定,用人单位应当参加工伤保险而未参加,或少报、漏报参保职工以及未按时足额缴纳工伤保险费的,按以下办法办理:2011年1月1日后受伤的工伤职工及工亡职工的供养亲属,按《工伤保险条例》第六十二条规定,用人单位补缴工伤保险费和滞纳金后的次月起,新发生的除一次性工亡补助金、一次性丧葬补助金和一次性伤残补助金外的应由工伤保险基金支付的工伤保险待遇由工伤保险基金支付。这和人力资源和社会保障部《关于执行〈工伤保险条例〉若干问题的意见(二)》(人社部发〔2016〕29号)的规定基本相同。

《工伤保险条例》第六十二条第二款、第三款的相对关系是,第二款是一般规定,第三款是特别规定。如果存在第三款规定情形,则优先适用第三款规定;没有第三款规定,则适用第二款规定。

三、超过退休年龄后的工伤认定

本案例基本发展过程是,工作中超过退休年龄→职业病诊断→补缴工伤保险费→认定工伤。由此涉及的基本问题是,劳动者超过退休年龄后,能否进行工伤认定?

《最高人民法院行政审判庭关于超过法定退休年龄的进城务工农民因工伤亡的,应否适用〈工伤保险条例〉请示的答复》(〔2010〕行他字第10号)规定,用人单位聘用的超过法定退休年龄的务工农民,在工作时间内、因工作原因伤亡的,应当适用《工伤保险条例》的有关规定进行工伤认定。《最高人民法院关于超过法定退休年龄的进城务工农民在工作时间内因公伤亡的能否认定工伤的答复》(〔2012〕行他字第13号),再次明确规定了用人单位聘用的超过法定退休年龄的务工农民,在工作时间内,因工作原因伤亡的,应当适用《工伤保险条例》的

相关规定进行工伤认定。由于户籍在劳动关系、工伤认定上不具有区别性功能，根据"法律面前人人平等"的宪法原则，对于用人单位聘用的超过法定退休年龄的务工非农民，在理论上亦应得出同样结论，即超过法定退休年龄者符合工伤构成的实体条件，均应当进行工伤认定。

这两个司法文件没有区分超过退休年龄与享受基本养老保险待遇两者的不同，也未明示是否以劳动关系为基础，存在较为明显的不足。起草人本质上认为，至少就未领取养老金而单纯超过退休年龄的劳动者来说，劳动关系依然是存在的。"劳动者领取基本养老金之日，劳动合同的法律效力依法被消灭，未领取基本养老金的，劳动合同的法律效力依然存在"，"倘若劳动者没有办理有关退休手续继续上班时，就不能认为其与企业已经终止了劳动关系，仍应视为企业与劳动者的劳动合同关系存在"。① 这一观点代表了最高人民法院行政审判庭的观点。对于劳动关系的审查和判定，即便认为行政审判庭有此职权，也仅仅是行政审判庭的附属职权，司法实践是，对于劳动关系的判定，主要是由民事审判庭进行的，是民事审判庭的基本职权。而民事审判庭对此类人员的劳动关系，基本持否定态度。

人力资源和社会保障部《关于执行〈工伤保险条例〉若干问题的意见（二）》对此作了更为清晰的规定，达到或超过法定退休年龄，但未办理退休手续或者未依法享受城镇职工基本养老保险待遇，继续在原用人单位工作期间受到事故伤害或患职业病的，用人单位依法承担工伤保险责任。用人单位承担工伤保险责任的前提是，对伤害和职业病予以工伤认定。因此，对于费某超过退休年龄后继续工作被诊断为职业病的，可以进行工伤认定。

四、工伤保险费补缴及待遇支付

本案中，费某职业病诊断前的工伤保险费是补缴的，由此引发了一系列问题。

第一，超过退休年龄后，可否补缴工伤保险费？根据《中华人民共和国劳动

---

① 蔡小雪. 超过法定退休年龄的进城务工农民可认定工伤 [J]. 人民司法, 2011（2）：58-61.

合同法实施条例》，按照主流的司法实践，超过退休年龄的人员与用人单位之间不存在劳动关系。从社会保险实践来看，在一般情形下，公民超过退休年龄后，不能再缴纳工伤保险费；用人单位缴纳的，社会保险经办机构应拒绝接受。

在按时缴费都不予接受的情形下，补缴应同样拒绝。亦即，在本案中，针对费某补缴的工伤保险费是不应当被接受的。

第二，补缴工伤保险费后，待遇如何处置？无论是一般缴费还是补缴，根据其性质，均存在两种情形：合法缴费（补缴）与不合法缴费（补缴）。

合法缴费（补缴）是指根据明确的政策依据而参加（或补缴）工伤保险（费）。如按项目参保。再如上海市人社局《关于本市企业各类人才柔性延迟办理申领基本养老金手续的试行意见》（沪人社养发〔2010〕47号）规定，在延迟退休期间，企业及个人按规定缴纳基本养老保险费和工伤保险费，延迟期间发生工伤事故的，按照上海市工伤保险有关规定享受相应工伤保险待遇。根据这一文件，超过退休年龄，但未实际领取基本养老金，用人单位同意个人延迟离退休的，应当继续缴纳工伤保险费。

不合法缴费（补缴）包括两种情形：因欺诈而缴费（补缴），如果因此最后领取了待遇，则涉嫌诈骗罪；因错误办理了参保或缴费手续而致其参保的，这是违背现行法律规定的，不具有合法性。

《最高人民法院行政审判庭关于离退休人员与现工作单位之间是否构成劳动关系以及工作时间内受伤是否适用〈工伤保险条例〉问题的答复》规定，根据《工伤保险条例》（国务院第375号令）第二条、第六十一条等有关规定，离退休人员受聘于现工作单位，现工作单位已经为其缴纳了工伤保险费，其在受聘期间因工作受到事故伤害的，应当适用《工伤保险条例》的有关规定处理。即最高人民法院认为，如果离退休人员已经参加了工伤保险，则如果符合工伤构成条件，应当认定为工伤。该文件未区分合法缴费与不合法缴费。从该规定的目的来看，补缴亦包括在内。该文件仅针对离退休人员，严格来说并不包括本案这种尚未离退休的人员。

人力资源和社会保障部《关于执行〈工伤保险条例〉若干问题的意见（二）》规定，用人单位招用已经达到、超过法定退休年龄或已经领取城镇职工基本养老保险待遇的人员，在用工期间因工作原因受到事故伤害或患职业病的，如招用单位已按项目参保等方式为其缴纳工伤保险费的，应适用《工伤保险条例》。但是，这一规定亦未区分合法缴费（补缴）与不合法缴费（补缴），仍存在不足。

在合法缴费（补缴）时，根据上述规定，进行工伤认定并由工伤保险基金支付相应待遇，自无问题。

在不合法缴费（补缴）时，应否由工伤保险基金支付相应待遇，则存在较大问题。本案由于仅涉及一次性伤残补助金，因此即便补缴工伤保险费是合法的[①]，该诉求也无法支持。但是从未来考虑，如果费某存在职业病继续治疗、因职业病恶化导致伤残等级提高需要支付伤残津贴时，这个问题就无法回避了。基于信赖保护原则，行政主体的这一不当接受补缴工伤保险费的违法行为所产生的后果不应影响相对人之信赖利益。如果适用这一原则，即便错误参保，但相对人仍得享受该参保利益——在发生工伤事故时获得相应的工伤保险待遇。鉴于我国行政法并未规定这一原则，学理上亦未普遍确立，而主要采用合法性原则即依法行政原则，因此，对于不合法缴费，社会保险经办机构应当拒绝接受；已经接受的，应当予以纠正，退回缴费，追回据此已经支付的工伤保险待遇。

五、断保与"不欠费"的联系与区别

本案中有个很有意思的情节，社会保险费征收机构——合川区地方税务局作出费某所在单位工伤保险费缴至 2015 年 7 月，无欠费的证明；法院还向合川区地方税务局调取了延期缴纳社会保险费协议、煤矿关于延期缴纳社会保险费协议的补充说明。与此相反，社会保险经办机构则出具了费某所在单位在 2014 年 8 月拖欠工伤保险费，后于 2014 年 9 月补缴的情况说明；费某的起诉状亦证明其所在单位在 2014 年 8 月未按时缴纳工伤保险费。从法院的认定结论看，税务局的证明没有发挥作用，用人单位断保的事实确凿无疑。

[①] 本案中，各方主体包括社会保险经办机构和法院在内，显然都没有意识到工伤保险费补缴的合法性问题。

从形式上看，用人单位补缴工伤保险费之后，其缴费状况自然是"不欠费"。但是，是否属于断保而非"不欠费"才与社会保险经办机构是否应当支付工伤保险待遇有法律关系。税务机关出具这一证明，是不懂得这一规则，还是明知这一规则但仍旧给当事人出具以支持当事人对社会保险经办机构的诉求？

从法院调取程序看，延期缴纳社会保险费协议似乎是税务机关与用人单位签订的。那么，这一延缴协议是在职业病诊断前签订的还是之后签订的？签订该延缴协议，社会保险经办机构知道吗？或者是否需要告知社会保险经办机构？如何防止税务机关"倒签"延缴协议以帮助当事人获取工伤保险基金给付？这些都涉及税务机关征收工伤保险费体制下的法律难题。

六、税务机关征收社会保险费体制下征收行为审查、损失赔偿、违法追究

本案中，用人单位对超过退休年龄的费某的工伤保险费的补缴，社会保险费征收机构——合川区地方税务局不应接受。税务局至少存在审查不严的过失，如果税务局明知不应接受而接受，则可能涉嫌犯罪。无论如何，税务局的接受补缴行为是不合法的。

工伤保险费的征收行为不是独立的，它和工伤保险待遇的给付具有法律上的因果联系。从长远来看，税务机关违法征收社会保险费的行为，将导致包括工伤保险在内的社会保险基金的重大损失。从对社会保险待遇的审核出发，社会保险经办机构应对社会保险费征收行为进行审查；对违法征收的社会保险费应拒绝接受，拒绝相应的社会保险关系的建立，明确相关主体未履行法定义务。因为税务机关违法征收社会保险费导致社会保险基金损失的，税务机关应当承担损失赔偿及其他相应的责任。当然，由于税务机关并不隶属于社会保险经办机构，按照目前的法律规定以及政府机构的设置，社会保险经办机构亦无对税务机关的执法权，应由何等机关、通过何等程序追究税务机关的赔偿等法律责任，还需要立法进一步明确。

使用他人身份证参保的工伤保险责任主体的确定

🌐 裁判要旨

认定工伤决定书中被认定为工伤的主体为刘乙并非刘甲，故刘甲无权就工伤保险基金支付的待遇向社会保险经办机构直接主张权利。劳动关系的成立仅仅是享受工伤保险待遇的必要条件而非充分条件，是否缴纳工伤保险费应当以是否进行合法的社会保障登记为前提而不能进行推定，刘甲主张存在事实上的工伤保险关系无事实根据和法律依据。刘甲并未以自己的名义取得工伤认定，且用人单位也未为其缴纳工伤保险费，未能依法建立工伤保险关系，故社会保险经办机构没有向其给付待遇的义务。

🕐 案情

2012年6月26日，刘甲用其堂哥刘乙的名义和身份信息应聘到某公司工作，同时以刘乙的名义与该公司签订劳动合同。公司从2012年8月起至2013年12月为"刘乙"缴纳了工伤保险费。根据公司提交的申报材料，社会保险信息系统录入的参保人姓名、年龄、出生日期、身份证号码均为刘乙的个人信息。2012年8月25日，刘甲在工作中受伤，其在住院期间形成的住院病历、诊断证明、出院记录等资料中均使用"刘乙"的名字。后公司为"刘乙"申请工伤认定，同年10月26日，社会保险行政部门认定"刘乙"所受伤害为工伤，认定工伤决定书载明的职工姓名、年龄、身份证号码均为刘乙的个人信息，后公司以"刘乙"受工伤从工伤保险基金中报销了医药费。2013年12月，经法院审理认定刘甲与公司在2012年6月26日至2012年8月25日间存在劳动关系。2014年5月16日，劳动能力鉴定委员会鉴定刘甲伤残等级为九级。2014年7月，刘甲向劳动人事争议仲裁委员会申请裁决公司支付工伤保险待遇。审理过程中，劳动人事争议仲裁委员会依法对刘甲进行了调查，刘甲本人陈述没有别名或者曾用名。同

第四章
工伤保险

年10月,劳动人事争议仲裁委员会以刘甲不能提供本人被认定为工伤的证据为由,裁决驳回刘甲的仲裁请求。刘甲以公司为被告诉至法院,要求给付相关待遇,双方在审理过程中达成协议,主要内容如下:①双方于2014年12月9日自动解除劳动关系;②公司一次性支付刘甲停工留薪期工资、一次性就业补助、住院期间护理费、受伤后未缴纳的社会保险费等费用合计4万元;③公司协助刘甲办理领取工伤保险待遇等相关手续。后刘甲以自己的名义向社会保险经办机构申请支付工伤保险待遇,被拒绝。刘甲遂诉至法院。

审判

一审法院认为,根据《工伤保险条例》的相关规定,工伤认定是社会保险经办机构向受伤职工支付工伤保险待遇的前提。本案中,刘甲在未经社会保险行政部门认定其受伤为工伤的情形下,径直申请支付工伤保险待遇,不符合享受工伤保险待遇的条件。庭审中,刘甲提出法院生效判决已经确认涉案的认定工伤决定书中的"刘乙"即本案原告刘甲,既然存在事实劳动关系,刘甲与公司就存在事实上的工伤保险关系。但公司向工伤认定行政部门申请工伤认定时提供的劳动关系、诊疗材料等资料均使用刘乙的身份信息,不能认定该认定工伤决定书就是刘甲受伤被认定为工伤的依据。而是否为职工缴纳工伤保险费的唯一依据是社会保险经办机构社会保险信息系统根据用人单位申报材料所录入的参保人姓名、年龄、出生日期、身份证号码等信息,刘甲所称事实工伤保险关系的主张没有法律依据。综上,社会保险经办机构在查明公司未为刘甲缴纳工伤保险费,且刘甲受伤未被认定为工伤的情形下,拒绝向其支付工伤保险待遇的行为并无不当。判决驳回刘甲的诉讼请求。

刘甲不服一审判决,上诉称,法院生效判决已经确认涉案的认定工伤决定书中的刘乙即本案上诉人刘甲,刘甲与公司存在事实劳动关系,也存在事实上的工伤保险关系;刘甲已经受伤且经过工伤认定,虽然以刘乙名义与公司签订劳动合同,但是事实上提供劳动的是刘甲,刘甲被认定工伤后应当享受工伤保险待遇。社会保险经办机构答辩称,一审判决认定事实清楚,适用法律正确。法院民事判决书是从刘甲与公司之间是否存在劳动关系方面进行的认定,并没有认定刘甲是否为工伤；刘甲在没有经过工伤认定的情况下要求享受工伤保险待遇，没有事实根据和法律依据。

二审法院认为，工伤保险制度是为了缓解因工伤引发社会矛盾，减轻企业工伤赔付风险，保障社会稳定，促进社会生产力发展而逐步建立起来的。现代工伤保险制度具有伤害补偿、工伤预防、职业康复以及分散风险等功能。工伤保险基金的设立，本质上与其他类型的社会保险基金并无差别，企业依法为职工缴纳工伤保险费不仅是对职工人身安全的保障，也能够降低因职工工伤给企业带来的负担，从而达到降低生产成本的目的。在工伤保险关系中，企业作为投保人，职工作为被保险人以及受益人，都必须严格遵守法律的规定。《中华人民共和国社会保险法》第三十三条规定，职工应当参加工伤保险，由用人单位缴纳工伤保险费，职工不缴纳工伤保险费。第五十八条第三款规定，国家建立全国统一的个人社会保障号码。个人社会保障号码为公民身份号码。《中华人民共和国保险法》第十六条第五款规定，投保人因重大过失未履行如实告知义务，对保险事故的发生有严重影响的，保险人对于合同解除前发生的保险事故，不承担赔偿或者给付保险金的责任，但应当退还保险费。本案中，刘甲在入职中使用刘乙的身份信息，导致公司为其投保时以刘乙作为被保险人，在社会保险登记过程中，登记的信息中被保险人系刘乙，故刘甲不是合法的被保险人。

《工伤保险条例》第三十条第一款规定，职工因工作遭受事故伤害或者患职业病进行治疗，享受工伤医疗待遇。第三十七条规定，职工因工致残被鉴定为七级至十级伤残的，从工伤保险基金按伤残等级支付一次性伤残补助金，劳动、聘用合同期满终止，或者职工本人提出解除劳动、聘用合同的，由工伤保险基金支付一次性工伤医疗补助金，由用人单位支付一次性伤残就业补助金。上述规定的前提是职工依法被认定为工伤，且单位依法为职工缴纳工伤保险费。参照人力资源和社会保障部《工伤保险经办规程》（人社部发〔2012〕11号）第五十四条规定，职工被认定为工伤后，应当由用人单位办理工伤职工登记并提供居民身份证原件及复印件，认定工伤决定书，工伤职工停工留薪期确认通知，省、自治区、直辖市经办机构规定的其他证件和材料。第五十六条规定，业务部门核查工伤职工的参保缴费情况，审核用人单位提供的证件与资料，核对工伤认定事实与

第四章
工伤保险

事故备案是否相符，对符合相关条件的职工确认领取工伤待遇资格，进行工伤登记。本案中，刘甲虽然经过鉴定构成九级伤残，但是公司作为用人单位并未为其缴纳工伤保险费，且认定工伤决定书中被认定为工伤的主体为"刘乙"并非本案刘甲，故刘甲无权就《工伤保险条例》中规定的应当由工伤保险基金支付的待遇向社会保险经办机构直接主张权利。

刘甲主张其进入公司工作时提供了其堂哥刘乙的身份证，而实际提供劳动的是刘甲，故存在事实上的工伤保险关系。二审法院认为，法院民事判决认定了刘甲与公司之间的事实劳动关系，也认定了刘甲用其堂哥刘乙身份证进入公司工作的事实，但并未确认刘乙与刘甲是同一人，也未确认公司为刘甲缴纳了工伤保险费。劳动关系的成立仅仅是享受工伤保险待遇的必要条件而非充分条件，是否缴纳工伤保险费应当以是否进行合法的社会保险登记为前提而不能进行推定，刘甲主张存在事实上的工伤保险关系无事实根据和法律依据。

关于本案刘甲的权利保障问题。《中华人民共和国社会保险法》第四十一条规定，职工所在用人单位未依法缴纳工伤保险费，发生工伤事故的，由用人单位支付工伤保险待遇。本案中，刘甲与公司依法构成劳动关系，其认为在工作中受伤应当为工伤，可依法以自己的名义向工伤认定部门申请工伤认定，并在此基础上，依法向用人单位主张相应的工伤保险待遇，或者依照其他法律关系主张自己的权利。

综上，刘甲并未以自己的名义取得工伤认定，且公司也未为刘甲缴纳工伤保险费，未能建立合法的工伤保险关系，故社会保险经办机构没有向刘甲给付工伤保险待遇相关费用的义务。判决驳回上诉，维持原判。[一审：（2015）淮行初字第00026号；二审：（2016）苏08行终27号]

评析

一、工伤认定是享受工伤保险待遇的前提条件，工伤认定和待遇支付的对象应当一致

根据《工伤保险条例》相关规定，工伤认定是受伤职工获得工伤保险待遇的

前提。劳动者遭受工伤事故伤害或者患职业病，只有被社会保险行政部门认定为工伤后，才能享受工伤保险待遇；经劳动能力鉴定后才能进一步享受伤残待遇。

待遇支付的对象应当和认定工伤决定书载明的工伤主体一致，或者是该工伤主体法定的受益人。这不仅仅是《工伤保险经办规程》的要求，更是法理的要求。工伤认定是确定具体人员所受事故或所患疾病性质的具体行政行为，其法律效力只能覆盖工伤认定决定所确定的人员，对于一份具体的认定工伤决定书，非该决定书所确认的特定人员均不得依据该决定书主张其属于工伤。在本案中，刘甲主张认定工伤决定书中的刘乙即刘甲违背基本常识，是不能成立的。

需要注意的是，本案中劳动能力鉴定委员会根据刘乙的工伤认定决定而鉴定刘甲的工伤伤残等级为九级，是不合法的，应予撤销。

根据已经查明的事实和劳动人事争议仲裁委员会、法院的裁判，刘甲与公司之间存在（事实）劳动关系，刘甲因工作原因受伤属于工伤，可以在法定期限内申请工伤认定。同时，刘乙并未在该公司遭受工伤事故，社会保险行政部门作出的刘乙所受伤害为工伤的认定决定错误，应主动撤销。劳动能力鉴定机构撤销前述错误的劳动能力鉴定结论后，在社会保险行政部门作出新的工伤认定决定的前提下，可以根据当事人的申请重新作出劳动能力鉴定结论。

二、存在事实劳动关系，但不存在事实工伤保险关系

工伤保险关系是指保险人——社会保险经办机构与投保人——用人单位、被保险人——用人单位的职工或受益人等之间的法律关系。工伤保险关系的建立是社会保险经办机构向工伤职工或其近亲属给付工伤保险待遇的基础条件。亦即，工伤职工或其近亲属要获得社会保险经办机构支付工伤保险待遇，必须具备两个前提：一是建立工伤保险关系；二是已认定为工伤。

工伤保险关系的建立是以投保人为被保险人向保险人缴纳工伤保险费而确立的。不存在事实上的工伤保险关系。在这一问题上，劳动关系与工伤保险关系存在根本的区别。劳动关系因为签订书面劳动合同而建立，称之为劳动合同关系；也可以在没有书面劳动合同时因为劳动的提供而建立，称之为事实劳动关系，与劳动合同关系相对应，两者均属于劳动关系的下位概念。

第四章
工伤保险

工伤保险关系属于行政法律关系。无论从一般的行政法律关系概念还是工伤保险关系概念来说，都不存在书面行政法律关系、事实行政法律关系或书面工伤保险关系、事实工伤保险关系这样的概念。使用"事实工伤保险关系"这一臆造的词语，表明对行政法、工伤保险法律制度及其理论缺乏基本的了解。

工伤保险关系的成立有两个条件：一是缴纳工伤保险费；二是对参保人的信息予以登记。用人单位为劳动者参保缴费，是该劳动者与社会保险经办机构建立工伤保险关系的必要且充分的条件。在本案中，刘乙与社会保险经办机构之间已经建立了工伤保险关系（除非撤销，否则该工伤保险关系将确定存在），刘甲未与社会保险经办机构建立工伤保险关系，刘甲不是适格的被保险人，由工伤保险基金直接支付其工伤保险待遇，违背《中华人民共和国社会保险法》《工伤保险条例》等法律法规规定。

三、用人单位承担工伤保险待遇给付责任

一种观点认为，该公司实际意图是为真正向其提供劳动的刘甲缴纳工伤保险费，公司依法为职工缴纳工伤保险费后，在职工发生工伤时就不应再承担由工伤保险基金支付的相关费用。虽然用人单位在招录职工时，对应聘者提供的信息应当进行必要的审查，但用人单位并非具有法定职权的国家机关，其辨别和审查的义务有限，且针对该问题社会保险经办机构没有提供证据证明公司有明知劳动者冒用他人身份仍为其参加工伤保险的行为，也未证明劳动者与公司有骗保的行为，因此社会保险经办机构应当支付待遇。

作者认为，这一观点是错误的。用人单位必须提供职工详细而准确的参保信息，本案中用人单位未能履行这一义务。从职工参保资料的来源和社会保险经办机构的审查义务来看，由于该资料由用人单位提供，社会保险经办机构仅承担形式审查义务，由于参保资料错误而导致的错误参保责任，应由用人单位而非社会保险经办机构承担。从与参保职工的关系角度看，用人单位与劳动者存在人身依附关系，应当承担用工风险，如选任、管理不当的风险。而社会保险经办机构对参保职工不存在特别义务。本案中刘甲使用刘乙身份信息签订劳动合同、参保缴费，与用人单位选任、管理不当存在直接关联，用人单位具有过错。将用人单位

的这一过错归由社会保险经办机构承担，既无法律依据，也有失公平。从利益—风险关系来看，也应当由用人单位为劳动者提供错误信息的后果承担责任。用人单位雇用劳动者为其创造价值，并由此获取利润，根据"谁受益，谁担责"的原则，应当承担雇用劳动者所产生的风险。

伤残等级变化后伤残津贴的确定

裁判要旨

劳动者在同一单位工作期间先后被诊断为煤工尘肺壹期、贰期，且两次职业病诊断都有诊断机构出具的职业病诊断证明书。第二次职业病诊断虽未经工伤确认，但劳动者在首次患职业病后继续在原单位工作，职业病的加重与其所从事的工作有着直接的因果关系，从职业病诊断的效力特性及存在工伤事实的情况看，其所患煤工尘肺贰期属再次发生工伤的情形。社会保险经办机构应依照《工伤保险条例》第四十五条"职工再次发生工伤，根据规定应当享受伤残津贴的，按照新认定的伤残等级享受伤残津贴待遇"的规定，为劳动者核定工伤保险待遇。社会保险经办机构以劳动者首次认定工伤前12个月的平均月缴费工资为基数核定伤残津贴及未对其一次性伤残补助金进行核定，缺少法律依据。

案情

魏某为某煤业集团井下采掘工，2005年12月被诊断为煤工尘肺壹期；2006年5月，被认定为工伤；2007年4月被鉴定为七级伤残。社会保险经办机构核定一次性伤残补助金近4万元。2012年4月，魏某再次复查被诊断为煤工尘肺贰期，并被鉴定为四级伤残。2012年9月，魏某所在单位给其下达了离岗通知。

2012 年 10 月，社会保险经办机构以魏某患职业病之前 12 个月（即 2004 年 12 月至 2005 年 11 月）的平均月缴费工资为基数，核定其伤残津贴为每月 2 427 元，并从 2012 年 9 月起执行。魏某不服该工伤保险待遇核定，申请行政复议被维持，遂提起行政诉讼，要求社会保险经办机构按照其 2012 年被诊断为四级伤残之前 12 个月的平均月缴费工资为基数，核定其伤残津贴。

审判

一审法院认为，魏某 2005 年 12 月被确诊患职业病，社会保险经办机构以魏某 2005 年 12 月患职业病前 12 个月的平均月缴费工资为基数，核定其伤残津贴并无不妥。魏某被确诊患职业病至被鉴定为四级伤残一直在工作岗位工作，其要求按 2012 年 4 月鉴定为四级伤残前 12 个月的平均月缴费工资为基数给其核定伤残津贴没有法律依据。判决驳回魏某的诉讼请求。

魏某不服一审判决，上诉称，其在第一次患职业病后继续在原单位工作，职业病的加重是由所从事的工作直接导致，应享受相应的伤残待遇，且计算伤残待遇应考虑社会经济水平和本人工资的发展变化，而不应固定适用首次确诊职业病前 12 个月的平均月缴费工资，因此社会保险经办机构按照 2005 年 12 月患职业病前 12 个月的平均月缴费工资为基数核定其伤残津贴是错误的。社会保险经办机构表示，魏某在未发生新工伤的情况下，仅以原有工伤伤情加重，伤残等级升高为由，主张按照 2012 年被诊断为四级伤残之前 12 个月的平均月缴费工资为基数，核发其伤残津贴，于法无据。

二审法院认为，魏某在同一单位工作期间先后被诊断为煤工尘肺壹期、贰期，且两次职业病诊断都有诊断机构出具的职业病诊断证明书。魏某第二次职业病诊断虽未经工伤确认，但其在首次患职业病后继续在原单位工作，职业病的加重与所从事的工作有着直接的因果关系，从职业病诊断的效力特性及存在工伤事实的情况看，魏某所患煤工尘肺贰期属再次发生工伤的情形。社会保险经办机构应依照《工伤保险条例》第四十五条"职工再次发生工伤，根据规定应当享受伤残津贴的，按照新认定的伤残等级享受伤残津贴待遇"的规定，为魏某核定工伤保险待遇。社会保险经办机构以魏某首次认定工伤前 12 个月的平均月缴费工资为基数核定魏某的伤残津贴及未对魏某一次性伤残补助金进行核定,缺少法律依据。判决撤销一审判决,撤销社会保险经办机构对魏某的工伤保险待遇核定,并要求社会保险经办机构重新核定魏某的工伤保险待遇。[一审:(2013)并行初字第15号;二审:(2014)晋行终字第11号;再审:(2014)晋行终字第4号(行政判决持相同意见)]

评析

根据《工伤保险条例》规定,一级至四级工伤职工应退出生产岗位按月享受伤残津贴。工伤职工由于旧伤复发等原因导致伤残等级提高,包括非一级至四级发展为一级至四级、原无伤残等级发展为一级至四级等,在新等级鉴定后如何确定伤残津贴,对工伤职工及其家庭影响重大,亦关涉工伤保险基金安全,尚缺乏明确规则,应予探讨并明晰相关法律规则。

一、伤残等级变化后是否属于新工伤

本案中,二审法院认定魏某的煤工尘肺贰期为新发生的工伤,在社会保险行政部门未作出新的工伤认定的前提下,直接要求社会保险经办机构按照新工伤给付工伤保险待遇,是不合法的。

法院既然确定魏某属于再次发生工伤的情形,那么即与魏某第一次发生工伤的法律性质是相同的。如果第二次工伤不需要进行工伤认定,法院也可以直接判决社会保险经办机构支付待遇,那么对于第一次工伤,是不是也可以无需进行工伤认定而直接要求社会保险经办机构支付待遇?更进一步来说,对于任何"工伤",以后是不是都不需要进行工伤认定?这种认识显然和《中华人民共和国社会保险法》《工伤保险条例》等法律法规对于工伤保险的法律规定以及基本理论、司法实践大相径庭。有法院明确指出,工伤职工再次发生工伤的,应该还要重新经过工伤认定和劳动能力鉴定程序,才能以新发生的工伤伤残等级享受一次性伤残补助金;工伤职工的尘肺病病情加重,诊断为尘肺病贰期后,未重新进行工伤认定,也未进行劳动能力鉴定,该次诊断应属于复查鉴定,在其尘肺病贰期未被认定为工伤的情况下,其要求社会保险经办机构按照变更后的伤残等级支付

一次性伤残补助金，缺乏法律依据。①

《工伤保险条例》第十七条规定，职工发生事故伤害或者按照职业病防治法规定被诊断、鉴定为职业病，应当向统筹地区社会保险行政部门提出工伤认定申请。根据该条例以及相关规定和司法解释，发生工伤事故或者被诊断、鉴定为职业病的，经社会保险行政部门认定为工伤后，才能享受相应的工伤保险待遇。根据行政法基本理论以及我国工伤行政争议司法实践的共识，工伤认定属于行政确认行为，是社会保险行政部门的行政职能，司法机关有权对工伤认定行为实施司法审查，但是不能直接代替行政机关作出工伤认定结论。很多地方政府规章、规范性文件等均规定，再次发生工伤的，应当按程序重新履行工伤认定和劳动能力鉴定手续，并按新的认定和鉴定结论享受工伤保险待遇。

本案中，法院直接认定魏某的第二次职业病诊断结果属于工伤，并据此对待遇进行判决，侵犯了行政机关的行政职权，违反了《中华人民共和国宪法》规定。

二、伤残等级变化后伤残津贴如何确定

本案中，魏某首次被诊断为煤工尘肺壹期并被鉴定为七级伤残，并不享受按月支付伤残津贴的待遇。时隔6年多以后其被诊断为煤工尘肺贰期，并被鉴定为四级伤残，符合工伤保险基金按月支付伤残津贴的条件，应当享受该项待遇。由于确定享受伤残津贴距离初次诊断职业病之时时间已久，如何确定伤残津贴基数成为疑难问题。

《工伤保险条例》第三十五条规定，职工因工致残被鉴定为一级至四级伤残的，保留劳动关系，退出工作岗位，从工伤保险基金按月支付伤残津贴，四级伤残为本人工资的75%。伤残津贴实际金额低于当地最低工资标准的，由工伤保险基金补足差额。第六十四条第二款规定，条例所称本人工资，是指工伤职工因工作遭受事故伤害或者患职业病前12个月平均月缴费工资。本人工资高于统筹地区职工平均工资300%的，按照统筹地区职工平均工资的300%计算；本人工资低

---

① （2014）渝二中法行终字第00150号行政判决。

于统筹地区职工平均工资60%的，按照统筹地区职工平均工资的60%计算。

工伤职工被鉴定为一级至四级伤残应当享受伤残津贴，对于伤残津贴的计算基数和标准，《工伤保险条例》均作了明确规定。本案中，魏某2005年12月被诊断为煤工尘肺壹期，并于2006年5月被认定为工伤，其"患职业病前12个月平均月缴费工资"为2004年12月至2005年11月的平均月缴费工资无疑是正确和合法的。因此在本案中，直接从法律规定看，社会保险经办机构与一审法院的意见是正确的。但是，适用这一规定导致一个不合理的问题，魏某实际是从2012年9月开始享受伤残津贴，这个时候其本人的实际缴费工资有了较大幅度的提高，再以2004年12月至2005年11月的平均月缴费工资为基数确定伤残津贴不太公平。进一步来说，因伤情变化而导致从不享受伤残津贴到享受伤残津贴，享受伤残津贴的时间距离伤害发生时间过久，有的甚至可能间隔几十年，以几十年前的缴费基数核定几十年后的待遇标准，显然不合理。本案中，二审法院显然是认识到这一缺陷，并且实际是为了解决这一待遇的公平性问题而"另辟蹊径"，想出了"认定新工伤"从而按照2011年至2012年的平均月缴费工资为基数确定伤残津贴的"招"。这一想法是善良的，但是以善良的想法而歪曲法律，违背宪法和法律常识、理论，是和法治的要求背道而驰的。

由于《工伤保险条例》对于伤情变化后伤残津贴的计算基数以及计算标准未作具体规定，存在法律漏洞。因此，从根本上来说，对于此问题，应当通过修订立法予以解决，即通过修改《工伤保险条例》或者由国家主管部门出台具体的实施规定予以解决。司法机关从根本上不能代替行政部门作出决定。

在目前阶段，对由于伤情变化导致伤残等级变化而需要支付伤残津贴，且伤残津贴的实际领取时间距离发生工伤时间较久的状况，可以以工伤发生前12个月的平均月缴费工资为基数确定初始伤残津贴后，加上至实际领取伤残津贴时已经调整增加的伤残津贴数额作为该工伤职工首次领取的伤残津贴数额。这样，既符合《工伤保险条例》的规定，又解决了待遇标准较低的问题。更为重要的是，这样做可与同时发生工伤的人员的伤残津贴实行同一水平，横向对比更为公平。而按照本案法院的判决，即便立法这样规定，也可能是不公平的。例如2005年12月与魏某同期发生的四级工伤伤残职工，如果到2012年其伤残津贴的调整额度不及工资增长水平，那么按照工资增长水平（即重新鉴定伤残等级前的工资水平）确定伤残津贴就高于前者，这对其他同期发生工伤者则是不公平的；反之，如果伤残津贴的调整水平高于工资增长水平，那么按照工资增长水平确定伤残津贴，则对该工伤职工又不公平。因此从立法角度来说，本案中法院的方案并不合适，也不宜作为立法或政策方案。

挂靠关系中就业和医疗补助金给付的正当性

裁判要旨

> 工伤人员主张的一次性工伤医疗补助金和一次性伤残就业补助金均为法定工伤保险待遇，挂靠单位作为工伤保险责任主体，应予赔偿。相关法律虽然规定一次性工伤医疗补助金和一次性伤残就业补助金的支付前提系劳动者提出与用人单位解除劳动关系，但因为挂靠公司在本案中承担工伤保险责任系基于法律对挂靠关系的特殊规定，而非基于双方之间存在劳动关系，因此工伤人员提出上述两项工伤保险待遇主张时并不存在解除劳动关系的逻辑前提。

案情

C车挂靠于A公司，甲为C车实际车主用C车从事货物运输业务。乙被甲雇用为C车司机。乙在驾车运输途中受伤，经社会保险行政部门认定为工伤，工伤认定决定中用人单位为A公司。经劳动能力鉴定，乙为九级伤残。因未参加工伤保险，乙要求A公司支付各项工伤保险待遇。劳动仲裁裁决A公司支付乙停工留薪期工资2.1万余元、一次性伤残补助金3.2万余元、一次性工伤医疗补助金2.9万余元、一次性伤残就业补助金5万余元。

A公司对此不服，提起诉讼，主张其与乙无劳动合同，也没有事实上的劳动关系，不存在解除劳动合同事实，乙不应享受一次性工伤医疗补助金、一次性伤残就业补助金；且 A 公司无义务为乙缴纳社会保险费，也无义务承担乙的社会保险责任。

审判

一审法院认为，乙已被认定为工伤，A 公司主张乙未提供解除劳动合同证据故不应支付一次性工伤医疗补助金和一次性伤残就业补助金，不予采信。判决支持了劳动仲裁结果。

A 公司不服一审判决，提起上诉称，乙由甲雇用管理并发放工资，乙受伤后应当向甲主张工伤保险等权利，与 A 公司无关；且因为乙并未与甲解除事实劳动关系，因此乙不应当获得一次性工伤医疗补助金和一次性伤残就业补助金。

二审法院认为，关于工伤保险责任主体，A 公司应对乙所受伤害承担工伤保险责任的事实已经由社会保险行政部门作出生效认定，具有法律效力，应予采信。一审认定的工伤保险责任主体准确，并无不当。A 公司以乙由甲雇用管理为由，主张甲应为本案工伤保险责任主体，该主张不能成立。关于工伤保险待遇项目问题，乙主张的一次性工伤医疗补助金和一次性伤残就业补助金均为法定工伤保险待遇，A 公司作为工伤保险责任主体，应予赔偿。相关法律虽然规定一次性工伤医疗补助金和一次性伤残就业补助金的支付前提系劳动者提出与用人单位解除劳动关系，但因为 A 公司在本案中承担工伤保险责任系基于法律对挂靠关系的特殊规定，而非基于双方之间存在劳动关系，因此乙在提出上述两项工伤保险待遇主张时并不存在解除劳动关系的逻辑前提。一审判决认定事实清楚，适用法律正确，应予维持。判决驳回上诉，维持原判。[二审：（2016）鲁 03 民终 3599 号]

评析

一次性伤残就业补助金和一次性工伤医疗补助金是两项工伤保险待遇，其享受对象为五级至十级工伤人员。但是，并非所有的五级至十级工伤人员都必然享受这两项待遇。挂靠关系由于缺乏劳动关系这一基础法律事实，挂靠人员发生工伤能否享受这两项待遇存在争议,需要进一步探讨。

一、一次性工伤医疗补助金、伤残就业补助金与工伤的关系

《工伤保险条例》第三十六条第二款规定,职工因工致残被鉴定为五级、六级伤残的,经工伤职工本人提出,该职工可以与用人单位解除或者终止劳动关系,由工伤保险基金支付一次性工伤医疗补助金,由用人单位支付一次性伤残就业补助金。第三十七条规定,职工因工致残被鉴定为七级至十级伤残的,劳动、聘用合同期满终止,或者职工本人提出解除劳动、聘用合同的,由工伤保险基金支付一次性工伤医疗补助金,由用人单位支付一次性伤残就业补助金。这是现行立法关于一次性工伤医疗补助金、一次性伤残就业补助金的具体规定。根据这两个条款的规定,五级至十级工伤人员享受一次性工伤医疗补助金、一次性伤残就业补助金确实需要解除、终止劳动合同/聘用合同/劳动关系/聘用关系。《工伤保险条例》还对解除原因作了限定,即五级、六级为工伤职工本人提出解除,七级至十级为工伤职工本人提出解除或者合同期满终止。这意味着,第一,并非所有的工伤职工都能够享受这两项待遇,一级至四级、工亡职工不能享受。第二,并非所有的五级至十级的工伤职工都能够享受这两项待遇,未解除、终止劳动合同/聘用合同/劳动关系/聘用关系的不能享受。第三,并非所有解除、终止劳动合同/聘用合同/劳动关系/聘用关系的五级至十级的工伤职工都能够享受这两项待遇。最简单的例子便是,因为达到法定退休年龄而终止劳动合同的,不能享受这两项待遇;通常来说,工伤职工因为严重违反规章制度等原因而被用人单位依据《中华人民共和国劳动合同法》第三十九条解除劳动合同的,也不应当享受这两项待遇。从这个角度来说,本案中 A 公司的观点是有道理的;法院观点认为,这两项待遇为工伤职工的法定工伤保险待遇,所以工伤保险责任主体应予给付,其实质是认为,所有的工伤职工都有权利享受这两项待遇。那么按照法院的这一观点,挂靠关系下工伤劳动者即便达到法定退休年龄也应当享受这两项待遇,这既不符合条例规定,也违背了工伤保险理论。

《最高人民法院关于审理工伤保险行政案件若干问题的规定》(法释〔2014〕9号)第三条第(五)项规定,个人挂靠其他单位对外经营,其聘用的人员因工

伤亡的，社会保险行政部门认定被挂靠单位为承担工伤保险责任单位的，人民法院应予支持。这仅仅是对能否成立工伤、工伤保险责任主体（即工伤的用人单位）的规定，并非对特定工伤保险待遇项目的规定。该司法解释没有对一次性工伤医疗补助金和一次性伤残就业补助金的享受条件作出特别规定，未对《工伤保险条例》第三十六条和第三十七条作出扩大或缩小解释。

享受具体的工伤保险待遇，构成工伤仅仅是必要条件而非充分条件，究竟能否享受具体的工伤保险待遇项目，还需要看是否符合具体的享受条件。本案中，一方面，在社会保险行政部门已经对乙所受伤害认定为工伤的前提下，A公司提出乙与其之间不存在劳动关系，应由甲承担工伤保险责任的理由自然无法成立；另一方面，司法机关也显然忽视了工伤认定与具体的工伤保险待遇享受之间的重大区别，认为既然乙属于工伤，就应当享受一次性工伤医疗补助金和一次性伤残就业补助金，同样缺乏法律依据和法理依据，说理不足。

二、特殊情形下一次性工伤医疗补助金和一次性伤残就业补助金的制度完善

在实践中，机动车挂靠运输公司进行经营的情形比较常见。在这种经营模式下，挂靠人（通常是个人）出资购买机动车辆，是车辆的实际所有权人。挂靠单位是车辆的登记车主，挂靠人以被挂靠单位的名义从事经营。挂靠车辆的驾驶人员通常由车辆的实际所有权人雇用。由于挂靠人属于自然人，与其所雇用的自然人之间不能建立劳动关系；同时，司法实践亦认为，挂靠人所雇用的人员与被挂靠单位之间也不具有劳动关系。因此在严格意义上，挂靠人所雇用人员的劳动权益无法获得有效保障。

为了解决挂靠人所雇用人员的工伤权益保护问题，《最高人民法院关于审理工伤保险行政案件若干问题的规定》第三条作了特别规定。但正因为挂靠关系存在特殊性，工伤劳动者与被挂靠单位之间不存在劳动关系，对于以劳动关系解除为基础的一次性工伤医疗补助金和一次性伤残就业补助金的适用就产生了争议。在本案中，司法机关认为，在个人车辆挂靠单位经营的情形下，被挂靠单位根据规定承担工伤保险责任并非基于车辆实际所有人聘用的人员与被挂靠单位之间存

第四章
工伤保险

在劳动关系，车辆实际所有人聘用的人员向被挂靠单位主张一次性工伤医疗补助金、一次性伤残就业补助金等法定工伤保险待遇并不存在劳动者提出解除劳动关系的逻辑前提，故乙主张一次性工伤医疗补助金、一次性伤残就业补助金不需要提出解除劳动关系。如前所述，这一观点完全背离了《工伤保险条例》第三十六条和第三十七条的规定，法律依据不足。

相对于劳动关系，挂靠关系是一种特殊的法律关系，法律上并不鼓励。对于挂靠关系下劳动者工伤权益的保护是对劳动者工伤权利的突破。劳动关系下劳动者享有的工伤权利是法律正常的保护范围，挂靠关系下劳动者享有的工伤权益是法律扩大的保护，对于扩大保护权益的条件要求不宜低于正常保护权益的条件要求。

在现行法律体系下，一次性工伤医疗补助金在参加工伤保险后由工伤保险基金支付。但是由于挂靠关系并非正常法律关系，被挂靠单位不能为车辆实际所有权人雇用的人员参加工伤保险并缴纳工伤保险费，该项待遇最后只能由被挂靠单位承担。在无法律明确规定的情形下，取消该项待遇给付的条件，进一步扩大了被挂靠单位的责任，这对被挂靠单位来说有失公平。

鉴于挂靠关系下劳动者工伤保险责任的承担并非立法本身的规定，而是司法机关的指导性意见，宜在合理平衡劳动者、被挂靠单位权益的基础上，进一步明晰一次性工伤医疗补助金、一次性伤残就业补助金的给付条件。例如，允许被挂靠单位将挂靠关系中的劳动者纳入工伤保险统筹，由工伤保险基金、被挂靠单位各自承担各自的责任；鉴于挂靠关系中劳动者一旦发生工伤，不太可能继续维持挂靠关系，事实上发生"劳动关系"的终结，可明确规定被挂靠单位对挂靠关系中工伤劳动者承担一次性伤残就业补助金给付，明确各方法律预期。

根据《最高人民法院关于审理工伤保险行政案件若干问题的规定》第三条规定，承担工伤保险责任的单位承担赔偿责任或者社会保险经办机构从工伤保险基金支付工伤保险待遇后，有权向相关组织、单位和个人追偿。被挂靠单位可以与车辆实际所有权人订立协议，约定被挂靠单位承担工伤保险责任后有权向实际用工人即车辆所有权人追偿。

未申报且未补报参保名单不能纳入
工伤保险基金支付范围

🌐 裁判要旨

> 建设公司虽就涉案工程项目缴纳了工伤保险费,但其并未就工伤职工及时向社会保险经办机构报送增减职工花名册,也未按照文件规定在事故发生后48小时内补报并提出工伤认定申请,故不能认定工伤职工系工伤保险参保职工,工伤职工的工伤保险待遇应由用人单位建设公司支付。

☯ 案情

毕某在某建设公司承包的临海市博物馆工地从事钢筋工工作。2013年3月20日,建设公司就其承包的工程项目向临海市地方税务局缴纳了155 555.54元的工伤保险费。2013年12月15日,毕某在上班途中因非本人主要责任的交通事故死亡,临海市人社局于2015年3月2日认定其为工伤。建设公司不服该工伤认定,向临海市人民法院提起诉讼。临海市人民法院作出(2015)台临行初字第46号行政判决书,认定毕某系工伤。建设公司不服上诉后,台州市中级人民法院作出(2015)浙台行终字第248号终审判决维持原判。2016年4月13日,临海市劳动人事争议仲裁委员会作出临劳人仲案字(2016)第210号裁决书,裁定建设公司支付给毕某家属一次性工亡补助金及供养亲属抚恤金。2016年4月14日,建设公司向临海市人社局提出毕某的工伤保险待遇申请并申报工伤待遇结算。2016年4月28日,临海市人社局予以书面答复:"用人单位既没有及时向我中心报送毕××的参保名单,也没有在事故发生后48小时内补报。根据《工伤保险条例》及《台州市人民政府办公室转发市劳动和社会保障局等四部门推进建筑施工企业参加工伤保险工作实施方案的通知》(台政办发〔2007〕97号,本案

第四章
工伤保险

以下简称《通知》）的规定，毕××的工伤保险待遇不在工伤保险基金支付范围内，应由用人单位支付。"建设公司不服上述处理决定，遂起诉至法院，要求临海市人社局、临海市社保中心支付毕某的工伤保险待遇。

审判

一审法院认为，第一，《中华人民共和国社会保险法》第八条规定，社会保险经办机构提供社会保险服务，负责社会保险登记、个人权益记录、社会保险待遇支付等工作；《工伤保险条例》第五条规定，县级以上地方各级人民政府社会保险行政部门负责本行政区域内的工伤保险工作。社会保险行政部门按照国务院有关规定设立的社会保险经办机构具体承办工伤保险事务。临海市社保中心是依法设立的社会保险经办机构，负有办理社会保险待遇支付的法定职责，依法办理工伤保险待遇结算。临海市人社局不具有工伤保险待遇结算的职责。建设公司要求临海市人社局对毕某进行工伤保险待遇结算理由不足，不予支持。第二，根据《工伤保险条例》第十条第一款规定，用人单位应当按时缴纳工伤保险费；第六十二条第二款规定，依照条例规定应当参加工伤保险而未参加工伤保险的用人单位职工发生工伤的，由该用人单位按照条例规定的工伤保险待遇项目和标准支付费用。《通知》第六条规定，用人单位应当及时向社会保险经办机构报送增减职工花名册，增减职工花名册上载明的职工的工伤保险关系自申报之次日起生效。未及时申报工伤保险花名册的职工，在施工过程中发生工伤的，用人单位在事故发生后48小时内补报并提出工伤认定申请的，经劳动保障部门确认后，按参保职工处理。因此，建筑施工企业除按时缴纳工伤保险费之外还应及时向社会保险经办机构报送增减职工花名册。本案原告作为建筑施工企业虽向临海市地方税务局缴纳了工伤保险费，但其未就毕某及时向社会保险经办机构报送增减职工花名册，也未在毕某事故发生后48小时内补报并提出工伤认定申请，因此，建设公司的职工毕某属应当参加工伤保险而未参加工伤保险的情形，建设公司要求临海市社保中心支付工伤保险待遇的诉讼请求理由不足，不予支持。判决驳回建设公司的诉讼请求。

建设公司不服一审判决，上诉称，第一，一审认定事实错误。其与毕某未签订劳动合同，也未建立劳动关系。一审依据其他案件判决书认定毕某是建设公司员工错误。况且毕某发生事故当天是阴雨天，工地处于停工状态，建设公司对于毕某发生交通事故不知情，交通事故责任认定书的作出与交通事故发生相差半个多月，已远远超过48小时补报时间，因此未在48小时内申报工伤。第二，一审适用法律错误。根据《工伤保险条例》第五条规定，临海市人社局、临海市社保中心均有履行工伤保险待遇支付的法定职责。一审认定临海市人社局没有法定职责错误。根据《通知》第三条、第四条、第六条规定，建设公司以工程为单位缴纳了工伤保险费，毕某作为该工程的施工人员应当认定已经参加了工伤保险。一审以建设公司未及时提交增减职工花名册为由认定毕某未参保，属于适用法律错误，且违背了建筑工程项目以工程为单位为工程全体施工人员参保的立法目的。毕某不是在施工过程中受伤，不受48小时补报的限制。况且，早补报和迟补报没有实质影响。临海市人社局、临海市社保中心不履行工伤保险待遇支付职责，违反法律规定，损害了建设公司的合法权益。

临海市社保中心和临海市人社局答辩称：一审判决正确。临海市人社局同时称，考虑到建筑施工企业人员密集、工伤风险高、人员流动性大等特殊性，台州市出台相关规定，允许用人单位在事故发生后48小时内补报并提出工伤认定申请。但建设公司纠结于是否存在劳动关系以及是否属于工伤，一直未向社会保险经办机构补报并提出工伤认定申请，故无法按参保职工处理，也无法从工伤保险基金中支付工伤保险待遇。

二审法院支持了一审法院的判决理由，同时认为，从《通知》规定看，职工工伤保险关系成立需要同时具备用人单位缴纳工伤保险费和报送增减职工花名册这两个条件。本案中，建设公司虽就其承包的临海市博物馆项目缴纳了工伤保险费，但其提供的增减职工花名册不包括毕某，故不能认定毕某的工伤保险关系成立。况且，建设公司又未按前述文件规定在事故发生后48小时内补报并提出工伤认定申请。因此，不能认定毕某系参保职工。建设公司要求临海市人社局、临海市社保中心履行工伤保险待遇支付没有法律依据，一审判决并无不当。毕某与建设公司存在劳动关系的事实已经生效判决认定，建设公司认为一审认定事实错误，缺乏证据佐证。判决驳回上诉，维持原判。

第四章
工伤保险

建设公司仍然不服,向浙江省高级人民法院申请再审。其认为二审法院单独以《通知》第六条去理解法律,认定工伤保险关系的成立需要报送增减职工花名册,没有综合第三条、第四条规定,也没有考虑该案件的特殊性,适用法律错误,违背了立法的目的和宗旨。结合《通知》第三条、第四条、第六条,可以明确以下适用条件:第一,作为施工单位,只要按照工程造价的 1.5‰ 缴纳工伤保险费,就履行了工伤保险参保的主要义务;第二,作为施工单位,"新开工项目以工程项目施工承包合同总造价的 15% 作为人工工资总额,按 1% 的工伤保险基准费率计算",即按照"施工承包合同总造价的 15% 作为人工工资总额"的计算方式计算人工工资总额。该条款明确了两点:一是该工程的参保人数不限;二是以该工程为单位参保。只要事实上属于该工程的工作人员发生工伤,就应认为该工作人员已经履行了参保手续。至于提交增减职工花名册,只是合同附随义务。第三,未及时申报工伤保险花名册的职工,必须符合在施工过程中发生工伤的条件下,才受 48 小时补报的限制。毕某已经参加了工伤保险,建设公司已经缴纳了工伤保险费,履行了合同的主要义务,更重要的是法院已经认定毕某属于案涉工程的工作人员,属于工伤,既然属于该工程的工作人员发生了工伤,就应当按照参保予以理赔。退一步说,就算未参加工伤保险,申请人的补报也不受 48 小时的限制。理由:①该案案情特殊,应当作为个案处理。一方面,毕某发生交通事故,建设公司根本不知情,何谈不及时申报;另一方面,2013 年 12 月 15 日毕某发生交通事故,但是 2014 年 1 月 2 日才出具交通事故责任认定书,此时早就超过 48 小时了。临海市人社局、临海市社保中心告知建设公司已经超过 48 小时不可以申报了,但是,如果没有交通事故责任认定书,无法确定毕某的事故责任,就无法申报工伤。②毕某的工伤是因为发生了"交通事故",而不是在"施工过程中",不受 48 小时的限制。

再审法院认为:第一,根据《中华人民共和国社会保险法》第八条和《工伤保险条例》第五条规定,临海市社保中心作为社会保险经办机构,负有办理社会保险待遇支付的法定职责,而临海市人社局不具有相应的法定职责。第二,从《通知》规定看,职工工伤保险关系的成立需要用人单位缴纳工伤保险费并及时报送增减职工花名册。建设公司虽就涉案工程项目缴纳了工伤保险费,但其并未就毕某及时向社会保险经办机构报送增减职工花名册,也未按照前述文件的规定在事故发生后48小时内补报并提出工伤认定申请,故不能认定毕某系工伤保险参保职工。毕某与建设公司之间存在劳动关系的事实,已为生效判决所认定,建设公司主张原审判决对此认定事实错误,缺乏有效证据证明,不予采信。建设公司申请再审的理由均不成立。裁定驳回再审申请。[一审:(2016)浙1082行初28号;二审:(2016)浙10行终215号;再审:(2017)浙行申573号]

评析

一、工伤保险关系的成立

一般参保模式下工伤保险关系成立的基本条件有两个:一是进行参保登记,即申报被保险人的身份资料;二是用人单位为个人缴纳了工伤保险费。通常还要求被保险人与用人单位之间存在劳动关系。

工伤保险的基本原理与商业保险是相同的,是针对被保险人提供的应对社会风险的保障方案。其基本模式是,在投保人缴纳保费(工伤保险费)之后,对具体的被保险人出现的法定的保险事故由保险人(社会保险经办机构)承担给付责任。就具体的社会保险关系而言,其主体都是特定的,即投保人为A投保,只有A才能成为被保险人,其他任何人都不可能成为被保险人。因此,只有当被保险人确定以后,保险(工伤保险)关系才能够成立。在商业保险中,被保险人是通过保险合同确定的。《中华人民共和国保险法》第十二条第五款规定,被保险人是指其财产或者人身受保险合同保障,享有保险金请求权的人。在工伤保险中,是通过申报即参保登记确定被保险人的。仅有缴费,但没有进行参保登记,没有按照工伤保险业务经办流程填写申报参保名册,没有提供参保人员的身份资料,就无法明确具体的被保险人的身份,特定人员的工伤保险关系当然无法得以建立。就保险关系而言,这其实是个常识问题。

在一般参保模式下,只有申报具体的被保险人资料,并明确缴费系为了具体的被保险人,才能确定具体的个人为被保险人。一方面,用人单位未依法参保的现象仍然大量存在,很多企业仅仅为部分职工参保。例如,某企业实际职工100

人，而仅为其中 20 人参保。如果该企业仅仅缴纳了 20 人的社会保险费，但没有申报具体 20 人的名单等资料，如果认为无需申报具体职工资料即可确定工伤保险关系，那么应该确定该企业中的哪 20 个人已经参保？显然根本无法确定。另一方面，用人单位的人员是变动的，劳动关系的确定并不一定以实际劳动的提供为必要条件。如果认为无需申报具体职工资料即可确定工伤保险关系，那么将导致无限多的与用人单位并无实际劳动关系的人员可能冒领工伤保险待遇。

与此不同的是，特殊方式参保（如本案中的项目参保）情形下工伤保险关系的成立有其特殊性，无论是参保还是工伤保险关系的成立，并不需要先行固定到具体的人员。在项目参保中，工伤保险直接保障的是"工程项目"，只要项目参保，在该项目工作的人员都应作为被保险人。因此对项目参保，严格来说，认为没有申报在项目工作人员的名单中便认为其没有参保，是不妥当的。但是，并非所有参保人员发生的所有工伤保险待遇都应当由工伤保险基金支付。在商业保险中，被保险人未及时申报事故，可以导致保险公司拒付保险金；在工伤保险中，被保险人或其用人单位未及时申报参保人员名单或事故，亦可以导致工伤保险基金拒付工伤保险待遇。亦即从结果来看，本案自无疑义，但从说理来看，仍有可商榷之处。

二、及时申报参保人员名单和"工伤"的意义

对于项目参保来说，要求及时申报项目参保人员名单和事故发生情况，最根本的目的在于反欺诈。项目参保并不要求劳动者与用人单位特别是总包单位或发包单位具有稳定的劳动关系，如果没有及时申报参保人员名单和事故发生情况，极有可能滋生大量道德风险，用人单位与伤病人员通过"合谋"将本不属于项目的工作人员、本不属于工伤的伤病纳入工伤保险的保障范围，会对工伤保险基金安全构成威胁，并会间接影响到真正的工伤职工及其遗属的工伤保险权益。而提前申报项目参保人员名单可以有效遏制将非项目工作人员纳入被保险人范围，可以较好地防范基金风险。在通信方式极其多样化的今天，及时申报参保人员名单已经非常方便——这也意味着社会保险经办机构应当提供便捷的申报途径以方便用人单位的申报，且《通知》允许在事故发生后 48 小时内补充申报，这对于用

人单位来说是很容易实现的,这也是其应当承担的法律义务,并没有不合理地加重用人单位的负担。因此《通知》的规定是合理的,是针对项目参保的特殊规定,且不违背上位法——无论是《中华人民共和国社会保险法》还是《工伤保险条例》均未对项目参保的具体待遇给付条件作出规定,应当具有法律效力。

在本案中,用人单位提出其对工伤事故的发生不知情,交通事故责任认定书的作出距离事故发生时间超过了48小时而无法在48小时内申报,此辩解难以成立。除非工伤职工及其家属无法知晓并通知用人单位,否则如果事故发生相当长时间用人单位仍不知情,表明用人单位的管理存在问题;交通事故责任认定书未作出,并不影响对事故的申报以及事故人员的补充参保申报。但这里确实存在一个问题,在商业保险中,负有申报义务的是被保险人及其家属,而非用人单位;而在工伤保险中,仅规定用人单位负有申报义务,而作为被保险人的劳动者本人及其家属却没有申报义务,这是不公平的。无论是项目参保,还是一般参保,均应当规定劳动者及其家属对于可能涉及的工伤伤病的发生,负有向用人单位以及社会保险经办机构及时申报的义务;未尽该义务可以导致无法获得工伤保险待遇给付。

三、用人单位如何就"工伤"事故进行申报

除了设置便捷的申报途径以使用人单位能够及时进行参保申报、补充参保申报、工伤事故发生的申报以外,还必须考虑以下问题。一是申报的内容。如果在事故发生48小时内不仅要求用人单位对参保人员、事故伤害情况进行申报,还要求申请工伤认定,这是不恰当的。以本案为例,在交通事故责任认定书作出前,用人单位无法确定是否属于工伤,因此无法申请工伤认定。应当只要求用人单位对事故伤害、突发疾病死亡情形进行申报即可,而对于工伤认定的申请则应当在法定条件成就后进行。二是在超过48小时后应允许补充申报。《工伤保险条例》第六十二条第二款规定,用人单位参加工伤保险并补缴应当缴纳的工伤保险费、滞纳金后,由工伤保险基金和用人单位依照条例的规定支付新发生的费用。由此,未缴费的,依法补缴后由工伤保险基金支付新发生的待遇,那么已经缴费但未履行申报义务的,在依法补充申报后,新发生的待遇亦由工伤保险基金支付

更为恰当。这样，在"惩罚"用人单位的同时，也更有利于保护工伤职工或其遗属的工伤保险权益。

用人单位应承担工伤保险缴费差额待遇

◎ 裁判要旨

用人单位没有根据劳动者工资缴纳社会保险费，工伤保险待遇差额部分应由用人单位向工伤职工进行补足。

◎ 案情

郭某于2008年5月20日入职某塑胶电子公司工作，岗位为货车司机，双方签有劳动合同，公司为郭某参加了社会保险。2013年12月30日，双方签订无固定期限劳动合同，约定合同期从2014年1月1日起至法定终止条件出现时止。

郭某于2012年6月2日18时40分左右驾驶两轮摩托车下班回家，途中发生交通事故，其右腿受伤。2012年9月18日，清远市人社局认定其所受伤害为工伤，劳动能力鉴定其为伤残九级。郭某发生工伤时的社会保险缴费工资为1 818元。清远市社保局2013年5月27日核定其一次性伤残补助金为18 029.97元，郭某于2013年8月领取。郭某工伤前12个月的月平均工资为3 375.72元。郭某工伤后，公司2012年6月至2013年7月合计向郭某支付工资5 082.41元。公司为郭某参加社会保险至2015年10月。公司工资明细表显示2015年10月1日至2015年11月4日郭某基础工资为1 430元，净收入为5 146.75元。

郭某主张公司于2015年11月6日在无任何通知的情况下违法解除双方劳动关系；公司主张系因公司架构调整，郭某不服从公司的工作安排并提出解除劳动合同，双方劳动关系于2015年11月5日解除。郭某离职前12个月的月平均工资为 5 599.12 元。

因为实际工资和缴费工资不符，郭某认为自己的工伤保险待遇存在损失，加上劳动合同解除等问题，于 2015 年 12 月 8 日申请劳动仲裁，要求用人单位给付工伤保险待遇差额等。后双方均对仲裁裁决结果不服，提起诉讼。

审判

一审法院认为，根据《广东省工伤保险条例》① 第二十六条规定，郭某工伤医疗期间原工资待遇不变，其为九级伤残，且经劳动能力鉴定委员会确认，郭某停工留薪期分两次共 10 个月，故公司应向郭某支付工伤医疗期工资差额 28 674.79 元（3 375.72 元/月×10 个月 − 5 082.41 元）。根据《广东省工伤保险条例》第三十四条、第五十八条的规定，公司应支付的一次性伤残补助金差额为 12 351.51 元（3 375.72 元/月×9 个月 − 18 029.97 元）、一次性医疗补助金为 6 751.44 元（3 375.72 元/月×2 个月）、一次性就业补助金为 27 005.76 元（3 375.72 元/月×8 个月）。并依此作出了判决。

郭某和公司均不服，提起上诉。

公司认为，在郭某任职期间，已经按地方政府的要求为其办理了工伤保险，郭某一次性伤残补助金应当由工伤保险基金支付，不应当向公司主张，且郭某在一审诉讼中有关直接损失的请求已经超过仲裁时效，其主张不应予以支持。

郭某认为，根据《广东省工伤保险条例》第三十四条和第三十五条的规定，本案应当按照解除劳动合同前其月平均工资 5 599.12 元计算一次性工伤医疗补助金、一次性伤残就业补助金，而不应按照工伤前的月平均工资 3 375.72 元进行计算，即其应当享受的一次性工伤医疗补助金为 11 198.24 元（5 599.12 元/月×2 个月）、一次性伤残就业补助金为 44 792.96 元（5 599.12 元/月×8 个月）。

二审法院认为，2013 年 8 月，郭某已收取清远市社保局核发的一次性伤残补

---

① 编者注：《广东省工伤保险条例》于 1998 年 9 月 18 日广东省第九届人民代表大会常务委员会通过，2004 年 1 月 14 日广东省第十届人民代表大会常务委员会第八次会议第一次修订，2011 年 9 月 29 日广东省第十一届人民代表大会常务委员会第二十八次会议第二次修订，2019 年 5 月 21 日广东省第十三届人民代表大会常务委员会第十二次会议第三次修订。本案适用 2011 年版条例。

第四章
工伤保险

助金 18 029.97 元，2013 年 9 月 1 日前公司合计向郭某支付了工伤医疗期工资 5 082.41 元。根据《中华人民共和国劳动争议调解仲裁法》第二十七条的规定，劳动争议申请仲裁的时效期间为 1 年，郭某提出仲裁申请时上述两项请求已超过仲裁时效，不予支持。双方的劳动合同关系至 2015 年 11 月 5 日终止，根据《广东省工伤保险条例》第三十四条的规定，一次性工伤医疗补助金应由工伤保险基金支付，本案不予处理。而公司作为用人单位，应支付一次性伤残就业补助金，郭某本人工资标准按照终止劳动关系前 12 个月的月平均工资核定，即一次性伤残就业补助金为 44 792.96 元（5 599.12 元/月×8 个月）。据此，二审判决对一审判决部分维持，将一次性就业补助金改判为 44 792.96 元，撤销了工伤医疗期工资差额、一次性伤残补助金差额、一次性工伤医疗补助金三项判决。

郭某对二审判决仍不服，向广东省高级人民法院申请再审。再审法院查明，清远市社保局已支付郭某一次性工伤医疗补助金 4 766 元。

再审法院认为，郭某和公司双方于 2015 年 11 月 5 日解除劳动关系。《中华人民共和国劳动争议调解仲裁法》第二十七条第四款规定，劳动关系存续期间因拖欠劳动报酬发生争议的，劳动者申请仲裁的时效期间应当自劳动关系终止之日起 1 年内提出。劳动者停工留薪期工资属于一种工资，应视为劳动报酬。公司也应当向郭某支付一次性伤残补助金差额，《广东省工伤保险条例》第五十八条规定，用人单位少报职工工资，未足额缴纳工伤保险费，造成工伤职工享受的工伤保险待遇降低的，工伤保险待遇差额部分由用人单位向工伤职工补足。郭某申请劳动仲裁的时间是 2015 年 12 月 8 日，因此，郭某请求公司支付工伤医疗期工资差额及一次性伤残补助金差额没有超过法律规定的 1 年时效期，二审判决错误。

《广东省工伤保险条例》第三十四条规定，职工因工致残，由工伤保险基金支付一次性伤残补助金，九级伤残为 9 个月的本人工资；依法与用人单位解除或者终止劳动关系的，由工伤保险基金支付一次性工伤医疗补助金，由用人单位支付一次性伤残就业补助金，终结工伤保险关系，九级伤残的一次性工伤医疗补助金为 2 个月的本人工资，九级伤残的一次性伤残就业补助金为 8 个月的本人工资。本人工资标准按照终止劳动关系前 12 个月的月平均工资计算。《最高人民法院关于审理劳动争议案件适用法律若干问题的解释》（法释〔2001〕14 号）第二十条第二款规定，对于追索劳动报酬、养老金、医疗费以及工伤保险待遇、经济补偿金、培训费及其他相关费用等案件，给付数额不当的，人民法院可以予以变更。因此，用人单位没有根据劳动者工资缴纳社会保险费，工伤保险待遇差额部分由用人单位向工伤职工进行补足。本案中，由于公司没有根据郭某的实际工资缴纳社会保险费，属于少报郭某工资，未足额缴纳社会保险费，造成郭某的工伤保险待遇降低。因此，工伤保险待遇差额部分应由公司向郭某补足。郭某伤残等级为九级，公司应支付的一次性伤残补助金差额为 12 351.51 元（3 375.72 元/月×9 个月-18 029.97 元），一次性医疗补助金差额 6 342.24 元（5 599.12 元/月×2 个月-4 766 元）。郭某以上再审请求理由成立，予以采纳。此外，二审判决公司应向郭某支付一次性伤残就业补助金为 44 792.96 元（5 599.12 元/月×8 个月）并无不当。据此，再审法院对二审判决的工伤医疗期工资差额、一次性伤残补助金差额、一次性工伤医疗补助金三项内容予以改判，维持了其他判决。〔一审：（2016）粤 1802 民初 2141 号；二审：（2016）粤 18 民终 3062 号；再审：（2018）粤民再 66 号〕

评析

一、工伤保险缴费差额待遇的给付主体及其法理基础

根据《工伤保险条例》，一次性伤残补助金、伤残津贴、供养亲属抚恤金等项待遇均以本人工资作为计发基数。目前，包括工伤保险在内的各项社会保险费缴费基数不实状态仍比较普遍。在缴费基数不实——低于法定标准时，工伤职工及其遗属的工伤保险待遇差额应由工伤保险基金承担还是由用人单位承担，在实践中存在较大争议，司法判例亦有截然相反的情况。本案中，就一次性工伤医疗补助金补差问题，一审、再审法院持同一意见，即应由用人单位补差；二审法院则认为应由工伤保险基金支付，很具有代表性。明确并统一缴费工资差额待遇的承担者，具有重要意义。

由于缴费工资不实所引发的待遇差额，确定其给付主体的法理基础包括两个方面，一是法律依据，二是理论基础。上述案例中，法院判决由用人单位承担，

第四章
工伤保险

主要是从法律依据角度分析的，虽然就本案来说已经足矣，但是就全国层面来说，仍然不够。

首先要确定的问题是，是否应当由工伤保险基金支付。如果应当由工伤保险基金支付，自然就不存在由用人单位支付的问题。该问题可以替换为，工伤保险基金支付的工伤保险待遇是否与工伤保险缴费相对应。从《工伤保险条例》的规定来看，回答应当是肯定的。

《工伤保险条例》规定一次性伤残补助金、伤残津贴、供养亲属抚恤金等项待遇均以本人工资作为计发基数。其第六十四条第二款规定，条例所称本人工资，是指工伤职工因工作遭受事故伤害或者患职业病前12个月平均月缴费工资，本人工资高于统筹地区职工平均工资300%的，按照统筹地区职工平均工资的300%计算；本人工资低于统筹地区职工平均工资60%的，按照统筹地区职工平均工资的60%计算。亦即，工伤保险基金支付的以本人工资为基数的待遇，是以缴费工资为基数计算的。无论从文义解释还是体系解释来看，这里的"缴费工资"均应指实际已经发生的缴费工资，而非应缴费工资。因此，当用人单位缴费基数不实时，工伤保险基金只能以用人单位为劳动者的实际缴费工资计算待遇，而不能以用人单位为劳动者的应缴费工资计算待遇。因应缴费工资与实际缴费工资之间的差额所导致的待遇差额，工伤保险基金不能支付。

其次，在上述案件中，由于作为地方性法规的《广东省工伤保险条例》明确规定，用人单位少报职工工资，未足额缴纳工伤保险费，造成工伤职工享受的工伤保险待遇降低的，工伤保险待遇差额部分由用人单位向工伤职工补足。因此，在广东地区关于缴费基数差额的给付主体自然没有疑义。至于法释〔2001〕14号司法解释，由于未明确"追索工伤保险待遇"的具体情形以及理由，在司法实践中很少适用，无法作为用人单位承担"补差"责任的直接法律依据。由于全国大部分地区并无类似于广东省的地方性法规的明确规定，如何确定用人单位承担"补差"责任的法律依据，值得探讨。

作者认为，应当依据侵权责任，由用人单位承担"补差"责任。《中华人民共和国民法通则》第一百零六条规定，公民、法人违反合同或者不履行其他义务的，应当承担民事责任；公民、法人由于过错侵害国家的、集体的财产，侵害他人财产、人身的，应当承担民事责任。《中华人民共和国侵权责任法》第六条规定，行为人因过错侵害他人民事权益，应当承担侵权责任。根据《中华人民共和国社会保险法》《社会保险费征缴暂行条例》《工伤保险条例》等规定，用人单位负有及时足额为职工缴纳工伤保险费的强制性法律义务。用人单位违反这一法定义务，即不履行此法定义务，属于侵权行为（加害行为），被保险人或其受益人受有损失（无法按照应缴费工资从工伤保险基金获得工伤保险待遇给付），且两者之间存在因果关系，符合侵权责任的构成要件，用人单位应当承担侵权责任。

值得探讨的是，该种侵权责任是否属于过错责任，即是否要求投保人——用人单位对其投保——缴费行为存在过错？用人单位在故意或过失导致缴费基数降低时，应承担侵权责任自无问题；如果非因用人单位的过错，如因为社会保险经办机构的核定错误而导致的缴费基数降低，是否也应当由用人单位承担损害赔偿责任？作者认为这是不妥的。用人单位未因自己的过错导致的缴费基数降低，用人单位不能防备，客观上也不应归责，此责任不应由用人单位承担。用人单位承担"补差"责任的理论基础即为过错原理。一般情形下，每个人都应当为自己的过错承担责任，而不能要求他人为自己的过错"埋单"。用人单位违反强制性法律义务，存在明显的过错，应当对工伤职工及其遗属的待遇损失承担赔偿责任——"补差"。

二、待遇基数——缴费工资的确定

对此问题，本案中一审法院、二审法院、再审法院的观点并不完全一致。一审法院系按照劳动者工伤事故发生前12个月的月平均工资计算停工留薪期待遇、一次性伤残补助金、一次性工伤医疗补助金、一次性伤残就业补助金四项待遇的；二审法院按照劳动者劳动关系终止前12个月的月平均工资计算一次性伤残就业补助金；再审法院则对停工留薪期待遇、一次性伤残补助金按照工伤事故发生前12个月的月平均工资为基数计算；一次性工伤医疗补助金、一次性伤残就业补助金则按照劳动者劳动关系终止前12个月的月平均工资为基数计算。这不仅反映了司法机关对于用人单位承担缴费工资差额的工伤保险待遇补差责任具体

第四章
工伤保险

认知的差异,也表明制度规则需要进一步完善。

对于停工留薪期待遇,《工伤保险条例》第三十三条规定,职工因工作遭受事故伤害或者患职业病需要暂停工作接受工伤医疗的,在停工留薪期内,原工资福利待遇不变,由所在单位按月支付。《广东省工伤保险条例》第二十六条作了重申。两者均未规定,"原工资福利"如何确定?鉴于,如果仅指工伤发生前的一个月的收入,可能或高或低,有失公平,本案中以"之前12个月"的平均工资计算,殊为得当。

要求用人单位承担"补差"责任,就需要确定差额。而要确定差额,仅有工伤保险基金的支付数额是不够的,还需要确定应缴费工资——据此才能计算出工伤人员或其遗属的"应得的工伤保险待遇"。在本案中,再审法院与一审法院观点相同,即以"郭某工伤前12个月的月平均工资3 375.72元"为"应缴费工资",并据此计算出"应得的一次性伤残补助金"。一般而言,这一计算是错误的。通常来说,用人单位的"应缴费基数"并非工伤职工受伤前12个月的月平均工资,而是上一年度(自然年度或财务年度)的月平均工资。本案中的计算方法加大了用人单位的责任,超过了受害人在合法状态下所能获得的待遇金额。

一次性工伤医疗补助金也应当"补差"。本案中,一审法院认为一次性工伤医疗补助金应由用人单位全额支付,二审法院则认为应由工伤保险基金支付,再审法院认为应扣减工伤保险基金支付部分实行"补差"。显然,再审法院的观点是准确的。在工伤职工已经参加了工伤保险的情形下,一次性工伤医疗补助金也应当和一次性伤残补助金一样实行"补差"。即由于已经参保,工伤保险基金自然应当根据缴费工资支付一次性工伤医疗补助金;由于用人单位缴费基数不实,工伤职工获得的一次性工伤医疗补助金偏低,遭受损失,用人单位应当对此承担赔偿责任。

对一次性工伤医疗补助金和一次性伤残就业补助金计发基数的确定。《工伤保险条例》未规定这两项待遇的具体标准,而是规定"由省、自治区、直辖市人民政府规定"。在本案中,《广东省工伤保险条例》第三十四条规定以"本人工资"为基数计发。由此引发的问题是,如何确定"本人工资"。再审法院仅结论性认为"本人工资标准按照终止劳动关系前12个月的月平均工资计算",但并未提供此结论的法律依据。如果根据《工伤保险条例》第六十四条规定，则应以受伤前12个月的平均月缴费工资确定，这正是一审法院的观点，而该观点有失公平。从发生工伤到解除、终止劳动合同以主张一次性工伤医疗补助金和一次性伤残就业补助金，中间可能相隔数十年，以数十年前的标准计算待遇，考虑通货膨胀以及收入水平的增长，该待遇将丧失其意义。因此，再审法院以劳动合同解除前12个月的月平均工资计算这两项待遇，更具有公平性。实际上，《广东省工伤保险条例》第三十五条规定，计发该条例第三十三条、第三十四条规定的一次性工伤医疗补助金和一次性伤残就业补助金，本人工资低于工伤职工与用人单位解除或者终止劳动关系前本人12个月平均月缴费工资的，按照解除或者终止劳动关系前本人12个月平均月缴费工资为基数计发。就本案来说，应当依据该条款确定这两项待遇基础。此项规定，亦值得其他地方予以借鉴。

三、待遇差额争议的仲裁与诉讼时效

本案中，司法机关对于停工留薪期待遇（差额）及一次性伤残补助金待遇（差额）的时效存在争议。二审法院认为，应适用《中华人民共和国劳动争议调解仲裁法》第二十七条第一款规定，即劳动争议申请仲裁的时效期为1年，仲裁时效期从当事人知道或者应当知道其权利被侵害之日起计算。一审法院和再审法院观点相同，认为应适用该法第二十七条第四款规定，即劳动关系存续期间因拖欠劳动报酬发生争议的，劳动者申请仲裁不受本条第一款规定的仲裁时效期的限制；但是，劳动关系终止的，应当自劳动关系终止之日起1年内提出。

再审法院认为"劳动者停工留薪期工资属于一种工资，应视为劳动报酬"，故应适用《中华人民共和国劳动争议调解仲裁法》第二十七条第四款。停工留薪期待遇为工资的替代，将其视为"劳动报酬"并无不可。但是，再审法院并未给出一次性伤残补助金待遇（差额）适用该条款规定的依据。一次性伤残补助金并非工资的替代，性质上为损害赔偿，无论就目前的法律规则还是法理来看，均难以适用《中华人民共和国劳动争议调解仲裁法》第二十七条第四款的规定。二审法院认为适用第一款规定，更具有合理性。但是从理论上来说，1年的劳动仲裁时效期过于短暂，不利于对被保险人及其受益人的权利保障。

一次性伤残补助金待遇差额争议并不完全属于劳动争议,而主要属于损害赔偿争议,应当适用《中华人民共和国民法总则》规定的 3 年诉讼时效期。

鉴于一次性伤残补助金属于社会保险待遇,宜通过社会保险法对其诉讼时效期予以明确。对此,可参考《中华人民共和国保险法》规定,将其时效期确定为 5 年,自被保险人或其受益人知道或者应当知道工伤事故发生之日起计算。

工伤保险缴费不实时待遇争议的救济程序

裁判要旨

用人单位未足额缴纳社会保险费时,劳动者可向社会保险行政部门举报,由社会保险行政部门进行核查并作出相应处罚决定。确认用人单位是否足额缴纳各项社会保险费应属社会保险行政部门的行政职权。只有用人单位未为劳动者办理社会保险手续,劳动者因社会保险待遇而发生纠纷时法院才受理,但本案用人单位已为劳动者缴纳了社会保险费,且该劳动者的亲属已经享受到工伤保险待遇。因此本案不属于人民法院受案范围。

案情

方某于 2013 年 2 月到重庆市忠县某航运公司工作,担任大管轮一职。2013 年 11 月 5 日 18 时许,方某突发疾病经抢救无效死亡。2013 年 11 月 15 日忠县人社局认定方某死亡为工伤。2014 年 1 月 13 日,方某父亲方某某、方某妻子成某某、方某儿子方某甲、方某女儿方某乙以及方某母亲邓某某(于 2014 年 12 月去世)5 人共同与航运公司签订工伤事故死亡赔偿协议书。协议中约定航运公司支付丧葬费、一次性工亡补助金合计 513 998 元。还约定 5 人获得前述赔款后,放弃基于方某因工死亡所产生的各项权利,不得再就工伤赔偿事宜向企业提出任何形式的赔偿要求。协议签订后,航运公司已经按照该协议向5人支付了全部赔偿款513 998元。

后方某某、成某某、方某甲、方某乙以劳动争议案为由对航运公司提起民事诉讼,称在领取供养亲属抚恤金时发现航运公司当初给方某办理社会保险手续时未足额投保,导致方某甲、方某乙二人实际享受的供养亲属抚恤金每人每月仅为681元,与按方某生前本人工资计算的供养亲属抚恤金1 440元(4 800元×30%)相比每人每月差额759元,请求判令航运公司补足供养亲属抚恤金差额27万余元。

审判

一审法院查明,方某在航运公司每月基础工资为1 390元和社会保险费200元,共计1 590元。其余各项补助、绩效工资等共计3 210元,每月实领工资为4 800元。航运公司向社保局缴纳的工伤保险费基数为1 590元。

一审法院认为,涉案工伤事故死亡赔偿协议书合法有效,但该协议赔偿金额指的是丧葬费和一次性工亡补助金,方某甲、方某乙依法享受的供养亲属抚恤金并未包含在内,协议也没明示该协议履行后,方某甲、方某乙不能就供养亲属抚恤金主张权利。

方某生前月实际工资总额4 800元,依照《工伤保险条例》第三十九条第一款第(二)项规定,方某甲、方某乙每人每月应当享受的供养亲属抚恤金为4 800元×30%=1 440元。现因航运公司未足额投保导致方某甲、方某乙每人每月实际享受的供养亲属抚恤金为681元。参照《重庆市工伤保险实施办法》第五十三条"用人单位因少报、瞒报缴费基数,造成工伤职工享受的工伤保险待遇降低的,差额部分由用人单位补足"的规定,航运公司应当补足该差额1 440元-681元=759元。方某某等4人主张一次性补偿全部差额,于法无据。判决航运公司按月向方某甲、方某乙支付供养亲属抚恤金。

航运公司不服一审判决,提起上诉。

二审法院查明,因方某工亡前12个月平均月缴费工资为1 590元,低于统筹地区职工平均工资的60%,故社会保险经办机构在计算其供养亲属抚恤金时应确定其本人工资为统筹地区职工平均工资3 783元的60%即2 270元。

第四章
工伤保险

二审法院认为,《最高人民法院关于审理劳动争议案件适用法律若干问题的解释(三)》(法释〔2010〕12号)第一条规定,劳动者以用人单位未为其办理社会保险手续,且社会保险经办机构不能补办导致其无法享受社会保险待遇为由,要求用人单位赔偿损失而发生争议的,人民法院应予受理。本案中,用人单位只是隐瞒了缴费工资基数,违法程度轻于根本未为劳动者办理社会保险手续的情形,存在相关待遇差额损失可由用人单位通过向社会保险经办机构补缴社会保险费而获得赔偿的极大可能。《重庆市工伤保险实施办法》第五十三条并未否定用人单位可通过补缴社会保险费的方式承担补足差额的责任。本案中相关当事人未积极向主管行政机关行使权利,以致相应的损失差额是否可以通过补缴社会保险费的方式获得基金赔偿尚未可知。在建立了工伤保险关系的情况下,如劳动者以用人单位隐瞒工资基数不实申报导致其应有的待遇降低为由主张赔偿差额损失,应先确定用人单位应缴社会保险费所对应的缴费基数,而缴费基数的稽核确定属于主管行政机关的职权范畴。在权利人未穷尽既有的救济途径之前,一审径行以4 800元为实际工资标准作出相应的裁判,程序不当,依据不足。一审事实认定基本清楚,但裁判结果缺乏充分的依据,方某某等4人在本案中的诉讼请求暂不能得到支持。判决撤销一审判决,驳回方某某等4人的诉讼请求。

方某某等4人不服,向重庆市高级人民法院申请再审。

再审法院认为,因方某某、成某某、方某甲、方某乙的诉讼请求涉及社会保险行政部门的行政职能,其起诉不属于人民法院受理民事诉讼的范围。

《社会保险费征缴暂行条例》第五条规定,国务院劳动保障行政部门负责全国的社会保险费征缴管理和监督检查工作。县级以上地方各级人民政府劳动保障行政部门负责本行政区域内的社会保险费征缴管理和监督检查工作。《中华人民共和国社会保险法》第六十三条第一款规定,用人单位未按时足额缴纳社会保险费的,由社会保险费征收机构责令其限期缴纳或者补足。从以上规定可知,社会保险行政部门系社会保险费征缴管理和监督主体。用人单位未足额缴纳社会保险费时,劳动者可向社会保险行政部门举报,由社会保险行政部门进行核查并作出相应处罚决定。确认用人单位是否足额缴纳各项社会保险费应属社会保险行政部门的行政职权。本案中,航运公司是否足额缴纳了工伤保险费系社会保险行政部门依法应处理的事项，不属于人民法院民事诉讼的受案范畴。根据《最高人民法院关于审理劳动争议案件适用法律若干问题的解释（三）》第一条规定，只有用人单位未为劳动者办理社会保险手续，劳动者因社会保险待遇而发生纠纷时法院才受理，但本案用人单位已为劳动者缴纳了社会保险费，且方某的亲属已经享受到工伤保险待遇。故本案不属于前述法律规定的情形。因此本案不属于人民法院受案范围。原审判决适用法律错误，依法予以纠正。裁定撤销一、二审民事判决，驳回方某某等4人的起诉。[一审：（2015）忠法民初字第02802号；二审：（2015）渝二中法民终字第02213号；再审：（2017）渝民再61号]

评析

工伤等社会保险缴费基数不实的现象在我国当下普遍存在，长远来看也难以绝对避免。在该状况下，工伤职工及其遗属应通过何种司法程序进行救济，对于保障其工伤保险待遇权利至关重要。在司法实践中，司法机关对此观点不一，值得探讨。

本案一审、二审、再审法院的三种观点分别代表了在用人单位工伤保险缴费基数不实时对于待遇损失的三种处置方式。一审法院直接确定用人单位的应缴基数并进而计算出工伤职工遗属的待遇损失，以此判决用人单位承担赔偿责任；二审法院认为应当先走行政程序，由行政机关先行对缴费基数进行核定，个人应先向工伤保险基金主张索赔；再审法院则直接认定属于行政部门处理的事项，民事诉讼程序不应管辖。究竟应采用何种救济程序，不仅关系工伤职工及其遗属的工伤权利的保障，亦关系司法机关准确适用法律，公正、高效处理工伤保险待遇争议纠纷。

一、一审法院直接以工伤职工每月实领工资作为工伤保险应缴费基数是否恰当

《工伤保险条例》第六十四条第二款规定，条例所称本人工资是指工伤职工因工作遭受事故伤害或者患职业病前12个月平均月缴费工资，本人工资高于统筹地区职工平均工资300%的，按照统筹地区职工平均工资的300%计算；本人工

资低于统筹地区职工平均工资60%的，按照统筹地区职工平均工资的60%计算。这里的"缴费工资"与劳动者的实际工资是什么关系，条例并未明确，这涉及缴费基数的确定。在我国社会保险费缴纳中，对于劳动者而言，通常是以上一年度的月平均工资作为其当年度月缴费工资——缴费基数。虽然《工伤保险条例》第十条规定"用人单位缴纳工伤保险费的数额为本单位职工工资总额乘以单位缴费费率之积""职工个人不缴纳工伤保险费"，但是基于工伤保险与养老保险等缴费的关联以及工伤保险待遇计发的需要，仍然需要申报个人缴费基数。这里的"年度"在各地存在差别，有的采用自然年度，有的采用财务年度。如以劳动者2017年7月—2018年6月的月平均工资作为其2018年7月—2019年6月的缴费工资。因此，法院直接以工伤职工在工伤发生前每月实际工资或前12个月的月平均工资作为工伤保险的缴费基数是错误的，而应当根据本地的工伤保险缴费基数确定方式予以确定。

二、缴费基数不实时待遇损失的支付主体

首先，缴费基数不实时，是否仍应由工伤保险基金支付待遇？一是，是否用人单位只要缴费并由工伤保险基金支付待遇了，用人单位即不承担该项待遇的支付责任？二是，在此种情形下，由于实际缴费工资与应缴费工资之间的差额所产生的待遇差额，是否仍应由工伤保险基金支付，而不应由用人单位承担？问题的实质在于，工伤保险基金支付待遇的计算标准如何确定。作为工伤保险待遇计发基数的"本人工资"即缴费工资，根据《工伤保险条例》第六十四条第二款规定，应指实际缴费工资。一是，对于应缴费工资，社会保险经办机构并不掌握，特别是在社会保险费税务征收的模式下，社会保险经办机构只掌握实际缴费工资，要求社会保险经办机构按照应缴费工资计发待遇，无限扩大了社会保险经办机构的经办责任，为社会保险经办机构不可承受之重。二是，在本质上，社会保险遵循权利与义务相适应的原则，在适度考虑公平原则（主要体现为缴费工资的上、下限以及部分工伤保险待遇以社会平均工资计发）的基础上，强调待遇享受标准与缴费额相关联。缴费基数不实者仍享受与足额缴费者同等待遇，违背了这一基本原则，不符合现行社会保险、工伤保险制度规定。三是，如果允许用人单

位缴费基数不实时仍由工伤保险基金按照应缴费基数承担支付义务，会形成"劣币驱逐良币"现象，对依法缴费者会形成逆向激励，进一步恶化违法缴费的社会现状，对被保险人长远权益和工伤保险基金的可持续性造成不良影响。

能否通过补缴而由工伤保险基金支付全部工伤保险待遇，即用人单位不承担补差责任？二审法院认为存在此种可能性。《最高人民法院关于审理劳动争议案件适用法律若干问题的解释（三）》第一条规定，劳动者以用人单位未为其办理社会保险手续，且社会保险经办机构不能补办导致其无法享受社会保险待遇为由，要求用人单位赔偿损失而发生争议的，人民法院应予受理。最高人民法院这一司法解释具有合理性。用人单位应为劳动者办理社会保险而未办理，且社会保险经办机构不能补办导致劳动者无法享受社会保险待遇的，用人单位应当赔偿损失——劳动者或其遗属从社会保险基金应获得而未获得的社会保险待遇。这符合过错责任原理。但是，二审法院据此认为"用人单位只是隐瞒了缴费工资基数，违法程度轻于根本未为劳动者办理社会保险手续的情形，存在相关待遇差额损失可由用人单位通过向社会保险经办机构补缴社会保险费而获得赔偿的极大可能"，则不妥。基于对《工伤保险条例》的整体解释等，在缴费基数不实的情形下，用人单位即便补缴了工伤保险费，工伤职工及其遗属的待遇差额也不能由工伤保险基金补支。在实践中，社会保险经办机构一般也是这么执行的。《重庆市工伤保险实施办法》第五十三条虽然没有明确否定用人单位可通过补缴社会保险费的方式承担补足差额的责任，但是其已经明确要求缴费基数不实的待遇差额由用人单位承担，根据反向解释，该条款规定应当理解为工伤保险基金不承担待遇差额的支付责任——不管是否补缴。因此，法律对于工伤保险基金在补缴后是否支付待遇差额是有明确规定的。

退一步来说，即便法院对于补缴后的待遇支付规则以及社会保险经办机构的一般做法不甚明了，也宜通过内部协调、沟通机制向社会保险经办机构进行问询，而不应简单地驳回诉讼请求。道理很简单，驳回之后，用人单位补缴工伤保险费（包括主动补缴、社会保险费征收机构等责令补缴），工伤职工或其遗属申请工伤保险基金补差，社会保险经办机构驳回，则工伤职工或其遗属再次要求用人单位支付，用人单位仍然拒付，只能再次寻求司法救济。驳回诉求，除了徒增讼累，拖延获得待遇的时间，没有任何积极意义。

除非法院认定用人单位补缴工伤保险费后，用人单位不承担补差责任，而应全部由工伤保险基金支付，才应当驳回诉求。至少就工伤保险整体待遇而言，这一判定并不成立。如一次性伤残补助金等一次性给付待遇，补缴不能导致工伤保险基金承担填补责任。对于工伤保险定期给付，补缴后能否按照补缴后的基数计发待遇，目前法律没有规定。在现行法律框架下，可能无法按照新基数计发待遇。但从立法角度来看，这一问题值得探究。

三、确认用人单位是否足额缴纳社会保险费及应缴费基数是否为社会保险行政部门的行政职权

本案中，二审法院认为，劳动者以用人单位隐瞒工资基数不实申报导致其应有的待遇降低为由主张赔偿差额损失，应先确定用人单位应缴社会保险费所对应的缴费基数，而缴费基数的稽核确定属于主管行政机关的职权范畴；再审法院进一步明确，用人单位未足额缴纳社会保险费时，劳动者可向社会保险行政部门举报，由社会保险行政部门进行核查并作出相应处罚决定，确认用人单位是否足额缴纳各项社会保险费应属社会保险行政部门的行政职权，系社会保险行政部门依法应处理的事项，不属于人民法院民事诉讼的受案范畴。这一观点的实质是，确认用人单位是否足额缴纳社会保险费及应缴费基数属于社会保险行政部门的行政职权，其他任何机关包括司法机关都不能行使这一职权，否则构成越权。如果这一观点成立，再审法院以不属于法院民事诉讼受案范围为由裁定驳回起诉是正确的，而以诉求依据不足、暂时不能支持为由判决驳回起诉乃为不妥。

但作者认为，这一观点并不正确。一是，法院认为社会保险缴费核定是社会保险行政部门的职权与现实不符，该职权主要是社会保险经办机构的职权。《社会保险费征缴暂行条例》第十条规定，缴费单位必须按月向社会保险经办机构申报应缴纳的社会保险费数额，经社会保险经办机构核定后，在规定的期限内缴纳社会保险费；缴费单位不按规定申报应缴纳的社会保险费数额的，由社会保险经办机构暂按该单位上月缴费数额的110%确定应缴数额；没有上月缴费数额的，由社会保险经办机构暂按该单位的经营状况、职工人数等有关情况确定应缴数

额。《社会保险费申报缴纳管理规定》(2013年,人力资源和社会保障部令第20号)第七条规定,用人单位申报材料齐全、缴费基数和费率符合规定、填报数量关系一致的,社会保险经办机构核准后出具缴费通知单;第九条规定,用人单位应当自用工之日起30日内为其职工申请办理社会保险登记并申报缴纳社会保险费,未办理社会保险登记的,由社会保险经办机构核定其应当缴纳的社会保险费。根据这些规定,在目前的法律框架下,社会保险经办机构对缴费的核定只是社会保险费征收或者稽核职能的组成部分,即要实行征收和稽核必须对缴费进行核定,核定的目的在于征收和稽核,缴费核定并非社会保险经办机构独立的行政职权。缴费核定主要是一项事实行为,通过实施该行为以确定应缴费数额。当然在税务机关征收社会保险费之后,缴费核定权应归属于社会保险经办机构还是税务机关,尚无定论。如果核定权归社会保险经办机构,则有将其设定为独立职权的必要性。二是,目前社会保险相关法律法规并未规定社会保险缴费核定是社会保险经办机构的专属行政职权。无论是从现行事实行为来看,抑或未来将缴费核定确定为社会保险经办机构或其他行政主体的独立行政职权,只要未将其确立为独占性、专属性的行政职权,就不妨碍其他法律主体核定用人单位的应缴费额。归根结底,根据相关法律法规以及政策性规范,计算用人单位的社会保险缴费基数,仍然是事实行为,是确定具体的法律事实,并不涉及法律关系、法律性质的判定,无论是劳动人事争议仲裁机构还是民事审判机关,对于该法律事实的确定,并未侵犯行政主体的行政权。

四、工伤保险缴费基数不实时的救济程序

工伤保险缴费基数不实时,被保险人及受益人的工伤保险待遇差额,究竟应走行政救济程序还是劳动争议处理—民事诉讼程序?抑或先走行政救济程序,再走劳动争议处理—民事诉讼程序?这是本案法院裁判的根本分歧,也是工伤职工或其遗属经常面临的难题。在确定工伤职工或其遗属不能通过用人单位补缴工伤保险费而由工伤保险基金补差,以及社会保险缴费基数的确定并非社会保险经办机构的专属行政职权的基础上,应当明确此类由于缴费基数不实引发的工伤保险待遇争议属于民事损害赔偿争议,用人单位应当承担侵权责任,对被保险人及受

益人承担"补差"义务。

既然属于民事损害赔偿争议,即属于法院民事诉讼受案范围。有疑义者提出,是否应当作为劳动争议案件处理——遵循"仲裁前置"程序?作者认为,此类案件的处理,除了依据《中华人民共和国民法通则》第一百零六条、《中华人民共和国侵权责任法》第六条规定外,可以参照《最高人民法院关于审理劳动争议案件适用法律若干问题的解释(三)》第一条规定,广义上应属于劳动争议范畴。但考虑其本质属于民事损害赔偿争议,且很多争议系发生在工伤人员与用人单位解除劳动关系之后,有的争议发生于工亡遗属与用人单位之间,劳动争议难以完全涵盖,且按照普通民事诉讼处理并无不妥,因此直接按民事侵权损害赔偿纠纷处理更为恰当。

在损害赔偿争议处理程序中,涉及应缴费基数确定时,如果司法机关不能完全掌握社会保险政策规定,宜向社会保险经办机构咨询(调查)确定。如此即可避免补偿数额的计算错误。

第五章
失业保险及其他

失业保险金给付行为的性质与给付条件

裁判要旨

职工需要领取失业保险金，应当先向失业保险经办机构提出申请并按规定递交申报材料，其用人单位也应当对解除或终止劳动关系情况进行备案，经失业保险经办机构审核符合申领条件的，才能够予以核准和发放。劳动者提供的证据并不足以证实其在2010年8月2日之前向社保局提出过领取失业保险金的申请，故其主张社保局在此之前未启动失业保险金的审核和发放程序违反法律、法规规定，构成行政不作为的再审理由不能成立。

案情

1999年7月31日，某公司以管某不服从工作分配和安排为由终止其劳动合同。2000年9月管某在相关部门办理了下岗职工再就业优惠证。2010年8月2日，管某经原工作单位向参保地社保局提出申领失业保险金。2010年8月20日，社保局确认管某享受失业保险金期限为24个月，每月280元。管某实际领取了2010年9月至12月共4个月的失业保险金。2011年1月1日管某到某新单位工

第五章
失业保险及其他

作。2011年1月，社保局以管某再就业为由停发其失业保险金，双方发生争议。管某遂提起行政诉讼，要求社保局继续支付剩余20个月的失业保险金。

审判

一审法院认为，失业保险金是失业保险经办机构依法支付给符合条件的失业人员的基本生活费用，是对失业人员在失业期间失去工资收入的一种临时性补偿，目的是为了保障失业人员的基本生活需要。失业保险金的领取，应当依照领取办法填写失业保险金申领登记表并出示相应的证明材料。管某失业后相关部门依照规定给其办理了下岗职工再就业优惠证。新疆维吾尔自治区劳动和社会保障厅《关于贯彻自治区党委办公厅、自治区人民政府办公厅〈关于进一步做好再就业工作的补充规定〉中几个问题的实施意见》（新劳社字〔2000〕19号）规定，从事其他生产经营的下岗职工领取下岗职工再就业优惠证后，不能领取失业保险金。该优惠证是下岗失业人员再就业时享受各级政府制定的各项扶持政策的凭证。据此，管某随即不能领取失业保险金。2010年8月2日，管某填写失业保险金申领登记表，经原工作单位向社保局提出申领失业保险金，社保局依照规定予以核准。根据《失业保险条例》第十五条规定，失业人员在领取失业保险金期间重新就业的，停止领取失业保险金，同时停止享受其他失业保险待遇。鉴于管某已经重新就业，社保局停止发放失业保险金，并无不当。判决驳回管某的诉讼请求。

管某不服，提起上诉，请求撤销一审判决，判令社保局按国家现行失业保险金标准一次性补偿20个月的失业保险金。理由是：管某在1999年7月至2000年9月，失业14个月，社保局未给其发放失业保险金；2000年9月领取下岗职工再就业优惠证三年期满后即2003年9月至2010年9月一直处于失业状态，直至2010年9月社保局才给其发放了4个月的失业保险金。《失业保险条例》第二十五条规定，社会保险经办机构具体承办失业保险工作，履行"负责失业人员的登记、调查、统计"等职责。社保局作为社会保险经办机构，没有履行失业人员的登记、调查统计职责，没有指导好下属经办机构工作，致使下属经办机构没有按照规定报备，在长达11年的时间里，在管某多次申请领取失业保险金的情况下,毫无理由地拒绝不作为,造成其按国家规定早就应该领完的24个月的失业保险金,只领取了4个月。

社保局辩称,管某的主张没有事实根据和法律依据,请求二审法院维持原判。

二审法院认为,管某1999年7月与原工作单位解除劳动关系失业后,选择领取下岗职工再就业优惠证。而根据新劳社字〔2000〕19号文件,管某不能同时再享受领取失业保险金的待遇。2010年8月2日,管某经原工作单位提出申领失业保险金后,社保局依照规定予以核准并发放,至其再就业后停发,符合《失业保险条例》第十五条规定。管某上诉请求缺乏相应的依据,不予支持。判决驳回上诉,维持原判。

管某仍不服,申请再审称,其于1999年7月与原工作单位解除劳动关系,于2000年8月领取了下岗职工再就业优惠证,直至2011年1月才重新就业,在此期间,其一直处于待业状态,并未从事其他生产经营活动,不符合新劳社字〔2000〕19号文件关于"从事其他生产经营的下岗职工领取下岗职工再就业优惠证后,不能领取失业保险金"的规定,故其有权领取24个月的失业保险金。其多次申请发放失业保险金,但社保局在2010年9月之前一直未予发放,构成行政不作为,造成其迟延领取失业保险金的后果应当由社保局承担,故其虽然在2011年1月再就业之后依法不应当领取失业保险金,但对于在2010年9月之前未领取的20个月的失业保险金,应当予以补发。

再审法院认为,本案的争议焦点为:一是社保局仅向管某发放4个月的失业保险金是否符合法律规定;二是社保局未予发放2010年9月以前(不包括9月)的失业保险金是否构成行政不作为。

关于争议焦点一。根据《失业保险金申领发放办法》(2000年,劳动和社会保障部令第8号)第六条、第七条、第十四条和地方规定,职工需要领取失业保险金,应当先向失业保险经办机构提出申请并按规定递交申报材料,其用人单位也应当对解除或终止劳动关系情况进行备案,经失业保险经办机构审核符合申领条件的,才能够予以核准和发放。本案中,根据管某提交的证据,能够证实其失业保险金申领登记表的填写时间为2010年8月2日。社保局在收到该表及相关材料后，对管某的申领资格进行审核，于 2010 年 8 月 20 日确认管某应当享受失业保险金期限为 24 个月，于 2010 年 9 月开始向其发放失业保险金。在管某领取 4 个月失业保险金之后，因其重新就业，社保局停发了管某的失业保险金。社保局作出的以上行政行为符合《失业保险条例》第十五条、第十六条和《失业保险金申领发放办法》第十四条规定。

关于争议焦点二。管某主张其于 1999 年失业后一直未就业，一直申请享受失业保险待遇，社保局一直未予发放构成行政不作为，对其在 2010 年 9 月之前未领取失业保险金的后果应当承担责任。根据《最高人民法院关于行政诉讼证据若干问题的规定》（法释〔2002〕21 号）第四条第二款规定"在起诉被告不作为的案件中，原告应当提供其在行政程序中曾经提出申请的证据材料"，管某提供的证据并不足以证实其在 2010 年 8 月 2 日之前向社保局提出过领取失业保险金的申请，故其主张社保局在此之前未启动失业保险金的审核和发放程序违反法律、法规规定，构成行政不作为的再审理由不能成立，其要求补发 2010 年 9 月之前 20 个月的失业保险金的请求亦缺乏事实和法律依据。裁定驳回再审申请。

[一审：（2016）兵 0501 行初 6 号；二审：（2016）兵 05 行终 4 号；再审：（2017）兵行申 17 号]

评析

一、失业保险金给付行为的性质

正如再审法院所归纳的，本案中争议焦点之一是社保局是否应当发放 2010 年 9 月以前（不包括 9 月）的失业保险金。管某认为应发放，主要提出了两点理由：一是其一直申请享受失业保险待遇，但经办机构一直未予发放；二是社保局作为管理机构有告知的义务而未告知，故存在失职。由于管某未提供证据证明其第一个理由，再审法院以《最高人民法院关于行政诉讼证据若干问题的规定》第四条第二款"在起诉被告不作为的案件中，原告应当提供其在行政程序中曾经提出申请的证据材料"之规定予以驳回。但法院未对第二个理由予以回应。管某的这两个理由实际上可以归结到一个问题，即失业保险金给付行为的性质。

从具体行政行为的发生原因来看，可以分为依申请的行政行为与依职权的行政行为。依申请的行政行为是指，必须由相对人提出申请，行政主体才能实施的行政行为；依职权的行政行为是指，无需相对人申请，在法定事实发生时，行政主体应根据法律规定直接实施行政行为，即便相对人阻止也不能停止行政行为的实施，典型者如公安机关、税务机关、社会保险行政部门实施的处罚等执法行为。依职权的行政行为主要涉及国家利益、社会利益或第三人利益，故无需相对人申请。而依申请的行政行为主要涉及相对人自己的利益，且相对人有权对该利益进行处置，例如符合享受失业保险金者，根据自己的经济条件以及对社会情境的认知，完全可以放弃该待遇，行政主体不能强制个人申领，因此必须实行"依申请"的原则。《失业保险金申领发放办法》第六条、第七条、第十四条等要求职工领取失业保险金应当先向失业保险经办机构提出申请并按规定递交申报材料，也充分表明失业保险金给付行为属于依申请的行政行为。在相对人无证据证明自己已经申请的情形下，不存在经办机构违法的问题。

对于依申请的行政行为，行政主体通常并不负有告知相对人其有提出申请权利的义务。就本案失业保险金给付而言，如果用人单位没有对管某失业情况向经办机构进行报备，如果经办机构无法联系到管某，或者由于管理程序、管理环节的限制，经办机构无法确定管某是否应当享受失业保险金，则经办机构在客观上也无法告知管某。当然，从"服务为民"的职业高度来说，如果经办机构确定相对人有享受失业保险待遇的权利，则应当竭尽所能地告知相对人。即便如此，由于申领的义务主体是相对人，如果经办机构没有尽到通知义务，也难以要求经办机构承担补发或赔偿责任，两者之间没有必然的因果关系。

二、失业保险金的申领主体

在本案中，管某一方面在上诉中强调其 2010 年 9 月才开始享受失业保险金，申领登记表上的签字及其他填写事项并非其所办，另一方面又承认在 2011 年 1 月之后依法不应当领取失业保险金，两者不完全协调。一审法院确认，2010 年 8 月 2 日管某经原工作单位向参保地社保局提出申领失业保险金，二审和再审法院都确定了这一事实。但该事实的确认是基于管某的承认，还是根据司法鉴定等客

第五章
失业保险及其他

观证据，裁判文书中未明确显示。

基于依申请行政行为的法律属性，亦如《失业保险金申领发放办法》的规定，申请领取失业保险金应由待遇享受者本人提出，根据代理理论，其也可以授权他人提出。《失业保险金申领发放办法》第五条规定，失业人员失业前所在单位，应将失业人员的名单自终止或者解除劳动合同之日起7日内报受理其失业保险业务的经办机构备案，并按要求提供终止或解除劳动合同证明、参加失业保险及缴费情况证明等有关材料。该办法并未规定用人单位可以直接代替个人提出失业保险金申领申请。因此，如果没有个人的授权，用人单位或者其他主体不能代表个人提出该待遇领取申请。

三、领取下岗职工再就业优惠证能否享受失业保险待遇

对此问题，本案一、二审法院和再审法院的观点实际上是不同的。一、二审法院依据新劳社字〔2000〕19号文件认为"领取下岗职工再就业优惠证后，不能领取失业保险金"，因此驳回了管某的诉求。再审法院虽然同样驳回了管某2010年9月之前的待遇主张，但系依据失业保险金给付是依申请行政行为这一法律性质作出的，回避了领取下岗职工再就业优惠证能否享受失业保险金的问题。这也表明，再审法院对这一理由存有疑义。

正如管某在再审申请中所指出的，上述文件的准确表达是"从事其他生产经营的下岗职工领取下岗职工再就业优惠证后，不能领取失业保险金"。亦即不能领取失业保险金，在"领取下岗职工再就业优惠证"前面还有限制性条件"从事其他生产经营的下岗职工"。该文件还规定，下岗职工领取一次性生活费后未实现再就业的，应按规定期限到失业保险经办机构进行登记，符合领取失业保险金条件的，可从基本生活费期满开始按规定领取失业保险金。即，如果下岗职工未实现再就业的，仍然可以申领失业保险金。《中华人民共和国就业促进法》第十七条规定，国家鼓励企业增加就业岗位，扶持失业人员和残疾人就业，对"吸纳符合国家规定条件的失业人员达到规定要求的企业""失业人员创办的中小企业""从事个体经营的符合国家规定条件的失业人员"等依法给予税收优惠；第十八条规定，对"从事个体经营的符合国家规定条件的失业人员"等，有关部门

应当在经营场地等方面给予照顾,免除行政事业性收费;第十九条规定,国家实行有利于促进就业的金融政策,增加中小企业的融资渠道;鼓励金融机构改进金融服务,加大对中小企业的信贷支持,并对自主创业人员在一定期限内给予小额信贷等扶持。再就业优惠证实际是失业人员按《中华人民共和国就业促进法》及有关规定享受再就业优惠政策的凭证,并不意味着领取了该证的人员一定实现了再就业,一定享受了再就业优惠政策。虽然领取了该证,但并未真正再就业的,至少在法律上不能认定为再就业,其仍然符合《中华人民共和国社会保险法》《失业保险条例》等享受失业保险金的条件,有权申领或继续享受失业保险金。

除上述问题外,本案中管某于1999年7月失业,直至2010年8月2日才提出申领失业保险金,是否符合失业保险金的申领期限,或者说申领失业保险金是否存在期限,各方当事人和司法机关均未提出,但确实是一个法律问题,需要进一步予以探讨。

独生子女父母特别扶助金的可诉性与救济路径

◎ 裁判要旨

> 在独生子女死亡后要求判令国家卫生和计划生育委员会给付一次性国家行政补偿,要求认定国家卫生和计划生育委员会违法增加公民义务、拒绝履行补偿责任已构成行政不作为,属于国家政策调整范围,不属于人民法院行政诉讼受案范围。在前述诉请不属于人民法院受案范围的情形下,要求法院审查卫计委等部门《关于进一步做好计划生育特殊困难家庭扶助工作的通知》(国卫家庭发〔2013〕41号)的诉讼请求亦不符合起诉条件。

第五章
失业保险及其他

案情

靳某,男,出生于1957年;杨某,女,出生于1958年。两人认为,依据《中华人民共和国人口与计划生育法》及其释义的规定,国家卫生和计划生育委员会(本案以下简称卫计委)是负责全国计划生育工作的行政部门,负有促进家庭幸福、拟定计划生育工作方针政策、建立健全计划生育奖励和社会保障制度等行政职责,其作用包括避免计划生育政策的负面影响和弥补计划生育给公民和家庭带来的损失。然而卫计委从《中华人民共和国人口与计划生育法》实施至今,没有依法建立各项保障制度和生育保险制度,将独生子女家庭置于公共政策存在的风险中而不顾,违背《中华人民共和国人口与计划生育法》的原则和规定。由于生命存在风险,任何一个独生子女都可能出现意外,而承担公共政策的风险不是公民的法定义务,公民承担了不属于义务范畴的政策和法律风险,就应该依法得到国家的补偿和保障,如果没有补偿和保障,就造成违法增加公民义务。靳某和杨某从2010年开始多次诉求建立计划生育家庭养老保障制度、申请国家补偿,但卫计委一直推脱责任。靳某和杨某同时认为,卫计委等部门《关于进一步做好计划生育特殊困难家庭扶助工作的通知》(国卫家庭发〔2013〕41号)没有严格依法制定,存在很多弊端。首先,这个文件是扶助制度,没有涵盖权益损失补偿内容,违背了《中华人民共和国人口与计划生育法》保障公民基本权利和权益的法律原则;其次,扶助没有严格的标准,势必造成受害人权利的第二次受损。2015年5月4日,靳某和杨某起诉卫计委行政不作为,提出:①认定卫计委违法增加公民义务,拒绝履行补偿责任,已构成行政不作为事实;②判令卫计委给付起诉人一次性国家行政补偿,数额为106.8万元人民币;③审查《关于进一步做好计划生育特殊困难家庭扶助工作的通知》,认定制定该文件构成行政乱作为的事实。

审判

一审法院认为,根据《中华人民共和国行政诉讼法》规定,公民、法人或者其他组织认为行政机关的行政行为侵犯其合法权益,有权向人民法院提起诉讼。

人民法院应当依照法律规定，对法定的主管事项行使管辖权。经审查，本案中起诉人靳某、杨某所诉事项属于国家政策的调整范围，所诉请求涉及相关法律规范的制定和完善，不属于人民法院的受案范围。依照《中华人民共和国行政诉讼法》第四十九条第（四）项、第五十一条第二款、第八十五条，《最高人民法院关于人民法院登记立案若干问题的规定》（法释〔2015〕8号）第十条第（六）项之规定，裁定不予立案。

靳某、杨某不服一审裁定，提起上诉，其上诉理由为：①一审裁定认为上诉人所诉事项属于国家政策调整范围是错误的，因为上诉人所诉事项是依据《中华人民共和国人口与计划生育法》第一条、第二条第三款、第四条第一款、第六条、第二十四条、第四十四条；《中华人民共和国行政诉讼法》第二条，第十二条第（六）项、第（九）项、第（十二）项，第五十三条等法律条款，向一审法院提起行政诉讼，这些法律条款应该不属于国家政策调整范围。起诉人所诉事项哪一条属于国家政策调整范围，裁定书应明确法律依据。②一审裁定认为上诉人所诉请求涉及相关法律的制定和完善，不属于人民法院受案范围。首先，裁定书应载明起诉人所诉请求哪一条涉及了相关法律制定和完善；其次，裁定书应明确指出所诉请求涉及了哪一个相关法律的制定和完善。上诉人始终认为法律的制定是完善的，所诉请求就是依据《中华人民共和国人口与计划生育法》和《中华人民共和国行政诉讼法》提出的，所诉请求中并无制定和完善法律内容，法院应依诉讼事实裁定。上诉人认为，被上诉人卫计委没有依法履职，没有依法制定具体的行政制度，行政自由裁量不当，造成行政相对人权益权利受损，法院应依法立案。一审裁定缺少事实和法律依据，请求依法撤销一审裁定。

二审法院认为，公民、法人或者其他组织向人民法院提起行政诉讼，其请求事项应当属于人民法院行政诉讼的受案范围。本案中，靳某、杨某提起诉讼，请求法院认定卫计委违法增加公民义务，拒绝履行补偿责任，构成行政不作为；请求判令卫计委给付靳某、杨某一次性国家行政补偿，上述事项属于国家政策调整范围，不属于人民法院行政诉讼受案范围。靳某、杨某提出审查《关于进一步做好计划生育特殊困难家庭扶助工作的通知》规范性文件的请求，依据《中华人民共和国行政诉讼法》第五十三条之规定，当事人在对行政行为提起诉讼时，可以一并请求就该行政行为所依据的规范性文件进行附带性审查,现因靳某、杨某提出的其他诉请均不属于人民法院受案范围,其提出的审查规范性文件的诉讼请求亦不符合起诉条件。故对靳某、杨某请求撤销一审裁定不予支持;一审裁定正确,应予以维持。裁定驳回上诉,维持一审裁定。[一审:(2015)一中行初字第1367号;二审:(2015)高行终字第02009号]①

评析

本案属于因为独生子女伤残、死亡,而导致其家庭(包括伤残时的独生子女本人)困难的扶助问题,该问题属于社会保障的一个重要方面。虽然从我国现行诉讼法律体系角度来看,对法院的裁定结果应予赞同,但其中所揭示的立法(广义而言,包括行政机关规范性文件的制定)、制度完善、公民诉求保障机制等问题值得进一步探讨。

一、独生子女伤残、死亡扶助/补偿制度

抛开现行具体的法律规则不谈,纯粹从理论上来说,靳某和杨某的要求并非没有道理,这不仅是近些年社会争议的热点问题,很多专家学者对此也提出了诸多建议,国家法律和行政部门的相关文件对此也有所涉及。

计划生育政策是我国长期坚持的基本国策,独生子女政策奉行多年。经过多年运行,该政策的不利后果也渐显现,其中之一就是独生子女伤残和死亡后对家庭造成的诸多创伤,包括对父母实际会产生的养老保障的损失。在2001年制定的《中华人民共和国人口与计划生育法》中,对此已经有所回应。该法第二十七条规定,自愿终身只生育一个子女的夫妻,国家发给独生子女父母光荣证;获得独生子女父母光荣证的夫妻,按照国家和省、自治区、直辖市有关规定享受独生子女父母奖励;法律、法规或者规章规定给予终身只生育一个子女的夫妻奖励的措施中由其所在单位落实的,有关单位应当执行;独生子女发生意外伤残、死亡,其父母不再生育和收养子女的,地方人民政府应当给予必要的帮助。

---

① 类似案件还可参见北京市高级人民法院(2015)高行终字第02020号行政裁定。

2015年12月,《中华人民共和国人口与计划生育法》进行了相应修订。修订后的第二十七条规定,在国家提倡一对夫妻生育一个子女期间,自愿终身只生育一个子女的夫妻,国家发给独生子女父母光荣证;获得独生子女父母光荣证的夫妻,按照国家和省、自治区、直辖市有关规定享受独生子女父母奖励;法律、法规或者规章规定给予获得独生子女父母光荣证的夫妻奖励的措施中由其所在单位落实的,有关单位应当执行;获得独生子女父母光荣证的夫妻,独生子女发生意外伤残、死亡的,按照规定获得扶助。即对第二十七条的第一款和第四款进行了修订,实质在于第四款。

第二十七条第四款的变化主要在四个方面:一是将获得给付的对象限制为获得独生子女父母光荣证的夫妻,原规定则无此限制。从文义解释来看,在原规定下,"伤残、死亡独生子女"的父母即便没有获得独生子女父母光荣证,也有权获得相应帮助;修订后,"伤残、死亡独生子女"的父母没有获得独生子女父母光荣证则不能享受该项待遇。作者认为,该修订存在不妥。一方面,修订后的规则强化了独生子女父母光荣证的作用和功能,但是这种强化和我国当下"去独生子女化"的时代背景不相吻合;另一方面,从社会保障理论来看,社会保障待遇的给付更多基于风险之需求,同为"伤残、死亡独生子女"的父母,不管有没有独生子女父母光荣证,损害都是相同的,没有区别对待的理论基础。二是给付条件有所不同,修订前强调"父母不再生育和收养子女",修订后则取消了这一限定。取消并不意味着不再需要这一条件。因为新规强调了独生子女父母光荣证,而领取该证必须终身只生育一个子女。由于该项待遇是针对独生子女伤残、死亡后对其父母的保障,因此强调不再生育并无不可。但是对于发生收养者,仍给付该项待遇值得赞同。因此新规的改革是可取的,但是应当明确作出规定,而不是通过独生子女父母光荣证这一不合理的要求间接确定。三是给付主体的变化。原规定此项待遇由地方人民政府负责,而新法取消了这一规定。根据《关于进一步做好计划生育特殊困难家庭扶助工作的通知》的规定,该项待遇由中央财政和地方财政共同负担,这显然更为可取。四是将待遇的性质由"帮助"改为"扶助"。"帮助"隐含有施舍的属性,至少不属于受助人的权利,也不属于实施主体的义务——既然是帮助就可以帮也可以不帮。"扶助"相对而言更为中性,体现了社会保障由"施舍"向"权利"观念的演进。即便如此,从社会保障基本权利的视角来看,"扶助"仍然是不够的,既没有标明这是相应主体的权利,也没有明确这是政府的义务。

本案当事人诉称,将独生子女家庭置于公共政策存在的风险中而不顾,违背《中华人民共和国人口与计划生育法》的原则和规定。这从理论上来说是成立的。即便从《中华人民共和国人口与计划生育法》的原则规定来看,正如《关于进一步做好计划生育特殊困难家庭扶助工作的通知》所述,当独生子女伤残、死亡时,其家庭会"在生活保障、养老照料、大病医疗、精神慰藉等方面遇到一些特殊困难",因此政府有义务建立"独生子女伤残、死亡"补偿制度。独生子女政策必然产生特定的风险,由其家庭独自承担这一风险是不正当的。

二、可诉性争议与救济程序

承认当事人诉求的正当性仅仅是基于"理论上"的考虑。除了存在前述问题之外,《中华人民共和国人口与计划生育法》关于此项制度的最大缺陷在于,其第二十七条第四款的规定仍然只是宣示性或象征性条款,难以作为实际的权利主张依据。

《关于进一步做好计划生育特殊困难家庭扶助工作的通知》规定,自 2014 年起,将女方年满 49 周岁的独生子女伤残(被依法鉴定为三级以上伤残)、死亡家庭夫妻的特别扶助金标准分别提高到:城镇每人每月 270 元、340 元,农村每人每月 150 元、170 元,并建立动态增长机制。中央财政按照不同比例对东、中、西部地区予以补助。该文件还对参加城乡居民基本养老保险的缴费补贴、60 周岁及以上的计划生育特殊困难家庭成员特别是其中失能或部分失能人员优先入住政府投资兴办的养老机构、发放护理补贴、医疗救助、再生育的技术服务等作了比较全面的规定。然而这些规定仍然主要是原则性、建议性的,而非对于独生子女伤残、死亡家庭的授权性规定,如果没有更为具体的法律规范,仍然无法实施;即便有更为具体的规定,但由于不够完善,在实施中仍然可能存在诸多问题。

仅以北京市为例,其虽然作了更为具体的规定,但对待遇申领要求必须已领取了独生子女父母光荣证,那么是否应当领取独生子女父母光荣证就会成为前置性争议问题;没有或没能领取到该证,就会成为领取待遇的"拦路虎"。北京市还要求证明"属于死亡情况",包括公安机关出具的确认死亡证明;现已退休的由原工作单位出具证明,无单位的由户籍所在地村居委会出具证明。此项要求排除了很重要的一种情形——独生子女失踪(多为拐卖)。北京市规定,扶助对象再生育或合法收养子女后终止领取扶助金。但对于北京市户籍人口来说,至少相当部分的独生子女伤残、死亡的父母符合享受独生子女父母特别扶助金,在这种情形下,独生子女父母特别扶助金政策具有可诉性;符合享受待遇条件的公民,在法定给付主体拒绝给付时,有权通过司法程序维护自己的权利。

对于虽然有具体规定,但是不符合该具体规定的公民,则不具有获得该项待遇的权利。即使在具体规定存在瑕疵的情形下,根据《中华人民共和国行政诉讼法》等规定,法院对此类案件不能受理,亦无权作出裁判。对于尚无具体规定的地区,则也难以认为公民具有获得独生子女父母特别扶助金的权利,法院亦不能受理此类诉讼请求。这些情形在某种意义上是由于行政部门怠于行使法律规定的职权——包括《中华人民共和国人口与计划生育法》和《关于进一步做好计划生育特殊困难家庭扶助工作的通知》的规定,当然背后的原因可能更为复杂,例如地方财力不足。相关当事人可以将自己的诉求直接向主管部门提出,也可以通过人大、政协等部门以及人大代表、政协委员提出相关议案和建议,督促相关部门出台具体的规范性文件予以明晰,或直接拟定地方性法规乃至行政法规。在条件成熟时,也可以通过修订《中华人民共和国人口与计划生育法》或出台专门的法律予以明确。

对于是否符合具体规定存在争议的,公民可以通过司法程序定纷止争,这主要属于法律适用、法律解释范畴。

第五章
失业保险及其他

社会保障待遇享受人员基本信息应公开

◉ 裁判要旨

超转人员获得动用公共资源实施的社会保障，应当接受社会监督，保障相关村集体经济组织成员的知情权、监督权，为此应当让渡与其享受的利益相应的必要的个人信息。因此，相关政府信息的公开不应也不必以享受利益者同意为前提。行政机关认为超转人员名单和超转人员资金使用情况属于个人隐私不予公开，复议机关行政复议对此予以认可，适用法律错误。

◉ 案情

2014年11月27日，张某向北京市某区民政局提出政府信息公开申请，请求公开该区某镇向阳村（本案以下简称向阳村）全体超转人员（指征地转为非农业户口且男年满60周岁、女年满50周岁及其以上的人员和经认定完全丧失劳动能力的人员）名单、死亡超转人员名单和超转人员资金使用情况。区民政局于2015年1月20日作出政府信息答复告知书，认为张某申请获取的信息属于个人隐私，不予公开。张某不服，于2015年2月2日向区政府申请行政复议。区政府受理后，经延期于2015年4月1日作出行政复议决定书（本案以下简称被诉复议决定），主要内容为："本案中，申请人向被申请人申请政府信息公开，要求获取向阳村全体超转人员名单及死亡超转人员名单和超转人员所需资金情况。被申请人收到申请后，发现申请人申请公开的信息涉及第三方个人隐私，且涉及人员众多，被申请人采取公告的方式征求第三方意见，并根据征求意见结果作出政府信息答复告知书，且明确告知申请人不予公开上述两项信息的理由及法律依据。因此，针对申请人申请公开的向阳村全体超转人员名单和所需资金情况这两项内容，被申请人在法定期限内，按照法定程序和方式作出的政府信息答复告知书并无不当。但被申请人在公告中针对申请人申请公开的死亡超转人员名单进行意见征询显然有悖常理，同时，对于是否制作或保存了死亡超转人员名单，被申请人在政府信息答复告知书中并未予以说明。因此，针对申请人此项公开申请，被申请人未依法履行政府信息公开说明理由义务，违反了《中华人民共和国政府信息公开条例》①第二十一条第（三）项的规定，属于适用法律错误。根据《中华人民共和国行政复议法》第二十八条第一款第（三）项的规定，本机关决定如下：撤销被申请人作出的政府信息答复告知书中对申请人申请公开死亡超转人员名单的答复内容，并责令被申请人在法定期限内对申请人提出的死亡超转人员名单的政府信息公开申请重新作出答复。"张某不服，于同年4月8日向一审法院提起行政诉讼。

审判

一审法院判决认为，根据《中华人民共和国行政复议法》第三十一条的规定，行政复议机关应当自受理申请之日起60日内作出行政复议决定；但是法律规定的行政复议期限少于60日的除外。情况复杂，不能在规定期限内作出行政复议决定的，经行政复议机关的负责人批准，可以适当延长，并告知申请人和被申请人；但是延长期限最多不超过30日。本案中，区政府于2015年2月2日收到行政复议申请，经延期于同年4月1日作出被诉复议决定并于当日送达张某，审理程序未违反上述法律规定。本案争议的焦点问题是张某申请公开的向阳村全体超转人员名单、死亡超转人员名单和超转人员资金使用情况的信息是否属于个人隐私而依法免于公开。《中华人民共和国政府信息公开条例》第十四条第四款规定，行政机关不得公开涉及国家秘密、商业秘密、个人隐私的政府信息。但是，经权利人同意公开或者行政机关认为不公开可能对公共利益造成重大影响的涉及商业秘密、个人隐私的政府信息，可以予以公开。《北京市建设征地补偿安置办法》（2004年，北京市人民政府令第148号）第四十五条规定，超转人员是指征地转为非农业户口且男年满60周岁、女年满50周岁及其以上的人员和经认

---

① 编者注：《中华人民共和国政府信息公开条例》于2007年4月5日国务院令第492号公布，2019年4月3日国务院令第711号修订。本案适用2007年版条例。

第五章
失业保险及其他

定完全丧失劳动能力的人员。有关超转人员的待遇问题,当时有效的《北京市人民政府办公厅转发市民政局关于征地超转人员生活和医疗补助若干问题意见的通知》(京政办发〔2004〕41号)第一条规定,凡因国家建设征地农民户转为居民户的原农村劳动力中年龄超过转工安置年限(男满60周岁、女满50周岁及其以上)人员,含无人赡养的孤寡老人以及法定劳动年龄范围内经有关部门鉴定完全丧失劳动能力且不能进入社会保险体系的病残人员,按照规定标准享受生活和医疗补助。因此,超转人员是对被征收土地农民,依据相关规定可以享受相应生活和医疗补助的一种社会保障措施。为了确保超转人员的公开和透明,《北京市建设征地补偿安置办法》确立了超转人员公示制度,该办法第二十条规定,农村集体经济组织或者村民委员会应当自征地公告之日起60日内确定应当转为非农业户口人员、转非劳动力、超转人员名单,向农村村民公示,并分别报区、县公安、劳动保障和民政部门。各有关部门应当依照职责办理相关手续。本案中,作为享受社会保障的超转人员,公开其享受此项社会保障所必备的个人信息,涉及村集体经济组织成员的知情权、监督权与超转人员一定范围个人隐私冲突的问题。对此,应当首先考量到超转人员的社会保障属性,其在获得社会保障的同时即让渡了部分个人信息。因此,其相关信息的公开应当适用《中华人民共和国政府信息公开条例》第十四条第四款的规定,既符合比例原则,又利于村集体经济组织成员的监督和超转人员制度的良性发展。综上,区民政局认为超转人员名单、死亡超转人员名单和超转人员资金使用情况属于个人隐私不予公开,没有法律依据。区政府在行政复议程序中对此未予查清,其作出被诉复议决定的主要证据不足。区政府作为行政复议机关,在受理行政复议申请后,应当围绕行政复议申请的请求内容,对被复议行为是否属于行政复议范围以及该行为是否合法、适当进行全面审查,并根据《中华人民共和国行政复议法》及《中华人民共和国行政复议法实施条例》的有关规定作出相应的行政复议决定。本案中,张某请求区民政局公开超转人员名单、死亡超转人员名单以及超转人员资金使用情况三项信息,区政府应当就被复议行为的三项信息公开内容进行全面审查。现被诉复议决定仅撤销了政府信息答复告知书中有关死亡超转人员名单的答复内容,并责令区民政局重新作出答复,但未就超转人员名单、超转人员资金使用情况的问题作出结论性意见，遗漏行政复议应当处理的事项，属于认定事实不清。综上，被诉复议决定认定事实不清，主要证据不足，适用法律错误，依法应予纠正。张某请求撤销被诉复议决定的诉讼请求，应予支持。判决撤销被诉复议决定；区政府自判决生效之日起在法定期限内对张某的行政复议申请重新作出行政复议决定。

区政府不服一审判决，提起上诉。诉称，被诉复议决定已对"超转人员名单、超转人员资金使用情况的问题"作出结论性意见，一审法院认定区政府"遗漏行政复议应当处理的事项，属于认定事实不清"，明显有误；一审法院认为超转人员资金使用情况不属于个人隐私，是基于部分个人信息的让渡，该认定缺乏法律依据。综上，请求依法改判，维持被诉复议决定。

二审法院认为，根据《中华人民共和国政府信息公开条例》第十一条规定，征收或者征用土地、房屋拆迁及其补偿、补助费用的发放、使用情况属于设区的市级人民政府、县级人民政府及其部门重点公开的政府信息范围。《政府信息公开条例》第十四条第四款规定，行政机关不得公开涉及国家秘密、商业秘密、个人隐私的政府信息。但是，经权利人同意公开或者行政机关认为不公开可能对公共利益造成重大影响的涉及商业秘密、个人隐私的政府信息，可以予以公开。依照《北京市建设征地补偿安置办法》第二十条和第四十五条规定，超转人员及相关补助费用属于征地补偿安置范畴。对超转人员的相关补助是对符合条件的被征收土地农民的一种社会保障措施，具有公共利益属性。《北京市建设征地补偿安置办法》确立了超转人员公示制度，要求对该事项予以公开。在征地补偿安置过程中，超转人员获得动用公共资源实施的社会保障，应当接受社会监督，保障相关村集体经济组织成员的知情权、监督权，为此应当让渡与其享受的利益相应的必要的个人信息。因此，相关政府信息的公开不应也不必以享受利益者同意为前提。区民政局认为超转人员名单和超转人员资金使用情况属于个人隐私不予公开，区政府行政复议对此予以认可，适用法律错误，主要证据不足。被诉复议决定在决定主文中仅撤销了政府信息答复告知书中有关死亡超转人员名单的答复内容并责令区民政局重新作出答复，但未明确表述就超转人员名单、超转人员资金使用情况问题的复议决定，一审法院对此予以指出正确。

综上，一审法院判决结果正确，应予维持。区政府的上诉请求缺乏事实及法律依据，不予支持。判决驳回上诉，维持一审判决。[一审：(2015)四中行初字第271号；二审：(2015)高行终字第2944号]

评析

一、社会保障给付涉及公共利益，作为政府信息公开时不应也不必以待遇享受者同意为前提

《中华人民共和国宪法》第四十一条规定，中华人民共和国公民对于任何国家机关和国家工作人员，有提出批评和建议的权利；对于任何国家机关和国家工作人员的违法失职行为，有向有关国家机关提出申诉、控告或者检举的权利，但是不得捏造或者歪曲事实进行诬告陷害。可见，获取国家机关行使行政职权的相关信息，是对国家机关及其工作人员进行监督的基本前提。

《中华人民共和国政府信息公开条例》第一条规定了立法目的，即为了保障公民、法人和其他组织依法获取政府信息，提高政府工作的透明度，促进依法行政，充分发挥政府信息对人民群众生产、生活和经济社会活动的服务作用。第二条规定了政府信息的概念，即政府信息是指行政机关在履行职责过程中制作或者获取的，以一定形式记录、保存的信息。在本案中，超转人员名单、死亡超转人员名单、超转人员资金使用情况属于政府部门在分配超转人员待遇时制作、保存的信息，属于政府信息自无疑问。

超转人员名单、死亡超转人员名单、超转人员资金使用情况不仅是政府信息，同时也涉及第三人即这些超转人员的个人信息，在政府信息公开时需要平衡公众知情权、监督权与个人隐私权的保护，这是本案的争议焦点问题。

《中华人民共和国政府信息公开条例》第十四条第四款规定，行政机关不得公开涉及国家秘密、商业秘密、个人隐私的政府信息。但是，经权利人同意公开或者行政机关认为不公开可能对公共利益造成重大影响的涉及商业秘密、个人隐私的政府信息，可以予以公开。即对于涉及个人隐私的政府信息，以不公开为原则；但是在特别情形下可以公开。这种特别情形主要有两种，一是权利人同意，二是不公开可能对公共利益造成重大影响。对于第二种特别情形，无须征得权利人同意。

根据《北京市建设征地补偿安置办法》，超转人员享受生活和医疗补助。一审、二审法院明确该待遇属于社会保障措施及待遇。社会保障待遇给付是针对具体的个人或组织的给付，其中必然包含待遇领受人的个人信息，此属于个人隐私范畴；当社会保障待遇系由行政主体给付时，该给付信息属于政府信息。因此，社会保障待遇给付信息的公开必然涉及与个人隐私保护的冲突。本案所涉及的社会保障待遇是由民政部门通过财政资金列支的，根据惯例和常识，此种社会保障待遇的享受要遵循严格的条件和程序，应当接受社会公众的监督。二审法院清楚地指出"在征地补偿安置过程中，超转人员获得动用公共资源实施的社会保障，应当接受社会监督，保障相关村集体经济组织成员的知情权、监督权，为此应当让渡与其享受的利益相应的必要的个人信息"，这是正确的。更进一步说，超转人员获得此项待遇，不仅关系其所在村集体经济组织成员的权益，还关系其他村集体经济组织成员的权益——其他村成员可以参照判断自己是否符合享受同样待遇的条件，更涉及所有公民的权益——政府是否合法、正当地使用主要通过税收聚集的财政收入。因此，该信息对公共利益具有重要影响，属于应当公开的范畴，无须个人同意。

需要说明的是，《中华人民共和国政府信息公开条例》第十四条第四款规定的是"可以予以公开"。根据这一规定，在一般情形下，行政主体有是否予以公开的自由裁量权；但是在公民或组织申请公开的情况下，则应当予以公开，行政主体不再具有裁量权。

二、社会保障待遇信息公开的程度与方式

由财政或公共资金支持的社会保障待遇应当公开，并不意味着完全不考虑个人隐私，换种说法，对所涉及的个人隐私的公开是有限度的，应以便于公民对行政行为以及待遇领取行为进行监督为限。与监督没有必然联系的，不应当公开。以超转人员待遇为例，姓名、性别、年龄应予公开，而具体的居住地、联系电话则不宜公开。

信息公开的方式主要有两种：主动公开和依申请公开。《中华人民共和国政

府信息公开条例》第九条规定了行政机关应当主动公开的政府信息有：①涉及公民、法人或者其他组织切身利益的；②需要社会公众广泛知晓或者参与的；③反映本行政机关机构设置、职能、办事程序等情况的；④其他依照法律、法规和国家有关规定应当主动公开的。第十条规定，县级以上各级人民政府及其部门应当依照条例第九条的规定，在各自职责范围内确定主动公开的政府信息的具体内容，并重点公开下列政府信息：扶贫、教育、医疗、社会保障、促进就业等方面的政策、措施及其实施情况。类似本案此种由政府及公共机构实施的社会保障项目应当主动公开待遇享受情况。《北京市建设征地补偿安置办法》也明确规定了超转人员公示制度。应当主动公开而未公开的，公民申请后应予公开。非主动公开信息，可由相对人依申请公开。

申请人的范围限制。一般而言，只要申请人具有民事权利能力都可以提出信息公开申请。但就具体的申请而言，应当与申请公开的信息具有一定的关联性。如在本案中，申请人为同村村民，享受超转待遇的人员名单对其个人权益、对其所属部门的监督都具有重要意义，与申请公开的信息具有很强的关联性。

公开的空间或地域范围。依申请而公开的政府信息，仅向申请人公开。而对主动公开的政府信息，公开的空间或地域范围则根据信息的内容有很大的差别。社会保障宏观信息，如社会保险参保人数、最低生活保障待遇的享受人数，因为关系全社会，应当向全社会公开；一些微观信息，如具体的待遇享受人员名单，和其有着相同或相近境况的人员存在密切的关联，因此应在对其具有较强识别效应的区域内公开，如退休人员名单应在本单位或社区内公示。在本案中，超转人员名单应在本村内主动公示。